检察调研指导

2016年第1辑

贵州省人民检察院/编

JIANCHA
DIAOYAN
ZHIDAO

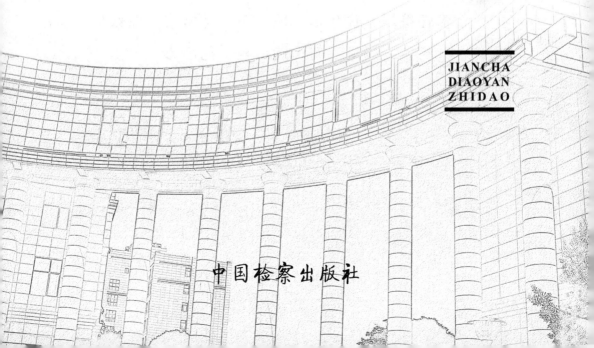

中国检察出版社

目　　录

发 刊 词

检察聚焦

观察思考

实务研究

观点争鸣

从严治检

法苑随笔

发 刊 词

新使命新动力新任务
强调研重实证促发展

在全面推进依法治国的进程中，党中央高度重视检察机关的重要作用。十八届四中全会通过的《中共中央关于全面推进依法治国若干重大问题的决定》中，3 次提及"检察权"，17 次提及"检察机关"，9 次提及"检察官"，185 项工作举措中有 46 项涉及检察工作，对检察机关强化法律监督、保证公正司法、提高司法公信力等提出明确要求，并赋予检察机关提起公益诉讼、督促行政机关依法履职等新的职责，可以说是寄予厚望、委以重任。

迎势而上，为应对新挑战适应新要求，全省各级检察机关立足服务经济社会发展大局，促进检察工作科学发展，大兴调查研究之风，走出机关，走进基层一线，开展各种形式和类型的调查研究。通过深挖问题根源，找准问题症结，提出切实可行的决策参考，更好地为各级党委和政府科学发展服务。通过深入实际调研，全省检察机关形成了一批质量高、对检察工作具有指导意义的检察理论成果。5 年来，全省检察机关共有 2700 余篇检察理论研究论文在全国、全省性发行的报刊上发表，参与高检院、中国法学会、省法学会及省委政法委等单位组织的重点课题 120 余个。与此同时，各级检察机关认真抓好调研成果的转化，注重在实践、认识再实践、再认识的过程中，形成共识，指导实践。自觉把检察工作放在全省经济社会发展的大局中去谋划，各项检察工作均取得了长足进步。5 年以来，共得到高检院、省委各级领导批示表扬 245 次，其中关于开展公益诉讼及生态环境保护检察监督的批示 12 次、行政执法检察监督的批示 17 次，保障民生促进发展批示 36 次，为大美贵州保驾护航提供有力司法保障。

在"守底线、走新路、奔小康",实现历史性跨越的宏伟征途中,值得认真分析、认真研究、认真提炼、认真总结的新工作、新经验还有很多。在今后的检察工作实践中,不断破解难题、开拓前进,需要全省广大检察人员付出更多的创造性劳动。从这个意义上说,希望本书起到先导性作用,激励全体检察干警高度重视和重新认识调查研究,营造重钻研、重实证、重调研的良好风气。促进检察理论及实务研究工作始终坚持紧紧围绕全省工作大局,始终关注、及时反映全省检察机关破解难题的积极探索和有益经验,始终坚持践行为人民服务、始终坚持从严治检、切实加强自身建设,在促进贵州经济社会科学发展的同时实现检察工作自身的科学发展。

此刻,收录在《检察调研指导》的 36 篇文稿正集聚能量蓄势待发,意在以人唯虚,始能知人的态势,凝心聚力、坚定不移地总结检察制度探索实践中的经验,运用归纳、构建、预测等理性思维和能力,固化实践成果、解决现实困惑、强化法律监督职能、提升履职能力,以期实现理性建构与经验生成的统一,对推进检察调研与指导工作有所裨益。

袁本朴

2016 年 7 月

检察聚焦

强化看齐意识 在新常态下
努力开创贵州检察工作新局面

袁本朴[*]

　　2016 年是全面建成小康社会决胜阶段开局之年，也是"十三五"时期经济社会发展开局之年。全省检察机关将认真贯彻十八届五中全会和习近平总书记系列重要讲话精神，贯彻创新、协调、绿色、开放、共享发展理念，充分发挥检察职能作用，为全面实施"十三五"规划创造良好法治环境。

一、牢牢把握党中央、省委对政法工作和最高检对检察工作新部署，努力在服务"十三五"良好开局上有新作为

　　习近平总书记对政法工作高度重视。1 月 7 日全天，习近平总书记主持召开中央政治局常委会会议，听取全国人大常委会、国务院、全国政协、最高人民法院、最高人民检察院党组工作汇报和中央书记处的工作报告。习近平总书记指出，最高人民法院、最高人民检察院作为国家最高司法机关，在全面依法治国中肩负着重要责任。

　　在 1 月 22 日的中央政法工作会议上，中央政治局委员、中央政法委书记孟建柱同志全面总结 2015 年政法工作成就和经验，科学分析当前形势，对 2016 年政法工作作出具体部署。1 月 23 日，全国检察长会议在北京召开。曹建明检察长作了重要讲话，站在政治和全局高度，总结 2015 年检察工作，分

　　* 贵州省人民检察院检察长。

析面临的形势，部署 2016 年任务。2 月 1 日，省委又召开了政法工作会议，省委书记陈敏尔同志出席会议并作了重要讲话，对 2016 年的政法工作作出了全面、具体、明确部署，我们要把学习贯彻习近平总书记重要指示，中央、省委政法工作会议和全国检察长会议精神作为一项重大政治任务抓紧抓好，按照党中央、中央政法委、省委和最高检的部署要求，紧密联系检察工作实际，推动各项检察工作再上新台阶，努力为我省实现"十三五"时期经济社会发展良好开局创造安全稳定的社会环境、公平正义的法治环境、优质高效的服务环境。

二、牢牢把握检察工作面临的新形势，努力在适应形势变化、增强驾驭能力上有新提高

把思想统一到中央、省委和最高检的重大判断上来，既看到面临的难得机遇，切实增强信心，又坚持问题导向和底线思维，始终保持清醒。

一是金融安全、网络安全、公共安全等风险加大，维护国家安全和社会稳定面临新压力。涉众型经济犯罪大幅增加，金融领域犯罪增多，转化为群体性事件、引发社会风险的可能性加大。网络意识形态斗争空前激烈，网络违法犯罪快速增长，对国家安全和社会稳定影响加大。社会治安形势复杂，电信诈骗等新型犯罪大量发生，社会治理难度不断增大。检察机关信访总量增势趋缓，但仍高位运行，信访终而不结、重复访、极端信访、信上不信下等问题仍然存在。

二是反腐败斗争形势依然严峻复杂，查办和预防职务犯罪的理念、能力和工作模式面临新挑战。党中央突出强调力度不减、节奏不变，持续保持遏制腐败的高压态势。同时明确提出，要把党内监督同法律监督、民主监督、审计监督、司法监督、舆论监督等协调起来，形成监督合力。这些部署和要求对我们加强与纪检监察等部门的衔接、协调和配合，共同推进反腐败斗争提出了更高要求。《刑法修正案（九）》修改贪污受贿犯罪的定罪量刑标准，对侦查、批捕、公诉、预防等环节的工作理念、工作方式、工作能力提出新的要求。

三是在经济发展新常态下，保障经济安全发展面临新考验。我国经济运行总体平稳，但经济下行压力依然较大，检察机关保障稳增长、调结构、惠民生的任务繁重。与此同时，经济风险不断向社会领域、司法领域传导，一些企业生产经营困难，一些地区公共服务和民生保障能力减弱，劳资、医疗、环保等领域矛盾增多，处理不当，易引发个人极端事件和群体性事件。所以要在司法办案中妥善应对经济下行带来的问题和风险以及面临的挑战与考验。

四是人民群众对司法公正的需求日益增长，诉讼监督工作面临新课题。人

民群众参与、监督司法的愿望更加迫切，对检察机关维护司法公正有更高期待。不敢监督、不愿监督、监督不规范的问题依然存在；法律赋予的非法证据排除、羁押必要性审查、保障律师诉讼权利等职责履行还不到位；对公安派出所刑事侦查活动监督不够充分；对判决前未羁押罪犯判实刑后难以执行等问题监督不够；民事行政检察工作在面临新的发展机遇的同时也面临新的发展难题。

五是司法改革处在攻坚期，推进各项改革面临新探索。司法体制改革进入"深水区"，触及深层次利益，统筹各方关切难度加大，思想政治工作任务艰巨；司法责任制改革对司法办案工作将产生深远影响，检察人员思想观念及检察权运行机制尚需调整和适应；人财物省级统管、分类管理及职业保障等改革配套制度亟待完善，沟通协调力度亟须加大；行政违法行为监督等改革亟须提出顶层设计方案。如何把握统一步调与鼓励差别化探索的"度"，如何使改革成果真正体现到提高司法公信力和群众满意度上，还需要积累实践经验。

六是诉讼制度改革不断深化，检察机关执法办案面临新转变。以审判为中心的诉讼制度改革对检察工作提出更高要求，但先入为主、有罪推定等观念还未完全消除；违法适用指定居所监视居住、违法查封扣押冻结涉案财物、限制律师依法履职等顽疾依然存在；办案安全事故仍有发生；司法办案存在诸多廉政风险，权力"寻租"、以案谋私、办关系案人情案金钱案等问题偶有发生。

三、牢牢把握贵州检察工作新思路，努力打造我省民生资金保护专项工作新亮点

为贯彻落实好省委和最高检的要求，省检察院党组决定于2016年在全省检察机关开展"民生资金保护专项工作"，积极参与省委、省政府在民生领域开展的整治铸廉3年行动，确保国家各项民生资金落到实处。

一是坚决贯彻最高检和省委的部署要求，以实际成效为打赢脱贫攻坚战提供坚强法律保证。曹建明检察长强调："坚决查办社会事业、社会保障等民生领域的职务犯罪，重点查办和预防虚报冒领、截留私分扶贫资金的职务犯罪。"省委对检察院开展"民生资金保护专项工作"非常重视。省委书记陈敏尔同志作出批示："曹建明检察长的重要讲话精神，要结合我省实际，抓好贯彻落实。开展民生资金保护专项工作，很有必要。"各级院要坚决贯彻省委决策部署，提高思想认识，加强组织领导，切实增强脱贫攻坚的责任感使命感，全力开展民生资金保护专项工作。

二是抓好组织实施，打造贵州民生检察品牌。全省各级院要加强组织领导，提高思想认识，明确目标任务，将专项工作措施贯穿于检察工作始终，找准专项工作与服务大局的结合点和切入点，自觉把群众关注的热点、注意的焦点作为工作的重点和方向，切实将专项工作抓紧抓实抓细，自觉服务全省经济

社会发展。在专项工作中，各级院都要树立创新意识，积极探索工作方法，加强宣传报道，及时总结交流推广经验，确保形成长效机制。

四、牢牢把握党风廉政建设和反腐败斗争新任务，努力在营造风清气正的政治生态上有新成效

认真贯彻中央决策部署，深刻领会"两个不变"，切实增强"四个足够自信"，以顽强的毅力和不屈的韧劲依法反腐、用法防腐，更好履行查办和预防职务犯罪职责，推进党风廉政建设和反腐败斗争。

一是坚持有腐必反、有贪必肃不动摇。坚决查处十八大后不收敛、不收手，问题严重、群众反映强烈，现在重要岗位且可能还要提拔使用这三类情况同时具备的领导干部职务犯罪。紧紧围绕中央、省委稳增长、调结构、惠民生、防风险等重大部署，坚决查办危害经济发展环境、影响重大经济政策实施、影响重大改革举措落实的职务犯罪。针对群众反映强烈的为官不为、为官乱为问题，加大查办渎职侵权犯罪力度。

二是坚持与纪检监察等部门密切配合。认真落实中办印发的《关于在查办党员和国家工作人员涉嫌违纪违法犯罪中加强协作配合的意见》，健全与纪检监察、公安、审判机关协作配合、相互移送案件线索等制度。按照中央和最高检司法改革部署，会同有关机关共同研究制定明确纪检监察和刑事司法办案标准、程序衔接机制的意见，坚持法纪分开，依法履行职责。

三是坚持加强侦查信息化建设。坚持把提高现代科学技术应用能力作为核心战斗力来抓。依托统一业务应用系统，加快建成覆盖我省三级检察机关的远程侦查指挥、远程提讯系统，并与最高检互联互通。加快推进职务犯罪侦查与预防信息平台建设，主动与省政法机关和全国检察机关电子数据云平台融入，加强安全保密风险防范，实现大数据在侦查办案中的深度应用。

四是坚持强化职务犯罪预防工作。加强侦防一体化机制建设，推动预防工作向办案过程前移，尤其办理重大职务犯罪案件时，侦查、批捕、起诉等环节都要加强释法说理，教育犯罪嫌疑人认罪悔罪。重视剖析系统性、塌方式腐败案件，综合分析重点领域职务犯罪案件，善于发现普遍性、趋势性问题，促进预防治理。要发挥好警示教育基地作用，充分运用新媒体手段，加大廉政短片、公益广告和微电影展播力度。

五、牢牢把握总体国家安全观的新精神，努力在维护社会稳定上有新贡献

认真学习领会习近平总书记关于总体国家安全观和提高维护国家安全、社

会稳定能力水平的重要论述，切实增强忧患意识和责任意识，全力维护我省社会大局稳定、保障人民安居乐业。

一是严厉打击严重影响群众安全感的刑事犯罪，保障人民安居乐业。围绕人民群众平安需求，积极参与打黑除恶专项斗争，加大对黑恶势力犯罪打击力度。依法严惩个人极端暴力犯罪，依法打击利用寄递物流渠道实施的犯罪，建立对偷拐骗抢、黄赌毒等犯罪常态化打击整治机制。积极投入打击治理电信网络新型违法犯罪专项行动，坚决惩治电信诈骗、网络投资诈骗、黑电台等犯罪，积极参与对犯罪重点地区的打击整治，促进对电信、金融等领域源头监管。

二是重点打击危害食品药品安全犯罪，让人民群众吃得放心、用药安全。深入开展危害食品药品安全犯罪专项立案监督活动，严格落实最高检与国家食品药品监督管理总局、公安部等部门联合制定的《食品药品行政执法与刑事司法衔接工作办法》，促进食品药品安全治理体系建设。省院和市州院要加强分析总结、动态研判和督促检查，对重大案件挂牌督办。要严肃查办和积极预防食品药品监管领域失职渎职犯罪，深入分析案件暴露出的监管问题，及时提出检察建议。

三是突出打击安全生产领域犯罪，促进安全发展。积极参与危化品和易燃易爆物品等安全生产专项整治攻坚战，认真落实"两高"《关于办理危害生产安全刑事案件适用法律若干问题的解释》，进一步加大对重点领域、重点行业危害安全生产犯罪的惩治力度。加强对危害安全生产犯罪的立案监督和审判监督，坚决纠正以行政处罚代替刑事处罚、以轻缓刑代替实刑现象。

四是积极参与社会治安防控体系建设，破解难题、补齐"短板"，推进法治社会建设。切实增强主体意识和责任意识，积极推动破解社会治理难题，促进提升社会治理水平。认真落实刑事诉讼法关于未成年人刑事案件诉讼程序的规定和检察机关加强未成年人司法保护八项措施。健全依法维权和化解纠纷机制。健全涉检信访风险防范评估预警机制，落实涉法涉诉信访事项导入司法程序制度。加强法治宣传教育，推动法治教育进机关、进乡村、进社区、进学校、进企业，充分运用检察门户网站、"两微一端"、案件信息公开网，增强法治教育覆盖面和吸引力。

六、牢牢把握防控风险、服务发展的新常态，努力在惩治和预防经济领域的犯罪上有新成就

要认真贯彻十八届五中全会和中央、省委经济工作会议，中央、省委政法工作会议精神，聚焦制约我省实现同步小康的重点难点问题，把防控风险、服

务发展摆在更加突出位置，切实担当起经济发展安全保障的责任，为经济社会发展提供有力司法保障。

一是依法打击破坏市场经济秩序犯罪，营造法治化经营环境。加强对新常态下经济领域犯罪活动的分析研判，突出打击合同诈骗、职务侵占等破坏市场秩序和公司企业管理秩序犯罪，突出打击非法吸收公众存款、集资诈骗等涉众型经济犯罪，既依法妥善处理涉众型案件，又切实维护公民、企业合法权益。切实增强风险防范意识，尤其在办理房地产、财政、金融等领域案件和涉企案件时，配合有关部门做好风险控制和化解工作。

二是依法平等保护企业产权和合法权益，优化企业发展环境，促进经济发展。落实产权保护法治化要求，鼓励和支持各种所有制企业创新发展，营造宽松的市场经营和投资环境。牢固树立并坚持所有市场主体在法律面前一律平等的观念，更加重视平等保护国有企业、民营企业、小微企业、外资企业的合法权益，确保各种所有制企业"三个平等"。坚决防止和制止不作为、慢作为和乱作为。准确把握法律政策界限不违规，坚持宽严相济刑事政策，依法惩治犯罪者、支持创业者、挽救失足者、教育失误者。更加注重改进办案方式方法。

三是认真贯彻中央、省委关于既要金山银山又要绿水青山的战略部署，继续开展"生态·环境保护检察专项工作"。2015 年，全省检察机关开展"生态·环境保护专项行动"，积极发挥检察职能服务和保障生态文明先行示范区建设，依法监督立案破坏生态环境犯罪数量和用检察建议促进"补植复绿"数量，均名列全国第一。开展了提起公益诉讼的行动，在全国检察长会议上得到曹建明检察长的表扬。2016 年我们不能松劲，要继续以破坏环境资源犯罪专项立案监督为抓手，加大对严重污染水源、大气、土壤等犯罪的打击力度，加强对资源环境监管执法活动的监督。

七、牢牢把握人民群众对司法保障、司法监督的新期待，努力在强化诉讼监督工作上有新举措

认真贯彻十八届四中、五中全会部署，深入贯彻修改后的三大诉讼法，认真总结近年来诉讼监督工作情况，有针对性地加强诉讼监督、提高监督质量，更好地维护司法公正。

一是着力强化侦查监督工作。认真执行《刑事案件审查逮捕指引》，加强典型案例研究和指导。落实社会危险性证明制度，全面细致审查采信证据，规范适用逮捕强制措施。加大对有案不立、有罪不究、插手经济纠纷等问题的监督纠正力度，确保监督质量和效果。健全落实罪刑法定、疑罪从无、非法证据排除等制度，加强对刑讯逼供、非法取证的源头预防，加强刑事司法领域人权

保障。加强与公安机关良性互动，形成监督合力。

二是着力强化冤假错案防范工作。从理念、制度层面深刻反思近年来陆续监督纠正的冤错案件，特别是要深刻总结检察环节自身存在的突出问题和严重教训，进一步健全和落实纠防冤假错案的长效机制，健全和落实冤错案件发现报告、审查指导、督促纠正、依法赔偿机制。同时，历史看待当时客观条件下判处的一些疑难复杂案件，不因细枝末节问题简单套用疑罪从无，严格区分司法瑕疵与司法错误，准确把握好保障人权和惩治犯罪的平衡点。

三是着力强化刑事执行检察工作。加快推进减刑假释网上协同办案平台建设，健全刑罚变更执行同步监督机制，持续强化对职务犯罪、金融犯罪、涉黑犯罪"三类罪犯"异地调监、计分考核、立功奖励、病情鉴定等环节的监督，加强减刑假释案件出庭监督工作。加大刑罚交付执行监督力度，会同有关部门部署开展判处实刑罪犯未执行刑罚专项检察。

四是着力强化民事行政检察工作。进一步贯彻落实修改后民事诉讼法和《人民检察院民事诉讼监督规则（试行）》，统筹推进生效裁判监督、审判程序监督和执行活动监督。上级检察院要加强对基层民事检察工作的指导，引导基层院加强对公权力的监督，重点加强对虚假诉讼、违法调解、审判人员违法行为和违法执行的监督，着力推动基层民事检察工作转型升级。

八、牢牢把握中央、省委司法体制改革新要求，努力在全面深化检察改革上有新突破

要按照中央和中央政法委的统一部署，统筹抓好中央部署司法改革任务和检察机关自身改革项目，为全面完成本轮改革任务奠定坚实基础。

一是深入推进四项司法体制改革试点。我们要按照中央、省委和最高检的要求，完善检察人员分类管理制度、完善司法责任制、健全检察人员职业保障制度、推动省以下地方检察院人财物统一管理。抓紧调研人财物省级统管面临的问题，研究检察人员分类管理下的各类人员的保障问题。特别是要根据《法官助理、检察官助理和书记员职务序列改革试点方案》，完善检察辅助人员工资待遇政策以及司法行政人员的待遇政策。第一，办案经费必须保障。积极争取财政支持，认真落实修订后的《政法经费分类保障暂行办法》，加大办案经费和业务装备经费投入，努力满足司法办案的基本需要。第二，公用经费要逐年提高。积极探索与各地实际情况相适应的检察经费保障方式，以近年实际支出为参考，结合工作量、物价指数、办案成本支出和检察人员数量，按日常公用经费分类，完善公用经费保障标准。第三，人员经费必须精准测算。开展检察工作所需的人员及经费要保障，努力使检察人员招得进、留得住、干

得好。

二是深入推进诉讼制度改革。诉讼制度改革的一个重要目的就是进一步优化司法资源配置,在更高层次上实现公正和效率的平衡。一要抓好以审判为中心的诉讼制度改革。进一步完善证据制度,依法收集、固定、保存、审查、运用证据,从源头上确保案件质量。二要抓好认罪认罚从宽处理制度的研究。按照中央政法委统一部署,探索建立检察环节辩护律师参与下的认罪、量刑协商制度。三要抓好提起公益诉讼试点。我们要毫不松懈,继续全力做好案件线索的发现、诉前程序特别是诉讼案件的办理工作。省院要进一步加强指导,稳步、持续推进试点工作,争取创造更多的亮点。

三是深入推进思想政治工作的落实。全省各级院都要坚决落实中央要求,履行好主体责任,把改革责任理解到位、落实到位,确保各项改革落地。一要加大督察指导力度。对已出台各项改革措施要排排队,按照改革方案、措施出台的先后,改革任务的重要程度,确定督察内容,重点督促检查方案落实、工作落实、责任落实的情况。二要加大沟通协调力度。主动向地方党委及其政法委报告工作进展情况和问题。加强与法院以及组织、人事、编制、财政等部门的沟通联系,不断增进共识,争取理解支持,共同研究解决改革中遇到的难点问题。三要加大思想政治工作力度。加强政策解答,对事关检察人员切身利益的具体改革措施要反复征求意见、反复说明,认真做好思想工作,把为何改、改什么、怎么改讲清楚,增强改革认同感、提升满意度。四要加大宣传舆论引导工作力度。主动与新闻媒体沟通合作,加强对司法改革和检察改革的正面宣传引导,凝聚起全社会支持、参与改革的强大力量。要做好每一位同志思想工作,不能一改革就造成思想混乱,工作受到影响,确保思想不乱、工作不断、人心不散。

九、牢牢把握检察机关自身反腐倡廉新重任,努力在落实"两个责任"上有新提升

从队伍的现状来看,总体是好的,能完成各项艰难险的任务,但还不同程度存在不少问题,有违反厉行节约规定的,有不严格办案程序的,这些问题,省检察院的态度是抓早抓小,及时提醒,及时处理。

一是必须严格主体责任讲担当。主体责任是政治责任,是各级检察院党组的职责和使命。习近平总书记在中纪委六次全会上强调:"要坚持有责必问、问责必严。""动员千遍,不如问责一次。"必须用强力问责倒逼责任落到实处。2016 年问责的力度只增不减,越往后执纪越严、处理越重。

二是必须严格组织纪律讲党性。2016 年市县两级院班子集中换届调整,换届期间往往是用人上不正之风的易发多发期，每次换届省院纪检监察部门收到的举报信都会大量增加。纪检监察部门要认真履行监督责任，严肃监督执纪问责，为配强领导班子提供纪律保证，决不让投机钻营者有机可乘，决不让铤而走险者侥幸得逞，决不让触犯法纪者逃脱惩处。

三是必须严格执法讲程序。把办案工作纳入法治化轨道，是依法治国的必然要求，"己身不正，焉能正人"，执法办案必须全程留痕，是公开公正的基本要求，是我们必须主动去适应的新形势，既要多办案，办好案、办大案，更要讲法律，讲程序。依法办案是检察机关参与反腐败斗争的行为准则，不允许有任何突破，不允许有任何变通，不允许有任何违反，只有这样，才能提升检察机关依法反腐的成效和公信力。

四是必须严守规矩讲慎微。《贵州省党员干部作风"十不准"》规定"不准在工作时间、会议期间以及公共场所打麻将，不得参加任何形式的赌博活动"。像组织检察人员到郊外农家乐这样的公共场所去喝酒、打麻将等现象应坚决制止，严肃处理。

五是必须服从上级讲规矩。中央政治局常委、中纪委书记王岐山同志强调："各级纪律检查机关要把维护政治纪律放在首位，严肃查处违反政治纪律行为，决不允许上有政策、下有对策，决不允许有令不行、有禁不止。"《贵州省党员干部政治纪律"十严禁"》、《省检察院党风廉政"十严禁"》明确规定"严禁有令不行、有禁不止，在贯彻执行中央、高检院、省委和省院党组决策部署上打折扣、搞变通"。这也是不能逾越的底线。

六是必须艰苦朴素讲作风。厉行节约、反对浪费，是中华民族的传统美德，是我们党的优良作风。中央八项规定要求厉行勤俭节约，从近几年全省检察机关总的情况来看，做到了该用则用，杜绝浪费。但有一个检察院就没有坚持住，为防止外出办案收集的证据材料散落，给办案人员发放拉杆箱，后经不住其他行政后勤人员要求，扩大发放范围，违背了厉行勤俭节约的精神。这个教训比较深刻，必须警钟长鸣。

十、牢牢把握检察队伍建设新目标，努力在提高司法公信力上有新进步

全省各级院要把司法公信力建设作为系统工程来抓，努力使人民群众对检察机关办理的每一个案件都感受到公平正义。

一是切实加强思想政治、业务素质、职业道德教育。进一步加强对中国特色社会主义理论体系的学习，加强对习近平总书记系列重要讲话精神的学习，引导广大检察人员自觉成为共产主义远大理想和中国特色社会主义共同理想的

坚定信仰者、忠实践行者。深入开展党的政治纪律和政治规矩教育，确保始终忠诚于党，始终对组织坦诚，始终正确对待权力，始终牢记政治责任，永葆忠诚干净担当的政治品格。

二是切实加强各级院党组和领导干部队伍建设。认真落实中央政治局常委会议和今天下午召开的省委常委会要求，认真贯彻《中国共产党党组工作条例（试行）》和关于加强地方检察院党组自身建设的指导意见，与时俱进加强全省各级院党组自身建设，更好发挥把方向、管大局、保落实的重要作用。今年市县检察机关领导班子将陆续换届，要按照中央要求，坚持新时期好干部标准，严把政治关、业务关，选好配强市县院领导班子特别是"一把手"。

三是切实加强和深化规范司法行为专项整治工作。以锲而不舍、驰而不息的决心和毅力，抓好专项整治后续工作，进一步强化教育引导，真正形成规范司法的思想自觉和行为习惯。要创新司法管理方法，在加强案件集中统一管理的基础上，深入推进检察业务精细化管理，切实改变一些地方粗放式司法的现象。

四是切实加强新闻宣传和舆情引导工作。坚持以开放的心态加强与社会沟通联系，增强检察工作的感染力、影响力，努力赢得社会各界的理解支持。认真落实全面深化检务公开的意见和案件信息公开工作规定，进一步拓展公开的深度和广度。升级完善案件信息公开系统，加大法律文书公开力度，探索对相关律师和当事人家属的信息主动推送服务。推进和规范检察服务大厅建设，完善服务功能、规范服务标准，为人民群众提供"一站式"服务。

五是切实加强基层基础工作。司法公信力建设关键在基层，重点和难点也在基层。要把人力、财力、物力更多投到基层，不断夯实基层基础，努力使基层更有活力、基础工作更加扎实、基层队伍更有战斗力，促进检察机关司法公信力的整体提升。

2016 年检察工作任务艰巨，检察机关使命光荣。我们要更加紧密地团结在习近平同志为总书记的党中央周围，敢于担当，扎实工作，全面提升检察工作能力和水平，为我省实现"十三五"时期经济社会发展良好开局创造安全稳定的社会环境、公平正义的法治环境、优质高效的服务环境。

以信息化为手段助推司法公信力提升

何　冀[*]

司法公信力是群众对司法认知度、认同度、信任度的综合反映，主要表现在两个方面：一是司法机关对每一个案件的处理能否体现司法的公正与权威；二是人民群众对司法的满意和信任程度。如何提升司法公信力，树立公众对法治的信仰，是司法机关亟待解决的问题。2015 年 6 月，习近平总书记在贵州调研时强调："面对信息化潮流，只有积极抢占制高点，才能赢得发展先机。"贵州检察机关立足本职，紧紧抓住贵州发展大数据战略的契机，转变思路，主动融入信息化时代潮流，在率先运行全国检察机关统一业务应用系统、案件信息公开系统的基础上，努力创新，积极探索，相继研发并成功上线运行了"电子卷宗系统"、"法检互联系统"和"贵州检察 12309 网上网下一体化服务平台"，通过信息化与检察工作的深度融合，在提升司法公信力上取得了明显成效。

一、以信息化推动司法公正，助推司法公信力提升

一是强化对司法行为的监督。贵州检察机关始终坚持把强化自身监督与强化法律监督放在同等重要的位置来抓，2013 年在全国率先运行检察机关统一业务应用系统，把全省各级院检察业务工作全部纳入统一业务应用系统，所有法律文书、办案流程、案件审批均在系统内完成。一方面系统对每个办案环节设置了明确的流程指引和预警功能，对办案流程进行统一的规范化设计，对重要环节实行节点控制，将执法办案的"软约束"变成网络运行的"硬要求"，通过信息化手段，提高办案规范化水平；另一方面也将办案过程置于全程、统一、实时、动态监督之下，通过统一案件受理、统一流程监控、统一法律文书管理、统一结案审核，对个案开展实时动态流程监控，实现了全方位监管案件流程。仅 2015 年全省各级院共发出超期预警 7556 次，退回瑕疵案件 600 余

* 贵州省人民检察院常务副检察长。

件，及时发现和纠正程序违法、办案超期、法律文书不规范等情形，确保依法、公正、规范办案。2015 年，贵州省检察院以统一业务应用系统为基础，拓展研发了案件质量评查系统，探索建立常态化办案质量和效果评估机制，深入开展案件评查、办案分析等工作，及时发现、处理办案质量问题，有效提升办案质量，不断强化司法监督。

二是强化对当事人合法权益的保护。通过统一业务应用系统，实现了对涉案财物的统一监管、对律师的统一接待。对关系当事人切身利益的司法措施和关键环节，增设刚性约束，如针对检察环节可能存在的滥用强制措施、违法查封扣押冻结处理涉案财物、违法取证、限制律师权利、不严格落实同步录音录像制度等损害当事人合法权益的行为，进行节点控制，实现事中动态监控，增强监督的及时性和有效性。2015 年，作为最高检确定的试点省份之一，贵州省检察机关率先运行电子卷宗系统，该系统可为辩护人、诉讼代理人阅卷提供电子卷宗光盘，意味着律师不再需要耗时费力就可以获得原来需要拍照、复印的案卷材料，异地阅卷也极大地节省了律师办案成本，在保障当事人合法权益，保障律师依法执业方面发挥了重要作用。

三是强化业务管理和司法协作。第一，建立起全省三级检察机关立体化、动态化的案件管理系统，实现各级院、各部门数据互联互通，依托系统开展业务考评，统一考评标准，对执法办案工作开展全面、客观、科学的考评，引导、督促全省检察机关执法办案向更高水平迈进，为提升整体业务水平提供信息化支撑和机制保障。第二，建成法院、检察院互联互通数据交换平台，实现网上案件移送和办案资源的共享，为下一步公检法司政法各部门间，实现从公安机关提请批捕、移送起诉，到检察院批准逮捕、提起公诉，再到法院审理、判决，最后到司法刑法执行、矫正的全流程网上流转和动态监督，提供了支撑，有利于提升司法协同水平，切实提高办案效率和质量。

二、以信息化推动司法公开，助推司法公信力提升

一是深化司法公开，"倒逼"司法规范。贵州检察机关在全国率先运行了案件信息公开系统，积极开展案件程序性信息查询、重要案件信息发布，以及生效法律文书统一上网和公开查询，依法、及时公开案件的司法依据、程序、流程、结果和生效裁判文书，为当事人及其辩护人、诉讼代理人等办理相关业务。2015 年，共公开重要案件信息 2292 条、法律文书 29405 份。案件信息公开系统使检务公开由过去一般性信息公开转变为案件信息公开、选择性公开转变为全面性公开、分散式公开转变为集中式公开。办案信息实时公开和法律文书全面发布，对案件办理程序规范化水平，以及法律文书逻辑性、说理性及其

制作水平，都提出了更高的要求，促使检察人员更加注重实体公正和程序规范，"倒逼"案件承办人员切实依法、规范办案。

二是利用新媒体平台，塑造检察形象。积极推进"两微一端"建设，相继开通了贵州省人民检察院官方微信号和官方微博，开发了贵州检察手机APP，其中微信公众号和手机APP客户端分别荣获"全国十佳检察微信"和"全国十佳检察客户端"。将全省35个检察门户网站进行改版升级，形成了以省检察院官方网站为核心的"黔检矩阵"。充分利用宣传平台，及时发布检察工作重大活动，不断扩大检务公开的覆盖面，切实提升检察工作的亲和力和透明度。不断充实并及时更新宣传内容，灵活宣传形式，增强宣传亲和力、影响力，切实提升人民群众对司法的满意度和信任程度。

三、以信息化保障人民群众参与司法，助推司法公信力提升

人民群众的信任是司法公信力的根基。贵州检察机关积极探索"互联网＋检察"，建成"贵州检察12309网上网下一体化服务平台"，拓展公众有序参与和监督监察执法办案的新渠道，推动检察权在阳光下运行。

一是主动接受人大监督和政协民主监督。贵州检察机关主动向人大代表、政协委员公开案件信息，全面保障代表委员知情权；在"贵州检察12309网上网下一体化服务平台"中专门开辟代表委员联络功能板块，认真听取人大代表、政协委员意见、建议；积极拓展代表、委员监督案件范围，规范监督程序，不断提升接受人大监督和政协民主监督的规范化水平；高度重视，及时办理代表委员意见、提案，件件有落实，件件有回音，确保人大监督和政协民主监督落到实处。

二是不断拓展人民群众参与司法渠道。第一，通过案件信息公开系统，切实保障人民群众知情权、参与权和监督权，人民群众通过参看公开的法律文书，对法律的执行有了具体了解，有利于增强法治意识，有效引导人民群众自觉守法、遇事找法、解决问题靠法。第二，通过重要案件信息和典型案例的发布，积极回应社会关切。通过新闻发布会、"两微一端"等媒体及时发布权威信息，对网络舆情和公众疑问，有针对性地跟帖回复，及时回应和处置，让社会公众及时了解真相，树立法治权威。第三，在"贵州检察12309网上网下一体化服务平台"中，设置投诉建议、检察官答疑板块功能，群众可以对检察机关司法活动进行"点赞"或者"拍砖"，也可以直接提出意见、建议，在检察机关与人民群众之间架起一座信息化"桥梁"，将检察机关的司法活动置于"聚光灯"下。

三是落实对违法司法行为的监督问责。通过"贵州检察12309网上网下一

体化服务平台",人民群众针对检察机关可能存在的违法司法行为,或者公安、法院的违法侦查、裁判行为,可以非常方便地提出投诉,或者进行控告申诉,甚至对违法办案的检察人员提出投诉。贵州省检察机关进一步强化对违法司法行为的责任追究,对于群众的投诉、举报,全部进行全面核实,严格按照工作纪律和法律规定进行处理,并及时答复群众,确保监督落到实处。

曹建明检察长在全国检察机关电子检务工作会议上深刻指出:"在信息化飞速发展的时代背景下,检察机关能否顺势而为,不断提升信息化建设和应用水平,实现信息化与检察工作的深度融合,事关法律监督工作成效,事关检察工作长远发展。"贵州检察机关依托信息技术,切实构建开放、动态、透明、便民的阳光司法机制,尝到了做好互联网时代检察工作的"+"法的"甜头"。下一步,贵州检察机关更要牢固树立向科技要检力、向信息化要战斗力的理念,更加充分运用信息化发展成果,以信息化助推司法公信力不断提升。

预防职务犯罪工作在扶贫攻坚
战略中的实践价值与实现路径

叶亚玲[*]

当前，我省进入决战脱贫攻坚、决胜同步小康的重要阶段，打赢脱贫攻坚战，既需要社会各界一起努力，也需要检察机关法律监督的司法保障。贵州省检察机关开展民生资金保护专项工作，是履职接地气之策，体现了检察机关可贵的政治担当、责任担当和主动担当。在工作中，要充分发挥预防职务犯罪职能作用，为打赢脱贫攻坚战提供预防服务和保障。

一、检察机关预防部门服务脱贫攻坚的价值意义

（一）预防扶贫领域职务犯罪，是检察机关服务和保障扶贫开发的重要举措

在中央扶贫开发工作会议上，习近平总书记要求："要加强扶贫资金阳光化管理，集中整治和查处扶贫领域的职务犯罪。"而加强扶贫资金阳光化管理是一个系统工程，在建设中需要全社会的参与和努力，尤其是在建设中需要一个稳固而有力的"法律支点"。检察机关预防部门的功能具有促进依法行政、促进廉政风险点防控、完善内控管理机制、增强基层廉政意识、推动社会治理法律法规制度的完善、提高社会治理法治化水平、保障人民利益、维护社会稳定等多元性功能。检察机关预防职务犯罪的多元化功能，与扶贫攻坚所需要的法治保障内涵与外延具有一致性，这决定了服务和保障脱贫攻坚是检察机关服务党和国家工作大局的一项内容，是检察机关必须担负的重要使命。

（二）预防扶贫领域职务犯罪，是检察机关作为反腐败职能部门必须承担的重大责任

据统计，党的十八大以来全国检察机关查办扶贫开发领域职务犯罪2295

---

* 贵州省人民检察院副检察长。

人，占全部职务犯罪案件人数的 1.4%。在"十二五"期间，贵州省已经投入财政扶贫资金 305 亿元，"十三五"期间，全省还要解决 493 万农村贫困人口脱贫问题，扶贫资金投入不断加大，扶贫项目不断增加，如何防止"扶贫投入加上去，干部贪腐倒下来"，减少和遏制扶贫领域职务犯罪发生，是检察机关作为反腐败职能部门必须承担的重大责任。这就要求我们必须充分发挥预防职务犯罪职能，做到"扶贫资金发放到哪里，法治监督就跟到哪里，查办案件到哪里，预防职务犯罪就跟到哪里"，真正保障惠民扶贫政策和资金惠及广大群众，切实维护人民群众的合法权益，增强广大人民群众的参与度、获得感和幸福感，为我省打赢脱贫攻坚战，守底线、走新路、奔小康创造良好法治环境。

二、在"大扶贫"战略要求下，预防工作面临的新形势

（一）工作空间广阔

贵州是国家重点扶贫省，农业不发达，农村人口比重大、贫困面广，做好"三农"工作的任务十分艰巨。近年来，从中央到地方，各级财政在惠农扶贫领域的投入持续加大，据了解，2015 年全省扶贫项目达到 2 万多个。未来几年，我省将进入决战脱贫攻坚、决胜同步小康的重要阶段，随着"33668"扶贫攻坚行动计划实施、"1＋10"政策文件落地、"1＋7"民生工程推进，将在大扶贫等方面给予重点倾斜和投入，与中东部地区相比，我省广大的农村，巨额的扶贫惠农资金，为我省检察机关开展好民生资金保护专项工作提供了广阔空间。

（二）工作任务繁重

在我省大扶贫战略按下"快进键"的同时，部分行业领域监管体制机制不适应新要求，给职务犯罪带来巨大风险和挑战。特别是由于惠民扶贫领域补贴资金量大、投入分散，资金运作管理不规范，而相关配套制度的健全完善相对滞后，缺乏有限监督，存在职务犯罪高发、易发的风险。已发生的案件说明，涉及资金拨付、补贴、税收减免的行业，大多容易出现渎职与贿赂交织的犯罪，给国家造成巨大损失。笔者统计了一下，党的十八大以来，我省共查办民生及涉农领域 1438 人，占查办总数的 38%，其中涉农 514 人，直接涉及扶贫开发的就有 129 人。而且农村基层组织人员犯罪突出。在立案查办的案件中，农村基层组织人员 642 人，占总数 17%，其中"村两委"犯罪人员为 302 人，约占农村基层组织人员犯罪的一半。民生的一些行业犯罪较为突出，如近 4 年水利行政部门"一把手"犯罪 40 人，而仅普定县自 1997 年以来已有 6 任

水利局局长被查处，其中近 3 年就相继有 3 任水利局局长涉及职务犯罪。这些犯罪直接影响了民生利益，遵义、余庆等地出现了因腐败导致农村修好的水池无法蓄水等问题。据毕节市威宁县检察院 2014 年的调查，该县 10 余个乡镇普遍存在农村饮水工程成了烂尾工程。又如，仅 2012 年至 2015 年 8 月，全省共查办医疗领域职务犯罪 278 人，全省乡镇卫生院长犯罪为 143 人，职务犯罪造成医疗资金直接损失 8409 万元。民生工程没有真正惠及群众，群众对此心有意见。这些现象容易使职务犯罪与社会问题相互发酵，使我们面临既要惩防职务犯罪又要解决社会问题。因此，遏制民生领域发生职务犯罪的任务十分艰巨。

（三）工作基础较好

近年来，全省检察机关预防部门始终把民生领域作为重点工作来抓，在扶贫领域开展了一系列预防活动，打造了"预防进乡村"、惠农扶贫专项预防、镇村干部专项预防新模式、百件民生检察建议工程等一批"民生预防工作品牌"，先后与省民政厅、省扶贫办等民生管理部门会签了文件，建立健全预防联系配合机制。2015 年，经省院推动，省政府出台的扶贫工作文件已明确要求各地扶贫办要将扶贫项目实施情况向同级检察机关通报，为开展监督建立了渠道。十八大以来，我省预防部门共深入扶贫开发、医药购销和医疗服务、社会保障等 8 个民生领域开展预防宣传近万次，针对相关案件向发案单位及其主管部门提出预防对策 500 余项，共介入支农惠农重点工程项目 100 余个，涉及专项资金 1000 余亿元。一些地方工作开展得相当扎实，例如，省院指导遵义市在全市组织"镇村干部专项预防"活动，采取班子成员分片包保制、村级挂牌联系制等措施推进该项工作，凤冈、道真、绥阳等地还创造出有特色的工作模式。专项活动共覆盖 210 个镇村，发放宣传资料近万册，签订《高危岗位廉政承诺书》3 万份，发现职务犯罪线索 88 件，促进 10 余人自首。《检察日报》、《贵州日报》做了系列报道，其中省委副书记、省委政法委书记谌贻琴同志在《贵州日报》刊载的道真预防工作材料上，专门作出批示，要求总结推广。

黔东南州检察院与州委组织部共同研商制定了《关于进一步加强农村基层组织建设和预防职务犯罪工作的意见》，将预防警示教育纳入农村基层组织党员干部培训总体规划，并下发至 16 个基层院执行。黔东南州检察院与组织部联合运用预防微电影方式开展预防工作的经验被中组部向全国推荐。

毕节市检察院积极向基层延伸预防平台，在全市组建 36 个"巡回检察室"，在全市 250 个乡及 3738 个村悬挂检务公示牌，设立 86 块流动预防宣传栏，使预防工作"接地气"。

过去几年，通过预防宣传进乡村等活动，检察机关预防职能已为社会了解。各地党委、人大、政府、政协都给予了支持。2013 年，最高检曹建明检察长、时任省委赵克志书记先后对贵州民生预防工作作出批示表扬，最高检邱学强副检察长专门批示要求总结推广贵州民生预防工作经验。2015 年，遵义、贵阳等地继续深化，取得了比较明显的成效，受到多位省领导关注。

三、服务"大扶贫"战略的预防路径

强化工作就是要强化抓手，找准工作突破口。全省预防工作要充分发挥职能，采取有效措施参与和推动全省检察机关民生资金保护专项工作。具体路径是：搭建一个平台，推动构建两个铁笼，实施三个专项活动。

（一）搭建一个预防协作平台

徒法不足以自行，合作才能共赢。省检察院已经和省扶贫办会签了文件，细化了协作机制。目前，已经形成了省市县三级检察机关和扶贫部门的协作机制。在此基础上，还将推动下列工作：

1. 认真贯彻执行高检院与中央农村工作领导小组办公室、国家发改委、财政部等《关于查办和预防涉农惠民领域职务犯罪工作中加强协作配合的通知》（高检会〔2012〕4 号）精神，加强与发改、水利、教育、卫生、民政、扶贫等相关部门的协作配合，建立常态化的预防惠农扶贫领域职务犯罪联席会议制度。

2. 按照最高检部署，各市州院要与扶贫部门共同选择 1 至 2 个集中连片特殊困难地区的重点县或异地搬迁脱贫的重点地区，就加强与改进专项扶贫资金监督工作进行合作。定期通报专项工作部署和开展情况，了解掌握相关政策，积极建立和运用线索移送、办案协作、共同预防、调研分析、专项检查等工作机制，协调解决有关问题，形成工作合力。

（二）构建两个预防铁笼

1. 推动建立"制度铁笼"。通过检察建议、预防调查、案例剖析等工作，帮助排查风险、堵漏建制，推动健全完善惠民资金管理制度和监督机制，建立起民生领域的"制度铁笼"。一是开展百件民生预防检察建议工程。围绕"服务和保障民生，促进三农建设和扶贫开发"主题，围绕"十件民生实事"、"十大民生工程"开展民生预防调查，各地院均完成 2 件以上有关民生项目的预防调查，提出 2 件以上预防检察建议。二是开展百件民生案例剖析。紧密结合办案开展预防，组织力量对十八大以来查办的重大民生典型案件，民生领域系统性、塌方式腐败犯罪案件进行深度剖析，形成专题报告材料，发挥专题

（专项）报告的作用，积极向党委政府及相关部门提出有深度的对策建议，推动惠农扶贫管理制度机制完善和创新。三是探索在民生领域开展预防诚告和预防约谈。立足法律监督职能，积极稳妥在民生领域开展预防诚告，对民生领域中，经检察机关侦查不构成职务犯罪但属严重违规行为或轻微犯罪行为不作犯罪处理或免除处罚、判处缓刑的，及时进行预防诚告，指出风险，给予教育引导、警示提醒、察帮诚劝等。对民生领域重点岗位、关键人员，联合相关单位，联合有针对性地进行岗位廉洁知识普法、岗位职务犯罪风险提醒等。

2. 推动建立"数据铁笼"。通过探索建立民生信息库、民生项目资金监管同步预防电子平台，推广行贿犯罪档案查询等工作，建立"数据铁笼"。一是建立民生资金项目信息库。认真贯彻落实省政府办公室《关于建立财政专项扶贫资金安全运行机制的意见》（黔府办函〔2015〕46号）等文件的规定，了解各类民生涉农扶贫项目资金种类、流向、分配、管理、使用等情况，完善民生专项工作台账，建立民生资金及项目信息库，主动与各级水利、扶贫等单位对接，特别是要从相关部门已经开发使用的民生项目的资金监管电子平台中获得有效信息，有针对性地开展民生项目资金职务犯罪同步预防工作。二是推动行贿犯罪档案查询在民生领域的应用。积极通过会签文件方式，将行贿犯罪档案查询纳入民生重点领域，在民生"1＋7"工程、棚户区改造、保障房建设、农田水利建设、农村电网改造升级、农村危房改造以及农村公路、广播电视、通信村村通等工程中开展行贿犯罪档案查询，确保民生工程承建方的依法诚信，保障民生建设资金的安全。三是探索搭建"12309"民生预防电子平台。组建人民群众民生预防志愿者队伍，推动建立社会公众参与民生项目监督的机制，构筑人民群众预防阵线，拓展、充实"12309"信息平台功能，定向拓展群众使用"12309"手机APP的范围，充分运用"12309"平台优势，动态、精准地向人民群众推送民生项目、资金相关情况等信息，发动有直接利益的群众参与民生项目资金监督。

（三）实施三个预防专项活动

在积极参与全省民生资金保护专项工作中，开展三个预防专项活动。

1. 开展预防职务犯罪巡回宣传活动。整合预防宣传力量，对相关民生管理部门、农村基层组织开展预防职务犯罪专题巡回宣传，实现全覆盖、无遗漏。各地在民生领域开展的警示教育和预防宣传数量占总数的一半以上。

2. 开展"保障换届风清气正"专项预防。积极预防基层领导班子换届选举中拉票贿选、买官卖官、权钱交易等犯罪，确保换届风清气正。

3. 开展重大民生工程挂牌预防活动。每个院要新介入2至3个重大民生项目开展预防，重点介入"四在农家·美丽乡村"六个小康行动计划项目、农村危房改造投资等民生工程，进行挂牌督办。建立检察官联系惠民扶贫项目制度，对重点项目确定责任检察官，明确目标、任务以及责任。

总之，加强扶贫领域职务犯罪预防工作，是检察机关服务脱贫攻坚战略实施的重要途径，我们要从全面建成小康社会的战略高度，充分认识检察机关服务和保障扶贫开发工作的重大意义，充分履行法律监督职责，把握主方向，紧扣主旋律，将扶贫领域预防工作成效传导到基层，深入到群众，保障扶贫政策和资金落实到位，为如期实现脱贫攻坚目标营造风清气正的良好环境。

实施"精准法律监督保障"工程
助力贵州"大扶贫"脱贫攻坚战

肖振猛[*]

从党的十八大到十八届五中全会，以习近平同志为总书记的党中央，把消除贫困放到治国理政的高度，指出农村贫困人口脱贫是全面建成小康社会最艰巨的任务，并将新阶段我国扶贫开发工作列入"十三五"规划，制定了《中共中央、国务院关于打赢脱贫攻坚战的决定》。作为贫困人口最多、脱贫难度最大的省份，省委提出要精准发力"大扶贫、大数据"战略行动，全省各级检察机关和检察干警都要深入学习领会、坚决贯彻落实中央扶贫开发工作会议特别是习近平总书记重要讲话精神，充分履行法律监督职能，实施"精准法律监督保障"工程，聚焦五个方面，充分发挥法律监督五大优势，为落实党中央、省委扶贫开发战略提供有力司法保障，助力贵州"大扶贫"脱贫攻坚战。

一、精准聚焦扶贫工作制度是否合法，发挥检察机关熟悉法律的优势，当好扶贫开发的"建言者"

在实践中，由于少数地方存在政绩冲动、利益驱动等各种因素，其制定的地方性扶贫公共政策可能不符合长远利益、全局利益的要求，有些甚至明显与上位法相抵触。例如，极少数地方在产业扶贫的招商引资优惠政策中实行"零地价"及变相零地价政策，或者违反土地规划，违规占用基本农田进行开发等，检察机关要充分发挥熟悉法律的优势，认真履行对抽象行政行为的监督职能，发现扶贫工作中的宏观性制度、政策存在重大法律风险的，要及时提出改进意见，当好法律智库。要结合执法办案，善于发现个案背后的扶贫管理漏洞、扶贫资金监管缺位和制度性问题，及时向党委、政府及有关部门提出治理建议，为党委、政府和相关职能部门开展扶贫工作提供决策参考。重点是针对

---

* 贵州省人民检察院副检察长。

民生案件中发现的问题提出检察建议，帮助排查风险、堵漏建制，切实推动一批民生项目运行机制的健全完善。

二、精准聚焦扶贫管理部门是否依法行政，发挥检察机关监督行政行为的优势，当好扶贫工作的"警报员"

检察监督的核心内容是对于公权力进行法律监督，追查和检控公权力行使中的违法行为，惩治和纠正公权违法行为。党的十八大四中全会把检察机关监督行政违法行为的职权写进了文件。要打开这项工作的突破口，生态和扶贫是可以关注的重点领域。我们要在扶贫领域中积极推进该项工作，建立司法执法与行政执法相衔接的机制，特别是要对扶贫开发工作中"踩红线"、"暗箱操作"、"先上车后买票"等违法违规行为依法纠正，对破坏耕地林地和生态环境的开发项目、招商引资中违反国家政策的超优惠条件、杀鸡取卵式的掠夺性开发、容易引发重大社会矛盾的项目实施方式等问题，及时提出检察建议或者通过适当方式反映。对于怠于履行扶贫职责的，运用督促起诉等先进经验，促进政府部门依法行政。

三、精准聚焦扶贫项目资金是否真正落地，发挥检察机关惩治职务犯罪的优势，当好扶贫工作的"净化器"

检察机关要维护好扶贫开发的良性环境，充分履行法律监督职责，预防和惩治扶贫开发工作中可能存在的贪污、受贿、玩忽职守、滥用职权等行为，确保扶贫项目落实到位、扶贫资金安全使用，使扶贫开发工作既取得经济效益，又积累政治凝聚力。具体而言，可以做好以下重点工作：一是在贫困人口的识别过程中，对于建档立卡工作，要加强监督和检查，高度重视群众的举报和各方面反映的情况，防止不符合扶助标准的人员和家庭进入数据库，造成扶贫工作的偏差。二是加大对救济款项发放、扶贫开发项目资金使用等情况的监督，让国家的惠民利民政策真正落到实处。各级检察院可以有针对性地开展专项整治工作，严肃查处挤占挪用、层层截留、虚报冒领、挥霍浪费扶贫资金的行为。对于那些大搞形象工程、面子工程的扶贫项目，造成扶贫资金重大损失的，要依法追究有关人员失职渎职的责任。三是对新型农村合作医疗制度、农村最低生活保障制度、残疾人补贴等兜底性制度的运行，要切实履行监督职责，守好社会最后一张防护网。四是要配合组织、人事部门做好选人用人工作，纠正和惩治扶贫开发工作中用人的不正之风。贫困县、贫困乡镇的领导班子建设，关系到扶贫开发工作的成败，要配合组织、人事部门选配政治素质高、工作能力强、熟悉农村工作、对农村饱含热情的干部担任主要领导，要坚决查处买官卖官、拉票贿选、带病提拔等不正之风和腐败现象，为扶贫开发工作营造风清气正的社会环境。

四、精准聚焦扶贫领域案件是否公正办理，发挥检察机关诉讼监督的优势，当好"三农"权益的"维护者"

要围绕扶贫项目资金开展精准专项执法活动，实施"扶贫案件绿色通道"，对贪污挪用扶贫资金、诈骗扶贫资金的犯罪，尽早介入侦查，快捕快诉。对扶贫案件从严处置，加强对扶贫领域诉讼活动监督，确保法治统一。同时，开展扶贫案件的案例分析和释法说理工作，营造良好的扶贫开发建设法治氛围。加大对贫困人口诉讼权益的保护、支持力度，强化对贫困农民提起诉讼的民事、行政案件的审判监督和执行监督工作，切实保障农村刑事被害人及其家庭获得国家救济、刑事赔偿的权利，防止农民因案返贫。

五、精准聚焦农村生态是否得到依法保障，发挥检察机关提起公益诉讼的优势，当好美丽乡村的"守护人"

检察机关开展法律监督工作，宗旨是维护社会的公共利益，这种利益不仅包括个人的权利、社会的稳定、法治的统一，也包括生态安全，在扶贫工作中，生态和发展是两条不能突破的底线，对于破坏农村生态环境的行为，也要作为关注的重点，充分利用法律赋予的职权，在公益诉讼方面有所作为，防止无序、盲目甚至牺牲环境换取发展。

扶贫开发贵在精准，重在精准，制胜之道也在于精准。检察机关要深刻理解"精准扶贫"和"大扶贫"的要义，围绕"精准法律监督保障"的主题，咬定目标、苦干实干，坚决打赢脱贫攻坚战！

坚持运用法治思维和法治方式
提升查办职务犯罪法治化水平

万庭祥*

党的十八届四中全会，对全面推进依法治国作出了总体部署，描绘了全面推进依法治国的宏伟蓝图，在党治国理政和我国法治建设史上具有重要里程碑意义。四中全会通过的决定，深刻回答了全面推进依法治国的一系列重大理论和实践问题，是新形势下建设社会主义法治国家的纲领性文件。省委十一届五次全会，对全面推进依法治省、加快建设法治贵州作出了安排规划，是在法治轨道上推动贵州各项事业加快发展的总部署、总动员。

在全面推进依法治省过程中，我们要紧密结合省情实际，在抓全省检察机关查办职务犯罪工作时，坚持运用法治思维和法治方式反对腐败，准确把握强力反腐与依法反腐的关系，坚持有腐必反、有案必查，始终保持查办职务犯罪的强大声势。同时，要采取有效措施，在"五个更加注重和始终做到"上下功夫，坚决防止职务犯罪侦查权的滥用，大力提升查办职务犯罪法治化水平，不断推进依法治省向前发展。

一、更加注重有案必查，始终做到公平司法

要做到有贪必肃、有案必查。坚决贯彻党中央、省委关于反腐败斗争的重大决策部署，敢于担当、依法办案，主动作为、重拳出击，坚决遏制腐败现象蔓延势头。对问题反映集中、群众反映强烈的职务犯罪线索，深挖严查、一查到底。必须规范职务犯罪线索管理，强化线索流转过程的监控，严格按照诉讼规则的规定启动初查、结束初查，强化对不立案线索的审查机制，坚决防止有案不查、选择性执法，努力让人民群众感受到反腐败的工作成效，从而坚定依法治国、依法治省的信心和决心。要加强对司法不公问题的监督，加大查办司法领域职务犯罪力度，回应人民群众反映强烈的司法不公、司法腐败问题，促

---

* 贵州省人民检察院副检察长。

进司法公正，推进法治建设。

要坚持"老虎"、"苍蝇"一起打。既坚决查处领导干部违纪违法案件，突出查办大案要案，又切实解决发生在群众身边的不正之风和腐败问题，继续深入开展查办群众身边、损害群众利益职务犯罪专项工作。面对当前腐败易发多发的情况，我们要牢牢把握现阶段反腐败的基本任务，坚持以治标为主，为治本赢得时间、打好基础、做好准备、积累经验、赢得主动。

要全面查办职务犯罪案件。坚决惩治教育、就业创业、社会保障、医药卫生、食品药品安全、征地拆迁等领域的职务犯罪，进一步健全职务犯罪举报、查处、反馈机制，始终保持查办职务犯罪高压态势。要紧紧围绕全省工作大局，服务和保障主基调、主战略，针对一些资金密集、监管薄弱、经营垄断或产业垄断的行业和领域案件高发的态势，有针对性地加大工作力度。要继续开展查办行贿犯罪专项工作，讲究办案策略和方法，做到统筹查办行贿与受贿犯罪，做到对行贿、受贿犯罪打击力度均衡，从而体现司法的公平性。要深化侦查一体化机制建设，加强侦查信息化、装备现代化建设，增强查办职务犯罪工作合力和能力。

要积极开展职务犯罪国际追逃追赃专项行动。国际追逃追赃工作是反腐败工作的重要组成部分，也是检察机关必须肩负的重大政治任务，关系到党心民心，关系到国家形象和人民利益，关系到法治尊严和反腐败成效。按照最高检《关于进一步加强追逃追赃工作的通知》要求，最大限度运用法律武器追缴赃款，坚决维护法律权威，坚决破除少数人员利用潜逃来逃避打击的侥幸心理，做到法网恢恢、疏而不漏。

二、更加注重实体公正，始终做到公正司法

要始终以实体公正为主导。坚持以办案质量为核心，严格遵循罪刑法定、疑罪从无原则，用事实和证据说话。坚持"一要坚决，二要慎重，务必搞准"的原则，以事实为依据，以法律为准绳，客观公正地查办案件。准确适用宽严相济刑事政策，坚持区别对待，努力取得最佳办案效果。

近年来，数起冤假错案相继曝光，在社会上产生强烈反响。一直以来，司法机关查办案件最常说的话是要把"案件办成铁案"、"要经得起历史的检验"。到今天，提出将防止冤假错案作为我们必须坚守的底线原则，其中的深刻内含法律工作者要引起深思，值得警醒！

要重新认知法律规定的"事实清楚"和"证据确实充分"的含义，这不应该是一个程序性公式化的概念，而必须有扎实的证据基础才能下此判断。职务犯罪侦查部门办理的案件，其诉讼程序相比侦监、公诉要复杂得多。如果说

把案件比作一个产品，其质量如何，最初的制造工艺水平就显得尤为重要，审查批捕、审查起诉和判决，其结果如何都取决于侦查这个基础性的工作情况。侦查环节是最基础、最重要的起点，在当前突出强调要以审判为中心的诉讼制度改革中，侦查取证的质量显得尤其重要和关键。必须严格执行非法证据排除规则，确保证据合法性和事实的客观真实性。因此，我们自身要牢固树立质量的生命线意识，严把初查关、立案关、侦结关，确保生产出好产品，经得起最严格的检验。

三、更加注重程序正义，始终做到规范司法

规范司法行为是严格公正司法的底线要求。在全面推进依法治国新形势下，在开放、透明、信息化的大环境下，不规范的司法行为会给检察机关的形象和司法公信力带来更加严重伤害。检察机关职务犯罪侦查部门执法规范化建设是顺应人民群众对司法公正公开要求的必然举措，是职务犯罪侦查工作的必由之路。特别是落实执行修改后刑事诉讼法的要求、推进侦查工作科学健康发展上台阶、防范执法办案安全廉洁风险，都具有非常现实的意义。

要坚持以程序正义为基础，加强执法规范化建设，细化办案规程，落实执法责任，提高制度执行力，完善人权司法保障制度。要认真落实人权司法保障制度，加快侦查模式转型，严格依法采取侦查手段和强制措施，严格执行办案安全防范制度，进一步规范查封、扣押、冻结、处理涉案财物，严格按照"全面、全程、全部"原则执行同步录音录像制度。牢固树立以证据为核心的侦查理念，严格依照法律规定行使侦查权，坚决杜绝刑讯逼供、违法取证等行为，严格落实讯问同步录音录像、办案安全防范制度，强化侦查监督、公诉、刑事执行检察、控告检察、案件管理等部门对侦查活动的监督制约，确保侦查工作依法规范开展。

要扎实深入开展规范司法行为专项整治工作，解决检察机关司法不规范顽疾。在规范司法行为工作上，关键是要强化五种意识，努力做到敬畏规范、遵守规范、习惯规范，真正实现从"要我规范"到"我要规范"的转变，最终让规范司法行为成为常态化。一要强化主动意识。要将规范司法行为作为今后工作"新常态"，形成本能性习惯，真正内化于心、外化于行。二要强化问题意识。通过问题警醒干警，并采取具体措施有针对性地加以整改。三要强化学习意识。加强对法律、法规的学习理解，领导干部首先做到自己真懂、真会。四要强化规则意识。要敬畏规则、遵守规则。五要强化问责意识。坚决对不规范司法行为"零容忍"，做到检查到位，追究到位。

要认真执行中央关于在查办党员和国家工作人员涉嫌违纪违法犯罪案件中

加强协作配合的意见及我省实施细则，牢固树立规范司法意识，以当前检察机关开展的规范司法行为专项整治工作为契机，将贯彻落实意见和我省实施细则作为专项整治工作的重要内容，切实做到既加强协作配合又不失规范执法。

要认真落实《领导干部干预司法活动、插手具体案件处理的记录、通报和责任追究规定》和《司法机关内部人员过问案件的记录和责任追究规定》，特别是对检察机关内部人员违反规定干预、过问办案的，及时通报，严肃追责。要建立检察机关办案部门和办案人员违法行使职权的纠正机制和记录、通报、责任追究制度，对违法扩大适用特别重大贿赂案件条件、滥用指定居所监视居住措施、违法扣押冻结处理涉案财物的，要坚决严肃处理。

四、更加注重司法公开，始终做到阳光司法

对司法权的制约，除了依赖制度约束外，还要依赖人民群众的监督。在互联网时代，检察机关要变被动为主动，尽最大可能做到司法公开，接受人民群众的监督。司法越公开，就越有权威和公信力。

要着力在检务公开上下功夫。要按照最高检《关于全面推进检务公开工作的意见》的要求，坚持"依法、全面、及时、规范、便民"原则，以让人民群众在检察机关办理的每一个职务犯罪案件中感受到公平正义为目标，进一步拓展公开的范围，丰富公开的形式，提升公开的效果，更好地保障人民群众对检察机关职务犯罪侦查工作的知情权、参与权、表达权和监督权，不断提升检察机关职务犯罪侦查部门的亲和力、公信力和人民群众满意度。

要着力在案件信息公开上下功夫。按照《人民检察院案件信息公开工作规定》、最高检和省检察院关于职务犯罪大要案信息发布暂行办法等规定，依法及时公开检察机关查办的职务犯罪司法依据、程序、流程、结果和生效的法律文书，把案件的办理进展情况和结果及时告知有关人员，把重要案件信息主动地向社会发布，把法律文书全面地向社会展示，才能有效扩大人民群众参与和监督检察工作的渠道，为不断提高检察机关办案质量、规范司法行为、完善工作机制发挥更大的作用。同时，也不断向社会传递公平正义，让法治成为人民群众的一种生活方式，人人成为法治中国梦的参与者、实践者。

五、更加注重监督制约，始终做到廉洁司法

检察机关职务犯罪侦查权具有强制性、主动性，会对初查对象、犯罪嫌疑人的人身权利、民主权利和财产权利等产生重大影响，在行使过程中稍有不慎，即会造成重大损失。因此，必须加强监督制约，确保廉洁司法。检察机关职务犯罪侦查部门必须强化自身监督，解决"灯下黑"问题。分管职务犯罪

侦查的领导干部，更要加强自身修养，注重自我监督。

要注重对查办职务犯罪过程进行监督。检察机关查办职务犯罪，在系统内，要主动接受纪检监察、侦查监督、公诉、刑事执行、案件管理等部门的监督，努力提升廉洁司法的自觉性。在系统外，要主动接受人民监督员的监督，适应媒体的监督。法治化反腐败，需要人民群众的监督和支持。最高检印发《人民监督员监督范围和监督程序改革试点工作方案》，将查办职务犯罪案件中"采取指定居所监视居住强制措施违法的"、"阻碍律师或其他诉讼参与人依法行使诉讼权利的"、"应当退还取保候审保证金而不退还的"三种情形纳入人民监督员监督范围，并由人民监督员启动相应监督程序。人民监督员改革试点，对检察机关查办职务犯罪有关措施的适用、有关制度的执行将起到很好的监督制约作用，这也是推进廉洁司法的客观需要。

要正确看待和坦然接受律师的监督。上海高院原副院长邹碧华同志的事迹，之所以在社会各界包括广大律师中反响强烈，其重要原因就是他不仅忠诚、敬业，坚持司法为民，而且重视律师工作，尊重和保障律师执业权利。检察机关查办职务犯罪，与律师等法律工作者有直接的接触和联系，尊重和保障律师执业权利，依法接受律师的监督，是推进廉洁司法的必然要求。

检察机关是法律监督机关，其领导干部更要加强自我监督，做到忠诚、干净、担当。牢记法律红线不可逾越、法律底线不可触碰，带头遵守法律、执行法律，带头营造依法依规办事的法治环境。要把对法治的尊崇、对法律的敬畏转化成日常的思维方式和行为方式，严守宪法法律底线，在宪法法律范围内活动，不得有超越宪法法律的特权，更不得以言代法、以权压法、徇私枉法。

全面推进依法治省、加快建设法治贵州，是依法治国方略在贵州的具体实践，是一个宏伟的奋斗目标。法治是管根本、管全局、管长远的。真正使法治落地生根，成为人们的行为自觉，成为社会的价值风尚，必须用长劲、实劲、韧劲，绝不能喊口号、练虚功、摆花架子。全省检察机关职务犯罪侦查部门要按照最高检、省委的部署和要求，在省院党组的领导下，紧紧围绕"让党满意、让人民满意"工作目标，依法履行查办职务犯罪工作职责，为推进依法治省作出应有的贡献。

深化认识"六抓""四要" 全力做好
全省生态环境保护检察工作

余 敏[*]

2014 年年底，贵州省人民检察院在全国率先设立生态环境保护检察处。此后，在省委的高度重视和省院的统一部署下，各级院积极争取，按照市州院全部设立、基层院全部挂牌、重点区域专门设立的原则，已在 36 个检察院设立了专门内设机构，其余院均已与民行等部门挂牌合署办公，全省生态环境保护检察工作的机构架子已初步搭建完毕。机构组建以来，各级院做了大量工作，取得了一定的成效。近年来，生态环保检察工作被《人民日报》、《检察日报》、《贵州日报》等多家媒体多次报道，得到省领导批示 10 多次，对我省的工作给予了充分肯定。下一步，应紧紧围绕以下三个方面全力推进全省生态环保检察工作。

一、进一步深化认识，增强生态环保检察工作的主动性

（一）深化生态环保检察工作的责任使命认识，主动作为

党的十八大明确提出了生态文明建设的总体要求。2014 年"两会"期间，习近平总书记对贵州又提出了要以生态文明理念引领经济社会发展、牢牢守住发展和生态两条底线的期望和重托。之后，贵州获准建设生态文明先行示范区，全省召开了生态文明建设大会及政法部门工作推进会，公检法设立生态环境保护内设机构、省人大常委会颁布了全国首部省级层面的生态文明地方性法规——《贵州省生态文明建设促进条例》，"六个一律"环保"利剑"和"六个严禁"森林保护执法专项行动在全省开展。时任省委主要领导赵克志书记和陈敏尔省长在贯彻习近平总书记、李克强总理对腾格里沙漠环境污染问题所作重要批示时，再次明确要求"认真学习，坚决贯彻，铁腕治污，不欠新账。城市和各类园区都要超前建设污染处理设施"、"要汲取腾格里沙漠污染事件

教训，进一步从严做好多彩贵州的污染防治工作"。所有这些，体现了中央和省委对生态环境保护前所未有的力度，采取的措施前所未有，所形成的共识也前所未有。牢牢守住两条底线的思想正在贵州落地生根，多彩贵州拒绝污染也正在深入人心。同时也要看到，随着我省经济的快速发展，发展与保护的矛盾也越来越突出，破坏生态、污染环境的事件还在不断发生，生态环境保护形势依然不容乐观。在贵州生态文明先行示范区建设中，检察机关如何承担起历史使命，发挥职能作用，做好生态文明建设的践行者和保障者，是我们每一个从事生态环境保护检察工作的同志都必须认真思考的问题。省院党组出台的贵州省检察机关《关于发挥检察职能保障生态文明先行区建设的意见》，在总体要求、基本原则、主要任务和组织保障方面已经为生态环保检察工作指明了方向。各级检察院对这些大背景、大形势必须要有清醒的认识，要如履薄冰，要将职责使命记在心上、挂在嘴边、抓在手头、落在实处，通过履行法律监督职责，突出打击破坏环境资源犯罪，严厉查办背后的职务犯罪行为，有效利用检察建议、督促履职等方式来促进生态环境保护，保证绝不在贵州出现类似腾格里沙漠污染的事件，保护好生态贵州这块金字招牌，用法治牢牢守住"两条底线"，使多彩贵州拒绝污染。

（二）深化生态环保检察工作的创新性认识，主动作为

从工作所涵盖的内容来看，生态环保检察工作并不是一项从无到有的自创性工作。但在省级行政区域内系统地组建生态环境保护检察机构，将原来分散的职能整合起来，在重点生态功能区、重点河流流域和重点森林覆盖区等区域设立专门内设机构，的确是全国首创。这个首创，符合建设生态文明先行示范区先行先试的精神，也符合十八届四中全会关于"探索设立跨行政区划的人民法院和人民检察院，办理跨地区案件"的精神。清镇市院曾提起过环境污染公益诉讼，铜仁、黔东南等地开展了督促环境监管部门依法履行职责的工作，这也与十八届四中全会关于"检察机关在履行职责中发现行政机关违法行使职权或者不行使职权的行为，应该督促其纠正，要探索建立检察机关提起公益诉讼制度"的精神一致。因此，要有制度自信，要相信生态环保检察工作大有可为。在工作中要勇于探索、大胆创新，不断把思路变成方法，把方法变成经验，把经验变成机制，及时推广，带动整体，做好示范。

（三）深化生态环保检察工作的专业化认识，主动作为

将原来分散到多个部门的职责整合集中由生态环境保护检察机构来履行，主要是为了集聚职能优势，实现生态环境保护的司法专业化。但生态环保检察工作的专业化与检察机关其他内设机构不同，生态环保领域涉及水、气、渣，

覆盖工、农、林、牧、渔，其专业性、技术性都非常强，而且因为职能涉及侦、捕、诉，跨越刑事、民事和行政检察工作，对检察业务能力要求格外全面。可以说既要广，又要精；既要精通法律，还要掌握政策；既要熟悉各项检察业务，又要了解行政执法标准程序及监测检测等。目前生态环保检察机构人员配备方面还存在一些不足，有的部门负责人身兼数职，要全面履行编办所确定的侦、捕、诉及民行监督职能还有不少困难。但必须明确，牵头和统筹工作是专门内设机构必须承担起来的职责，否则就失去了设立的意义。这也要求生态环保检察干警增加责任感，加强学习，不断提高专业化履职能力，避免成为"门外汉"，防止瞎指挥。这方面，省院的统一培训必不可少，生态环保检察干警干一行爱一行，自学提高也十分重要。

二、找准工作抓手，提高生态环保检察工作履职能力

现阶段，要想做好当前和今后一个时期的生态环保检察工作，要从六个方面找准工作抓手，抓好生态环保检察工作。

一要抓机制。生态环保检察职能的发挥和运作需要科学合理的规范和制度，需要这些制度和规范的有效衔接，用制度规范来确保生态环保检察工作开展的有序性。全省生态环保检察部门要重视机制的强大作用，首先抓好机制建设。要围绕贵州省检察机关《关于发挥检察职能保障生态文明先行区建设的意见》确定的目标任务，积极建立牵头统筹执法办案工作机制，保证案件质量效率的工作机制，强化与公安机关及行政执法部门的信息互通及工作联动机制，督促监管部门依法履职机制等，进一步促进生态环保检察工作的规范化、专业化、长效化。

二要抓信息。生态环境保护和污染防范治理是一个系统工程，既要打，又要防，还要护，涉及面相当广泛。要想深入，必须要有广泛的信息来源渠道。不仅要在检察机关各部门之间实现信息互通，而且要加强外部信息收集，善于从新闻媒体、群众举报、领导批示甚至我们自己的生活接触中发现问题，特别要强化行政执法和司法之间的联动互动。唯有如此，才能及时了解有无重大生态环境保护建设项目及规划实施情况、生态环境违法犯罪事件案件情况等，才能发挥牵头统筹作用，提前做好安排部署。如全省于2015年起实施环境污染治理设施建设三年计划，预计投资285亿元建设2893个环保设施，这个信息对于我们安排部署下一步的预防和查处重点就有十分重要的意义，要盯死看牢，保证环境污染治理项目资金不被挪用挤占。

三要抓案件。办理案件是检察机关履行职能的主要形式，只有抓住了案件，才算抓住了根本，才能抓出效果。生态环保检察机构要通过办理各类案件

来履行法律监督职责，促进生态环境保护。各级院一定要集中精力抓好生态环境保护领域刑事立案监督工作和职务犯罪查办和预防，抓好刑事案件审查批捕和起诉，抓好民事行政诉讼监督等工作，要把抓案件摆在更加突出的位置。

四要抓典型。生态环保检察工作涵盖面广，千头万绪，如何把生态环境保护检察作为贵州检察机关的一张"名片"打造好，让优势更优，强项更强，特色更鲜明。就是要结合自身优势，有侧重地突出重点，抓好典型，尤其是领导签批、媒体报道、群众关注的典型事件案件，要集中力量及时查办督办，形成影响力，获得党政领导和社会各界的广泛支持和认同，树立生态环保检察工作的权威和良好形象，营造良好的执法办案环境。

五要抓延伸。生态环保检察工作不能仅仅将工作局限于构成犯罪、形成案件的范围，那样势必束缚我们的手脚，使工作陷于被动，难以打开局面。在深化生态文明建设机制体制改革中，省委省政府将进一步推进"综合执法、专业司法"的生态环境行政执法司法保护机制；完善行政执法部门实时执法、在线执法；强化行政执法和司法之间的联动互动；推进重点督办制和生态环境保护包保责任制；建立各级领导及企业责任制，完善履职、问责和终身追责等制度；推进生态环境保护相关信息的公开等。这些为生态环保检察职能延伸提供了一个良好的契机和全新的平台，我们要善于将生态环保检察工作纳入全省深化生态文明建设大局中来，以办案为中心，前后延伸，打防并举，综合民事、行政、刑事各种手段，在参与各种专项活动、督促行政机关依法履职、提起生态环境公益诉讼、进行生态司法修复等方面多花心思、多下功夫。

六要抓宣传。没有声音，再好的戏也出不来。生态环境的保护是一项系统工程，需要各级各部门乃至全社会每个公民的积极参与，需要社会各界的大力支持。因此，在抓好前面五个方面工作的同时，还要善于借力造势，利用各种宣传手段，加强重大情况信息报送，充分利用媒体网络，主动与社会舆论互动，采取各种更加贴近公众生活、更加生动的方式进行宣传，在生态环境保护的大合唱中发出检察好声音，让社会各界更加了解、更加重视和支持生态环保检察工作，为生态环保检察工作营造良好的执法环境。

三、选好工作方法，提升生态环保检察工作效率

当前生态环保检察工作有两个方面的特点：

一是生态环保案件往往敏感性很强，常常处于生态环境保护和地方经济发展的矛盾统一中，不注意选择恰当的工作方法和方式，就会给我们的司法办案带来巨大阻力。就拿非法占用农用地的案件来说，非法占用农用地大部分涉及土地开发，有的是招商引资进来的，与当地经济发展有一定的关联，因此查办

的过程中要注意工作的方法和技巧，要综合运用好刚性和柔性两种监督方式，既要突出打击的职能，又要推进督促履职、公益诉讼、责令恢复等方式；既要做好风险预警和释法说理，有效防范化解矛盾，又要加强配合协作，促进共同合力保护生态环境。

二是现阶段各级院生态环保检察机构人员少，职能跨度大、业务涵盖面广，且与其他内设机构职能交叉，牵扯不清。为解决这个问题，省院下发了《关于生态环境保护检察部门案件办理有关事项的通知》，明确了生态环保检察案件的统计口径。但生态环保检察部门如何做好统筹，牵好头，借好力，将工作有效推动起来仍是我们面临的一大问题。对此，应在"四个要"上做点文章，下点功夫。

一要耳朵灵。要多看多听多了解，畅通信息渠道。眼观六路，耳听八方，只有耳聪目明，我们才能及时了解掌握相关信息，才能抓好信息，为生态环保检察工作打好基础。

二要脸皮厚。现在生态环境保护讲的是"综合行政，专业司法"，要跟内部的、外部的多个部门打交道，不厚起脸皮，人家一糊弄，你了解的情况就只能停在表面上，难以深入，没有效果，久而久之，工作就难以打开局面。

三要心思巧。要善于把握工作规律，注意工作方式方法。要主动向院主要领导和党组汇报工作，加强协调，争取帮助解决工作中的困难。要加强向党政领导请示报告，积极争取人大政协支持，善于通过借力来推动工作。要加强上下级之间的沟通和信息反馈，及时排除案件办理中的阻力干扰。要加强统筹，人员不够，要借助下级院、本院各部门的力量。

四要腿脚勤。要加强与公安机关和行政执法部门的联系，多到相关单位、部门跑跑，多走访了解。市州院对基层院查办的案件要加强指导督促，全面了解掌握工作开展情况。要主动及时与本院各部门沟通协调，统筹办案情况。

行政执法检察监督权研究

杨承志[*]

行政执法作为行政权的重要表现形式，是一种按照法定程序，法定情形执行的负担性具体行政行为，与公民的人身财产权利息息相关。当前行政执法过程中存在一些乱作为、不作为行为，一些任意突破法定幅度的执法行为，不仅严重损害了公民的合法权益，还影响了政府公信力，阻碍了依法行政的进程。因此，为更好地将行政执法关进制度的笼子，除了依靠现有行政权内部监督体系，还必须依靠外部权力对其进行相应制约。从横向上看，基于"一府两院"的政治结构，审判权和检察权无疑是制约行政权的首选，又由于审判权的被动性和中立性，依靠检察权进行制约无疑成了目前最好的选择。《中共中央关于全面推进依法治国若干重大问题的决定》（以下简称《决定》）将行政执法检察监督权明确定义为："检察机关在履行职责中发现行政机关违法行使职权或者不行使职权的行为，应该督促其纠正。"《决定》虽然明确了行政执法检察监督权的基本概念，但行政执法检察监督权作为法律监督权的从属性权力，一方面，在监督行政执法行为时如果没有清晰的边界供人大和社会来监督，监督权本身有被滥用的危险；另一方面，从历史经验来看，行政执法检察监督权如果运用不当，也极易在履行职责过程中，与其他检察监督权混同，甚至异化为过去检察机关的"一般监督权"。因此有必要为其划定清晰的权力边界。

一、行政执法检察监督权与其他具有监督行政权职能检察权的区别

行政执法检察监督权作为一种以制约行政权为目的的监督权，与现有的能够制约行政权的检察职能在性质上有相似之处，但在对象、目的、法律依据等因素上有明显区别，不能简单地将其混同于其他检察权之中。具体来说，主要

和以下三种具有制约行政权功能的检察权相区别：

（一）行政执法检察监督权与职务犯罪侦查权的对象不同

虽然行政执法检察监督权与职务犯罪侦查权都是为了防止行政权滥用，但职务犯罪侦查主要针对国家工作人员利用职务的犯罪活动，其对象范围主要及于刑法确定的国家工作人员构成犯罪的行为，如受贿犯罪、贪污犯罪、滥用职权犯罪等。而行政执法检察监督针对的是行政执法行为，其对象范围主要及于违反行政法规定的国家工作人员的执法行为，如违反行政法规定的一些行政许可、行政处罚、行政强制行为等。两种监督权针对对象在性质上有本质区别，不能等同。

（二）行政执法检察监督权与职务犯罪预防在目的上不同

虽然行政执法检察监督与职务犯罪预防都可以针对行政执法中的一些不规范之处进行监督，如《人民检察院预防职务犯罪工作规则（试行）》第 14 条第 2 项规定"人民检察院预防职务犯罪部门应当针对以下情形，提出预防检察建议……（二）已经发生职务违法，可能引发犯罪，应予制止、纠正的"。但职务犯罪预防更多针对的是一种行政机关内部的管理行为，并不关注行政执法行为是否造成行政相对人利益受损，早在 1992 年 10 月 30 日最高人民检察院专门发布《关于加强贪污贿赂犯罪预防工作的通知》就明确各地检察机关要结合办案，提出有针对性的检察建议，帮助发案单位总结经验教训，堵塞漏洞，改善管理，加强防范，特别是要采取措施推动在执法部门和直接掌握人、财、物的岗位，建立有效的防范贪污贿赂等犯罪的约束机制，当中并没有涉及行政相对人的权益保护问题，而这正是行政执法检察监督权设立的主要目的之一。

（三）行政执法检察监督权与刑事诉讼监督权在依据上不同

虽然诉讼监督特别是刑事诉讼监督可以监督制约带有行政属性的侦查权，但刑事诉讼监督主要依据的是以《刑事诉讼法》为主的法律规定判断侦查权是否违法行使。而行政执法检察监督主要则是依据各种行政法律、行政法规、部门规章、地方性法规来判断行政执法权是否违法行使，其判断依据相较刑事诉讼监督而言更为广泛复杂且分属于不同等级、类别的规范。

二、行政执法检察监督权与其他监督权的区别

（一）与行政监察权的区别

行政执法检察监督权与行政监察权都可以监督行政执法行为，但两者在监督方式上有本质区别。按《决定》的表述，行政执法检察监督权主要在于督

促行政执法机关对相应违法行为进行自纠，检察机关的监督更多是一种提示性的外部监督而不是一种具有强制力的监督，不能直接决定或命令改变原先的行政执法行为，更不能直接决定或命令对执法人员进行处分。而根据《行政监察法》第 23 条、第 24 条，《行政监察法实施条例》第 27 条第 2 款的规定，行政监察机关不仅可以做出涉及处分相关人员的监察决定，而且能够针对违法行政执法行为获得的财物，如违法罚款、扣押财物，直接决定没收、追缴或者责令退赔的。监察建议提出后，如果认为有关单位或者人员提出的异议不成立，还需要书面通知有关单位或者人员执行原监察建议。可见，行政监察机关的监督是一种具有强制力的行政内部监督，能够直接影响原先的行政执法行为和执法人员。

（二）与人大监督权的区别

根据《监督法》等法律规定，目前人大对行政执法的监督主要可以采取两种方式，一是听取和审议专项工作报告，通过这种形式将平时发现的相关问题寓于其中，并将受理的部分事项借此转交有关部门处理；二是通过执法检查发现行政执法中存在的问题，提出执法检查报告，由人大常委会将检查报告及审议意见转交政府处理。从这两种方式中，可以较为清晰地看出人大监督行政执法与检察机关监督行政执法的不同，这种不同主要来自两个方面：一是国家权力层级问题，人大作为国家的最高权力机关，对行政执法的监督是一种最高层次、最有权威的权力监督，是一种不需要对监督对象说明监督动机和理由的监督，而检察机关作为"一府两院"的组成部分，对行政执法的监督则是一种在法律授权范围内进行的监督，监督时必须要向被监督对象说明动机和理由；二是人大的监督相比检察机关而言更具有普遍性和整体性，基于人大的组织形式，人大对行政执法的监督一般不针对某个具体的执法行为，也不针对个体，而是在需要对地方政府履职情况进行评价时，将其作为地方政府履职情况的组成部分一道进行整体审议，并根据政府对反馈决议和意见的执行情况决定是否行使相应处置权，这里所行使的处置权并不是对某个行政机关具体执法行为的反应，而是对地方政府履职情况的总体反应。

三、行政执法检察监督权的运行方式

（一）行政执法检察监督权应当依职权启动而非依申请启动

明确行政执法检察监督权究竟是依职权还是依申请运行实际上可以归结于检察机关究竟应不应该直接受理案件，如果是依职权监督，那么一般情况下检察机关不应受理人民群众相关的投诉控告，如果是依申请监督，那么一般情况下检察机关应当受理人民群众相关的投诉控告并且还需要及时将处理结果答复人民群众。这就涉及检察机关受理信访案件的范围问题，随着 2014 年我国正式启动涉法涉诉信访改革，以《关于依法处理涉法涉诉信访问题的意见》的出台为标志，原先信访开始进行实质意义上的分类，属于涉法涉诉的信访交由司法机关负责受理，属于普通信访的仍交由政府负责受理，并通过建立诉访分离机制，将原先属于按照司法程序处理的事项直接从信访程序中导入司法程序。涉法涉诉信访改革的关键在于明确不同主体受理接访的范围。根据最高人民检察院出台的《人民检察院受理控告申诉依法导入法律程序实施办法》第 10 条规定，检察机关受理信访的范围主要包括涉检事项和诉讼监督事项，对于涉及行政行为的控告投诉按目前规定应当还是由政府负责受理答复。该办法第 6 条也规定，检察机关接到属于不涉及民商事、行政、刑事等诉讼权利救济的普通信访事项时，应当及时将信访案件转交主管机关受理。由于行政执法检察监督权在启动上必须以发生行政执法违法为前提，而行政执法违法的投诉控告实际又属于由政府受理的普通信访事项范围，因此，为避免信访程序再度混同交叉，削弱涉法涉诉信访的改革效果，在目前所有信访不能完全导入司法程序的情况下，行政执法检察监督权不宜依申请启动。

（二）行政执法检察监督权一般不在诉讼程序中运行

行政执法检察监督权是否应在诉讼程序中运行，关键需要明确检察机关提起行政公益诉讼是否能以行政机关监督者的身份参与诉讼，按照最高人民检察院《关于贯彻落实〈中共中央关于全面推进依法治国若干重大问题的决定〉的意见》要求，在与公民、法人和其他社会组织没有直接利害关系，使其没有也无法提起公益诉讼的，探索由检察机关提起行政公益诉讼。此时如果明确检察机关以监督者的身份参与，那么行政执法检察监督权自然可以在诉讼程序中运行，反之则不然。按照修改后《行政诉讼法》的相关规定，目前法院也具有监督行政机关依法行使职权的职责,[1] 而检察机关在行政诉讼活动中履行的监督职责更多的是在监督作为审判者的法院而非作为一方当事人的行政机关，如提起抗诉和检察建议针对的对象均是法院。如果检察机关以行政机关监督者的身份提起诉讼，就会同时出现既要监督法院又监督行政机关的情况，不仅模糊了法院在行政诉讼中的监督主体身份而且会导致作为当事人的行政机关在诉讼程序中过于弱势，既要承担证明责任，又要同时接受检察机关和法院的

---

① 《行政诉讼法》第 1 条规定："为保证人民法院公正、及时审理行政案件，解决行政争议，保护公民、法人和其他组织的合法权益，监督行政机关依法行使职权，根据宪法，制定本法。"

监督，诉讼程序由此更类似于听证程序。因此为避免监督主体和对象错位越位，目前行政执法检察监督权不宜在诉讼程序中运行，即便检察机关提起行政公益诉讼能够起到纠正违法行政行为的效果，此时检察机关也不适合以监督方的身份参与诉讼，更多是以当事人或公诉人的身份参与诉讼，① 由法院通过裁判监督行政机关依法履行职责更为合适。

从实践来看，在行政诉讼目前没有办法覆盖所有行政执法领域的情况下，单靠行政诉讼程序纠正行政执法行为实际也无法达到最优效果。以北京市行政执法和行政诉讼情况为例，2013 年，北京市各级行政执法部门单就行政处罚一种行政执法行为而言，就有 1388 万起，而 2013 年北京市一审行政案件接待量近 3 万件，立案数是 7121 件。② 两者巨大的数据差距至少说明目前单靠诉讼很难覆盖整个执法领域，必须拓宽外部监督纠正的渠道。而且目前大量行政违法案件的审查判断也并不完全依靠诉讼程序解决，通过非诉讼程序方式同样可以解决相当部分的行政违法案件。以福建省行政复议案件数与行政应诉案件数为比较，2011 年，福建省各级行政复议机关收到行政复议申请共计 5150 件，受理 4242 件，行政机关参与应诉的行政诉讼案件共 2350 件，其中，复议后应诉的 882 件，③ 复议案件受理数将近诉讼案件受理数的一倍。综上，从覆盖面上来看，行政执法检察监督权在诉讼程序之外运行更有利于保证行政执法外部权力监督的全面性；从可操作性上来看，行政执法检察监督权在诉讼程序之外运行能够拓宽行政执法外部监督的渠道，实现监督方式多元化，增强监督的合力。

（三）行政执法是否合法是行政执法检察监督权运行的核心

无论是监督行政执法是否合法行使职权还是监督行政执法是否不作为，都涉及行政执法是否符合各种法律、司法解释、法规、规章、规范性文件规定，前者重点关注行政执法是否突破规定要求，后者重点关注行政执法是否存在

---

① 最高人民检察院颁布的《检察机关提起公益诉讼改革试点方案》中规定："检察机关以公益诉讼人身份提起民事公益诉讼和行政公益诉讼。"

② 相关数据来源于北京市人大常委会：《北京市人民代表大会内务司法委员会关于行政执法情况的调研报告——以法院行政审判及检察院行政诉讼监督为视角》，载《北京市人民代表大会法制委员会关于本市行政执法情况的调研报告》，http：//www.bjrd.gov.cn/zdgz/zyfb/syyj/201409/t20140925_ 138300.html，访问日期：2015 年 2 月 1 日。

③ 相关数据来源于国务院法制办公室：《福建省 2011 年度行政复议和行政应诉案件统计情况分析报告》，http：//www.chinalaw.gov.cn/article/dfxx/dffzxx/fj/201202/20120200360356.shtml，访问日期：2015 年 12 月 1 日。

"当为而不为、需为而不为"的情况。相应地，行政执法合法性审查的标准可归纳为"法无授权不可为，法如授权应当为"，合法性审查的范围应从三个方面进行甄别：

第一，行政执法检察监督权的合法性审查不涉及合理性审查。不涉及合理性审查的原因在于行政执法检察监督的依据，与法院的判决具有改变、撤销行政行为的功能不同，行政执法检察监督更多是在依照现行规定提醒、告诫、督促行政权自行调整法律关系，并不能像法院一样可以通过解释适用原则和规则的方式直接调整法律关系，可以说检察机关能监督的依据只能是明确的法律规定而不能是根据法律规则原则所作的解释和适用。检察机关只能关注行政执法的形式合法要件而不能关注行政执法是否实质合法（也就是合理性问题），因为一旦要关注实质合法问题就必然涉及法律的解释和原则的适用，而这已经超越了检察机关的能力范围。

第二，行政执法检察监督权的合法性审查不能选择依据。规范性文件经常能够成为行政执法的依据，一旦规范性文件不符合上位规定，即按规范性文件规定行政执法合法，按上位规定行政执法违法时，由于检察机关不能像法院一样可以对认为违法的规范性文件不予适用，当行政执法机关依据规范性文件作为或不作为时，如果检察机关选择依据上位规定监督行政执法，那么就会破坏规范性文件在行政权中的整体作用，特别当规范性文件是由上级行政机关制定时，还会影响到行政权内部上命下从的秩序。因此当规范性文件违反上位规定但已成为行政执法依据时，检察机关的合法性审查不能排除该规范性文件，进而直接依据上位规定进行监督。这也表明了行政执法检察监督权为何不能采取司法裁判方式运行的原因。

第三，行政执法检察监督权的合法性审查不涉及认定行政执法人员的责任。行政执法在被明确违法后，一般还需要明确实施违法行为人员的责任，在认定相关人员是否承担责任或承担责任的轻重时也会涉及行政执法合法性的判断，如违法实施行政处罚，究竟是否违法，如果违法，情节是一般、较重还是严重等。此时行政执法检察监督是否还需要就这些问题审查和认定，笔者认为，关键还是在于明确行政执法检察监督权设立的初衷。作为从属法律监督权的下位权力，无论是过去的一般监督还是现在促进依法行政的需要，涉及行政执法检察监督时，由检察机关通过监督防止行政执法权滥用，其目的都是保护国家集体和人民群众的合法权益不受侵害。当然，在防止权力滥用的同时确实可以起到严肃行政机关纪律，规范行政机关公务员行为的作用，但这并不是检察机关需要完成的基本任务，按照《人民检察院组织法》第4条的规定，规范公务员队伍并不是检察机关的基本任务。而且从法律关系上来看，对行政执法人员的处理涉及人事法律关系的调整，调整的对象是行政机关与公务员之间的关系，而不是行政主体与行政相对人之间的关系，执法人员责任的认定虽然内容上与合法性审查有重合，但立场和角度都已经发生了变化，检察机关如果要承担这方面的审查责任，按照权责相一致的原则，就必须要具有行政人事管理者的资格，这显然会模糊行政权与检察权的界限。因此，为更好地完成检察机关的基本任务，防止各自权力运行秩序发生混乱，检察机关在审查行政执法行为是否合法时，不应继续就行政执法人员的责任认定进行审查，更不能进一步就行政处分是否合法进行审查。

检察机关政工部门要在
守纪律、讲规矩上作表率

渠新建*

党的十八大以来，习近平总书记在系列重要讲话中多次提到"纪律"和"规矩"，在十八届中纪委五次全会上，习近平总书记特别强调："把守纪律讲规矩摆在更加重要的位置"、"在所有党的纪律和规矩中，第一位的是政治纪律和政治规矩"、"对于政治纪律和政治规矩，要十分明确地强调、十分坚定地执行，不要语焉不详、闪烁其词。各级领导干部特别是高级干部要牢固树立纪律和规矩意识，在守纪律、讲规矩上作表率，自觉做政治上的'明白人'。"

人不以规矩则废，党不以规矩则乱。对于每一个政党来说，党的纪律规矩是政党的生命力所在，党纪的宽严程度和执纪水平决定着执政党治国理政的能力。政党的特性要求政党不仅有一套从上而下的组织系统，以动员本阶级阶层社会大众为党的纲领目标进行有效的斗争，而且通过一定的党内规章和组织纪律来约束其成员，以维系自身的团结和统一，提高自身的战斗力。政党不仅具有严密的组织体系，更重要的是制定完备的制度规章，执行严格的纪律约束。一个松松垮垮、稀稀拉拉的组织，是不能干事，也干不成事的。对每一位党员而言，党的纪律规矩是约束党员言论行动的一种纲纪，纪律规矩就是"高压线"、"红线"。能不能守纪律、讲规矩，是检验党员是否忠诚于党的试金石。守纪律、讲规矩，是对每一名党员干部的基本要求，只有在思想上牢固树立纪律规矩意识，在行动上自觉严格恪守纪律和规矩，才会不走岔路、少走弯路，才能永葆党员干部队伍的为民务实清廉。

一、守纪律、讲规矩是全面从严治党的根本要求

习近平总书记指出："党要管党、从严治党，靠什么管，凭什么治？就要靠严明纪律。""纪律不严，从严治党就无从谈起。"守纪律讲规矩是对党员、

---

* 贵州省人民检察院政治部主任。

干部党性的重要考验，是对党员、干部对党忠诚度的重要检验。党员、干部只有时刻绷紧遵规守纪之弦，把守纪律讲规矩当作为人处世从政的底线，良好的从政环境和政治生态才能形成，全面从严治党才能落到实处。

第一，守纪律、讲规矩是我们党的优良传统。我们党从成立之初就是一个有着严密组织和严明纪律的马克思主义政党。在党的一大通过的中国共产党十五条纲领中，就确立了管党治党的初步框架；党的六届六中全会中提出的"四个服从"基本原则，作为民主集中制原则的核心内容沿用至今。从 1949 年西柏坡"进京赶考"前定下六条"规矩"，到 1980 年十一届五中全会通过关于党内政治生活的若干准则，再到中央八项规定的出台，都体现了守纪律、讲规矩是我们党的优良传统。党的领导人更是以身作则守纪律、讲规矩的典范，毛泽东从不为三亲六故推荐工作，刘少奇从不让公车接送孩子上学，周恩来把"遵守纪律"作为自己的一条重要修养要则。正因为如此，才使我们党得到人民认可、受到人民拥戴。

第二，党的纪律规矩是每一个党员干部必须坚守的基本遵循。纪律规矩是约束和规范人们行为的准则。《韩非子》中说，"万物莫不有规矩"，古训常说，三百六十行，行行有行规，循规蹈矩一直是我们民族的优良传统。就党的纪律规矩而言，纪律，是党明文规定要求每个党员必须遵守的规章和条文，规矩是党在长期实践中形成并逐渐成为党员自我约束其行为的优良传统和工作惯例。在十八届中纪委五次全会上，习近平总书记对党的纪律规矩作了深刻阐释，既包括党章这个总章程、总规矩，也包括党规党纪、国家法律这些刚性约束，还包括党在长期实践中形成的优良传统和工作惯例。遵守国家法律，是我们每一个公民的行为底线；遵守党章和党的纪律，是每一个党员的行为底线，这是必需的，不能有任何含糊。党的优良传统和工作惯例，反映党对一些问题的深刻思考和科学总结，同样是必须长期坚持并自觉遵循的。正因为如此，习近平总书记才指出，党的纪律和规矩是党的各级组织和全体党员必须遵守的行为规范和规则。

第三，党的纪律规矩是确保党的事业不断走向胜利的生命线。古人说："无以规矩、不成方圆。"对于每一个政党而言，纪律规矩都是确保党内团结、提升党员凝聚力的重要保证，正所谓：人不以规矩则废，党不以规矩则乱。在这方面，苏共分裂和苏联解体就是深刻的教训。苏共 20 万党员时建国、200 万党员时卫国、2000 万党员时却亡国——苏共垮台，一个重要的原因就是政治纪律动摇、政治规矩失守。党员公开反对党的决议、对抗党的政策，从无视规矩到破坏规矩，从思想混乱演变到组织混乱。邓小平同志曾说过，"我们这么大一个国家，怎样才能团结起来、组织起来呢？一靠理想，二靠纪律"。对一个拥有8700多万党员、在一个13亿人口大国长期执政的马克思主义政党而言，纪律和规矩就是党的生命线。只有党纪党规不断健全，刚性约束不断强化，党的凝聚力战斗力才能不断提升，才能为党的事业不断从胜利走向新的胜利提供可靠保证。

第四，无视党的纪律规矩是一切腐败现象的源头。从党的十八大以来查处的腐败案件看，一些地方和领域出现的塌方式腐败、整体性沦陷，充分暴露出在个别领导干部眼中，根本没有纪律和规矩这根弦，党的政治纪律、政治规矩已被视若无物。从薄熙来、周永康，到徐才厚、郭伯雄、令计划，再到我们省的廖少华、王术君等，无一不是如此。作风问题背后反映的是纪律问题，搞腐败必定违反党的纪律，而违反党的纪律往往是从破坏党的规矩开始的。漠视纪律、不讲规矩，长此下去就会言行失当、失范、失控、失节，就会堕入违法犯罪的深渊。领导干部只有守纪律、讲规矩，才能有权不"任性"，始终对党纪国法心存敬畏，确保忠诚、干净、担当。

二、把严守纪律、严明规矩摆在队伍建设更加重要的位置

习近平总书记指出："我认为，我们党的党内规矩是党的各级组织和全体党员必须遵守的行为规范和规则。党的规矩总的包括什么呢？其一，党章是全党必须遵循的总章程，也是总规矩。其二，党的纪律是刚性约束，政治纪律更是全党在政治方向、政治立场、政治言论、政治行动方面必须遵守的刚性约束。其三，国家法律是党员、干部必须遵守的规矩，法律是党领导人民制定的，全党必须模范执行。其四，党在长期实践中形成的优良传统和工作惯例。"纪律建设就是治本之策，强调加强纪律建设，就是要把严守纪律、严明规矩摆在更加重要的位置。

第一，要加强党性教育"强定力"。党员、干部守纪律讲规矩，第一位的要求是树立强烈的政治意识，严守政治纪律和政治规矩。只有具备坚定的政治定力，才能做到严格按党性原则办事，按政策法规办事。要加强党性教育，锤炼政治素质，深入学习马列主义、毛泽东思想特别是中国特色社会主义理论体系，重点学习习近平总书记系列重要讲话精神，补足精神之"钙"，坚守政治理想、保持头脑清醒，做党的理论路线方针政策的忠实实践者、坚决执行者、坚定维护者。要坚定政治立场，增强政治敏锐性和政治鉴别力，始终铭记政治责任，时刻用党章严格要求自己，始终做到是非面前分得清、关键时刻靠得住，在党言党、在党忧党、在党为党、在党兴党，做政治上的"明白人"。

第二，要严格教育管理"筑防线"。大量事实表明，少数党员、干部蜕化变质，一步步陷入违法乱纪的泥沼，往往是从破坏一些"小"规矩、违反一

点"小"纪律开始的。这些现象警示我们，要把从严要求贯穿于干部的教育培养、管理使用全过程各环节，在思想上和行动上筑牢防线，防止干部触碰纪律之"网"，翻越规矩之"墙"。要把纪律教育作为入党培训和干部培训重要内容，教育引导党员、干部不断加强对纪律规矩的学习，明白哪些事能做、哪些事不能做，哪些事该这样做、哪些事该那样做。要以抓常、抓细、抓长为着力点，强化对党员干部的日常管理监督，落实好请示报告、述职述廉、个人重大事项报告等制度，对党员、干部出现的苗头性、倾向性问题，及时"咬咬耳朵"、"扯扯袖子"，通过谈心谈话和警示教育，及时进行心理疏导和提醒告诫，防止小毛病演化成大问题。

第三，要突出关键少数"作表率"。习近平总书记强调："从严管理的要求能不能落到实处，领导机关和领导干部带头非常重要。""全面从严治党，关键是要抓住领导干部这个'关键少数'。"领导干部是党的事业的组织者、推动者和落实者，是"关键少数"，唯有以身作则、带头守纪律、讲规矩，方能以上率下，以正率下，带出好风气。要带头严肃党内政治生活，切实解决发扬民主不够、正确集中不够、开展批评不够等问题，坚决反对好人主义，坚决摒弃庸俗关系学，坚决防止党内生活随意化、平淡化、娱乐化、庸俗化。要带头发扬敢于担当的工作作风，面对矛盾敢于迎难而上，面对危机敢于挺身而出，面对失误敢于承担责任，坚决杜绝为官不为、为官乱为等现象。要带头严管干部，对党员、干部中出现的苗头性、倾向性问题早提醒、早纠正，不能哄着、护着，致使小错酿成大错，违纪走向违法。

第四，要强化制度约束"明刚性"。实践证明，没有健全的制度，不把权力关进制度的笼子里，干部就很容易违反党纪国法。要进一步推进党的纪律制度化，加快构建系统完备、科学规范、有效管用、简便易行的制度体系，真正实现从"人盯人"、"人管人"向用制度管人管事管权的转变。"明制度于前，重威刑于后。"如果纪律规定只是写在纸上、挂在墙上，不真刀真枪地抓执行，再好的规定也发挥不了作用。要加大制度执行力度，坚持制度执行到人到事到底，制度面前人人平等、执行制度没有例外。要着力推进干部能上能下，对不负责任、不敢担当的干部，及时问责惩戒，不仅不能提拔使用，还要及时调整下来；对越红线、踩雷区、走岔道的干部，要依法依规严肃处理，真正让不讲规矩、违反纪律的干部付出代价，真正让纪律成为"带电的高压线"，让规矩成为"高悬的铁戒尺"。

三、检察机关政工部门要在守纪律、讲规矩上作表率

政工部门是最讲政治、最守规矩的部门，这是我们的工作性质决定的。作

为政工部门的同志，要带头守纪律、讲规矩，尤其是要带头严明党的政治纪律和政治规矩，立好标杆，作好表率。

第一，在加强思想武装上作表率。坚持用习近平总书记中央讲话精神武装头脑、指导实践、推动工作，结合开展"三严三实"专题教育，原原本本地学、原汁原味地读，读原著、悟原理，务求学深学透、入脑入心、知行合一。把认真学习和自觉遵守党章作为加强党性修养的重要途径，强化党纪党规党性教育，真正使党员干部将入党誓词、党员义务权利、党的纪律规矩等要求内化于心、外化于行。要把学习所得落实到具体行动上，通过学习来进一步提升思想境界，端正公私观、是非观、义利观，提升纪律规矩意识，增强守纪律、讲规矩的政治觉悟和党性自觉。

第二，在严守党的政治纪律和政治规矩上作表率。作为政工部门的同志，必须坚决服从组织决定，任何时候任何情况下都必须在思想上行动上同党中央保持高度一致，坚决落实党组织的各项决定，决不允许跟组织讨价还价，决不允许口无遮拦、妄议上级，决不允许有令不行、有禁不止，决不允许执行上级决策部署打折扣、搞变通；必须严守党的政治规矩，决不允许搞小圈子、小团体、拉帮结派等非组织活动，决不允许无中生有、乱议论、乱告状，决不允许搞当面一套、背后一套；必须严格遵循组织程序，决不允许擅作主张、我行我素，重大问题该请示的请示，该汇报的汇报，决不允许超越权限办事，决不允许搞先斩后奏。

第三，在严守各项检规禁令上作表率。近年来，中央、省委、高检院和省院先后下发许多检规禁令，有加强作风建设方面的，如中央八项规定、省委十项规定、作风"十不准"规定；有严肃政治纪律方面的，如政治纪律"十严禁"、"七个有之"、"八个决不允许"；有加强干部行为约束的，如禁酒令、检察人员八小时外行为禁令；有执法办案方面的禁令，如执法办案"五严禁"、"八项禁令"；等等。这些都是"红线"、"高压线"，政工部门的同志都要带头遵守，模范执行。同时，要带头落实省院党组提出的"当日事当日毕、谁主管谁负责"的要求，横下一条心纠正"四风"，用实际行动在弘扬正气、树立新风上作表率。

第四，在坚持原则、敢于担当上作表率。政工部门是管党治党的职能部门，不仅自身不能出问题，还要管住别人不能出问题。要清醒地认识到，坚持全面从严治检、从严管理监督干部是我们必须履行的政治担当、必须完成的政治任务、必须遵守的政治纪律，要敢于坚持原则，敢于真抓严管、动真碰硬，敢于得罪"少数人"，切实做到敢管理、严要求、真处理。要加强对干部的日常管理考核，建立健全干部日常管理考核机制，突出领导班子和领导干部这个重点，强化管理监督。要严肃党内政治生活，贯彻好民主集中制原则，正确处理好组织和个人、同志和同志、集体领导和个人分工负责等重要关系；开展好批评与自我批评，凡事出于公心，开诚布公地谈问题，营造团结和谐、纯洁健康、简单透明的党内同志关系。

第五，在廉洁从检上作表率。要模范带头执行廉政准则和廉洁从检规定，时刻牢记"道德底线"、"纪律红线"，强化"禁区"、"雷区"的意识，在工作、生活和社会交往中自觉恪守准则，按准则来衡量自己、规范自己、警示自己，严格管好身边的人，绝不利用手中的权力牟取私利。牢固树立正确的世界观、人生观、价值观、权力观、地位观和利益观，在面对诱惑、陷阱时，保持清醒头脑，时刻警钟长鸣，在感情上把握住原则，在行动上把握住分寸，在生活上把握住小节，时刻做到心中有党不忘恩、心中有民不忘本、心中有责不懈怠、心中有戒不妄为。同时，还要按照"一岗双责"要求，严格要求下属，严格管好队伍，决不出现任何问题。

强化担当意识　增强落实
"两个责任"的历史自觉

佘　诚[*]

2012 年 11 月，党的十八大报告指出，要严格落实党风廉政建设责任制。2013 年 11 月 12 日，党的十八届三中全会审议通过的《中共中央关于全面深化改革若干重大问题的决定》规定："落实党风廉政建设责任制，党委负主体责任，纪委负监督责任，制定实施切实可行的责任追究制度。各级纪委要履行协助党委加强党风建设和组织协调反腐败工作的职责，加强对同级党委特别是常委会成员的监督，更好发挥党内监督专门机关作用。"这是党中央以正式文件的形式明确提出"两个责任"的内容，即党委对落实党风廉政建设责任制承担主体责任，纪委对落实党风廉政建设责任制承担监督责任。

一、明确提出"两个责任"的历史必然性

（一）党风廉政建设的历史与发展

"廉政"即廉洁从政。该词最早见于春秋时期的《晏子春秋校注卷四》。放在今天，就是要求广大党员干部遵纪守法、克己奉公、公私分明、恪尽职守、勤俭节约。我们党将"党风"与"廉政"放在一起，始于党的十四大，但党风廉政建设和反腐败工作的实践，从建党之初就已经开始了。

1921 年 7 月，党的一大制定的中国共产党第一个纲领在规定党的性质和奋斗目标的同时，提出实行纪律约束和党内监督，"工人、农民、士兵和学生的地方组织中党员人数多时，可派他们到其他地区去工作，但是一定要受地方执行委员会的严格监督"。"地方委员会的财务、活动和政策，应受中央执行委员会的监督。"这充分表明党从建立之日起，就为实现党的清正廉洁、取信于民打下基础。

从 1949 年新中国成立后到 1978 年，我党主要是通过开展一系列政治运动

---

*　贵州省人民检察院纪检组组长。

的方式开展反腐败斗争，在不断促进党风廉政建设的同时，也经历了一个曲折发展的过程。党的十一届三中全会后，党针对改革开放这一历史条件下腐败易发多发的形势，果断采取一系列重大举措，如恢复了中央纪律检查委员会和地方各级纪律检查委员会，制定《关于党内生活若干准则》等，认真纠正少数领导干部搞"特殊化"、以权谋私等不正之风。

1989 年经受国内外严重政治风波的考验中，党中央把党风廉政建设和反腐败斗争摆到稳定全局的突出位置，重点抓了三件大事。一是作出《关于近期做几件群众关心的事情的决定》，强调坚决制止高干子女经商、取消对领导人员某些食品的"特供"、"严格控制领导干部出国"等。二是最高检和最高法联合发布《关于贪污、受贿、投机倒把等犯罪分子必须在期限内自首坦白的通告》，开展了声势浩大的打击经济领域违法犯罪活动专项斗争。三是十三届六中全会通过《中共中央关于加强党同人民群众联系的决定》，以整风精神在全党开展党性党风教育。这三项工作，成为后来党风廉政建设和反腐败工作三项格局的基本架构。

1992 年党的十四大以后，我们党在不断深化改革开放的过程中，一如既往地重视和加强党风廉政建设和反腐败工作，不断创新完善制度机制，探索出一条符合中国国情，具有中国特色的反腐倡廉之路。时至今日，"两个责任"的提出，就是新一届党中央加强党风廉政建设和反腐败工作的重要举措。

（二）提出"两个责任"的历史必然

应该说"两个责任"的提出是我们党适应当前形势任务的需要。什么样的形势？就是当前党风廉政建设和反腐败斗争的形势。什么样的任务？就是我们党不断加强党的建设和政权建设，努力实现"两个一百年"目标的任务。

总的来说，任务是由我们党的性质和宗旨决定的。一是根据《中国共产党党章》总纲的规定，中国共产党要领导全国各族人民实现社会主义现代化的宏伟目标，必须紧密围绕党的基本路线，加强党的执政能力建设、先进性和纯洁性建设，以改革创新精神全面推进党的建设新的伟大工程，整体推进党的思想建设、组织建设、作风建设、反腐倡廉建设、制度建设，全面提高党的建设科学化水平。《中国共产党党章》第 44 条第 1 款规定，党的各级纪律检查委员会的主要任务是维护党的章程和其他党内法规，检查党的路线、方针、政策和决议的执行情况，协助党的委员会加强党风建设和组织协调反腐败工作。二是根据党的十八大确定的各项目标任务，实现"两个一百年"目标，实现中华民族伟大复兴的中国梦，必须把我们党建设好。而党风廉政建设和反腐败斗争，是党的建设的重要内容。党的十八大报告还指出，要严格执行党风廉政建设责任制。

当前党风廉政建设和反腐败斗争的形势，主要结合习近平总书记关于党风廉政建设和反腐败斗争形势的科学判断来理解。习近平总书记在十八届中央纪委三次全会上指出："滋生腐败的土壤依然存在，党风廉政建设和反腐败斗争的形势依然严峻复杂，一些不正之风和腐败问题影响恶劣亟待解决。"

1. 滋生腐败的土壤依然存在。一是思想上的"土壤"。少数党员干部思想滑坡，党员意识淡薄甚至忘记了自己是共产党员。笔者以前在省纪委查办的案件，很多当事人自述自书，写忏悔录都说放松了学习、放松了世界观的改造。反过来看，现在认真学习党章的又有多少。事实上很多人以为入了党后就一劳永逸，一蹴而就，以为理想信念的问题、党性问题一次性就解决了，恰恰不是，因为学习是一个不断持续修炼的过程，理想信念也是不断夯实和与时俱进的过程。这个过程当中，少数人的思想就会跟不上形势的发展，适应不了"新常态"。二是从我们实际工作中来看，制度执行不力，"庸、懒、散、慢"等，这些都是滋生腐败的土壤。正如习总书记说的，不正之风是滋生腐败的温床。

2. 党风廉政建设和反腐败斗争的形势依然严峻复杂。2016年，习总书记在中央纪委五次全会上对复杂性、严峻性、胶着状态、系统塌方式等作了展开讲解。为什么讲胶着状态，正如两军对垒，你死我活。同时还是持久战，亦如岐山书记讲的作风建设永远在路上、党风廉政建设和反腐败斗争永远在路上、全面从严治党永远在路上也是这个意思。从最近查处的一些案件看，贪腐的手段也是层出不穷，有几个方面的特点：一是以权谋私期权化。也就是一些腐败分子刻意将权钱交易的时限拉长，等退休或所谓的"安全着陆"后再获利。二是获利敛财间接化。就是通过配偶、子女、亲戚、情人或朋友等特定第三人代为收受，或者以特定第三人经商等形式曲线获取巨额收益。三是对抗调查严密化。违纪违法人员的反调查能力日益增强，增加了调查难度。四是腐败案件涉外化。就是有的把权钱交易的收割地选择在境外或国外，或者通过各种手段秘密取得外籍身份，便于转移、藏匿赃款赃物。

3. 一些不正之风和腐败问题影响恶劣亟待解决。亟待解决，就是问题已经很迫切、很严重，不解决不行。如周永康、薄熙来、徐才厚、令计划等严重违纪违法案件，中组部7月专门发出通知，要求在"三严三实"专题教育学习研讨中，要以他们为反面教材，聚焦严守党的政治纪律和政治规矩，组织县处级以上领导干部深刻总结反思、汲取教训、引以为戒，真正在思想上、工作上、作风上严起来、实起来。

正是在这样一个背景下，"两个责任"的提出恰逢其时，这是中央对当前及今后党风廉政建设和反腐败工作现实考量的结果，是以习近平为总书记的新一届中央领导集体科学判断当前反腐败斗争形势作出的重大决策，是对惩治和预防腐败规律的深刻认识和战略思考，是加强党风廉政建设的重要制度性安排，是党要管党、从严治党的真正回归。

二、"两个责任"所包含的内容

（一）主体责任

习总书记在十八届中央纪委三次全会上的讲话指出，党委的主体责任是什么？主要是加强领导，选好用好干部，防止出现选人用人上的不正之风和腐败问题；坚决纠正损害群众利益的行为；强化对权力运行的制约和监督，从源头上防治腐败；领导和支持执纪执法机关查处违纪违法问题；党委主要负责同志要管好班子，带好队伍，管好自己，当好廉洁从政的表率。他还强调，各级党委特别是主要负责同志必须树立不抓党风廉政建设就是严重失职的意识，常研究、常部署，抓领导、领导抓，抓具体、具体抓，种好自己的责任田。

《中国纪检监察报》、中央纪委监察部网站推出的"学思践悟"专栏第一篇也概括指出，主体责任就是党委（党组）直接抓党风廉政建设和反腐败工作，党委书记是第一责任人，党委成员对职责范围内的党风廉政建设负领导责任。从内容上分解来看：（1）党委的主体责任有九个方面：一是加强组织领导；二是选好用好干部；三是深化作风建设；四是维护群众利益；五是坚决惩治腐败；六是推进源头治理；七是强化权力制约和监督；八是领导并支持执纪执法机关查处违纪违法问题；九是加强廉政教育。（2）党委主要负责人的责任有三个方面：一是强化领导责任；二是管好班子带好队伍；三是当好廉洁从政的表率。（3）党委班子其他成员的责任有三个方面：一是强化责任担当；二是加强日常管理；三是自觉接受监督。

可以从以下四个方面来理解：

第一，主体责任是政治责任。中国共产党是中国社会主义事业的领导核心。党要管党，管的就是党的建设。从严治党，就是严明党的纪律、严肃执纪。落实党风廉政建设主体责任就是管党治党的必然要求和重要举措。推进党风廉政建设和反腐败斗争是全党的重大政治任务，而落实主体责任是各级党委必须履行的政治担当。所以要深刻认识落实主体责任的极端重要性，增强忧患意识，坚守责任担当，绝不能只重业务而不抓党风，只看发展指标而不抓惩治腐败，真正从政治和全局的高度来认识主体责任、担当主体责任。

第二，主体责任是直接责任。党委（党组）是党风廉政建设的"领导者、执行者、推动者"，而"执行"和"推动"不"直接"行吗？落实主体责任既要强化集体领导的责任，又要切实落实领导干部个人的责任，做到党委

（党组）"不松手"、党委（党组）书记"不甩手"、党委（党组）成员"不缩手"。

第三，主体责任是全面责任。所谓全面责任，就是要求我们的工作职责到哪里，党风廉政建设的责任就延伸到哪里。要把党风廉政建设纳入重要议事日程，领导干部都要落实"一岗双责"，既要抓好主管、分管的业务工作，又要加强对主管、分管的地区和部门党风廉政建设的指导和监督，对苗头性、倾向性问题，要及时发现、督促纠正，切实做到守土有责、守土尽责。

第四，主体责任是分内责任。抓党风廉政建设是党委工作的重要组成部分。《党章》总纲明确规定：各级党委要整体推进党的思想建设、组织建设、作风建设、反腐倡廉建设和制度建设。因此，抓党风廉政建设是各级党委的分内职责，落实党风廉政建设主体责任责无旁贷。各级党委要牢固树立抓党风廉政建设是本职、不抓党风廉政建设是失职、抓不好党风廉政建设是渎职的理念，自觉把党风廉政建设主体责任记在心上、扛在肩上、抓在手上、落实在行动上。

（二）监督责任

纪委的监督责任，主要包括监督的地位、对象和职责内容。

从监督地位上来看，党的各级纪律检查委员会是从事党内监督的专门机关，具有党内监督的权威地位和不可替代的作用。

从监督对象上来看，纪委的监督对象主要包括党的各级领导机关和党员领导干部，具体包括：对所在委员会及其派驻机构、派出的巡视机构的工作进行监督；对所在委员会常委、委员和派驻机构、派出的巡视机构的负责人进行监督，特别是对各级领导班子主要负责人进行监督。

从监督职责来看，主要体现在：（1）加强组织协调：协助党委（党组）加强落实党风廉政建设责任制考核，督促检查党风廉政建设和反腐败工作任务落实，定期向党委和上级纪委报告履行监督责任情况。（2）强化纪律监督：坚决维护党的章程和其他党内法规，严格执行党的各项纪律。加强监督问责。监督同级党委成员落实党风廉政建设责任制，遵守廉洁自律规定等情况。（3）严肃查办案件：严肃查处党员干部违纪违法案件，解决发生在群众身边的腐败问题。线索处置和案件查办在向同级党委报告的同时向上级纪委报告。（4）维护党员权益：及时受理对党组织和党员违反党纪行为的检举和党员的控告、申诉，切实保障党员的权利等。对党员检举反映失实的要及时澄清，对诬告陷害的要追究责任，保护党员干部干事创业的积极性。

我们不难看出，监督责任的重点可以简化为六个字：监督、执纪、问责。

(三)"主体责任"和"监督责任"两者之间的关系

"主体责任"和"监督责任"之间存在辩证的逻辑关系,党委的主体责任是前提,纪委的监督责任是保障,两者相互依存、相互促进、缺一不可。党委的主体责任强调的是如何通过进一步强化各级党委对党风廉政建设和反腐败工作的领导地位和领导责任,进一步强化和完善党对党风廉政建设和反腐败斗争的领导,为党风廉政建设和反腐败斗争提供基本方向。只有不断强化党委的主体责任,不断建立健全党风廉政建设和反腐败的领导体制和工作机制,才能保障纪委的监督地位和监督的权威性,确保纪委监督责任的有效发挥。纪委的监督责任强调如何通过进一步强化纪委作为党内专门监督机关的监督地位,明确纪委的监督执纪问责的主责,确保纪委正确履行监督权力,提高监督能力,为推动党风廉政建设和反腐败工作提供纪律保障。只有充分发挥纪委的监督责任,才能保证党的先进性和纯洁性,才能巩固党的执政地位,提高党的执政能力,最终保证主体责任的有效履行。

党委的主体责任和纪委的监督责任既相互联系,又相互区别。党委的主体责任主要指党委在党风廉政建设和反腐败斗争中具有毋庸置疑的主体地位,负有不可推卸的领导责任,必须把党风廉政建设和反腐败工作作为党的建设的重要内容,纳入经济社会发展的整体布局之中,统筹谋划,全面部署。各级领导班子、班子主要负责人和其他班子成员必须分清职责,厘清集体责任和个人责任的界限,履行好"一岗双责",既不能用党委的集体责任掩盖个人领导责任,也不能用纪委的监督责任代替党委的主体责任。纪委的监督责任主要指各级纪委必须在同级党委和上级纪委的领导下,围绕中心,服务大局,突出主业,组织协调党风廉政建设和反腐败工作,发挥好党内监督专门机关的作用。既不能越俎代庖,也不能缺位失责。

三、落实"两个责任"方面存在的问题

近年来,落实"两个责任"暴露出的问题也是多种多样的。有些问题以前没有发现并不代表我们就不存在,只不过是在监督执纪问责的力度不断加大的新常态下逐渐暴露出来,这要引起我们的高度重视。

(一)落实"主体责任"方面存在的问题

落实"主体责任"方面的问题主要体现在三个方面:一是认识不清。有的党组重业务工作,轻党风廉政建设。有的"一把手"党的观念淡薄,纪律观念弱化。有的领导干部把"两个责任"等同于"一岗双责"。二是思路不明。有的党组书记和班子成员不清楚主体责任包含哪些内容,对本单位、分管

部门党风廉政建设情况知之甚少,不知道怎么落实主体责任。有的党组书记认为落实主体责任就是多支持一下纪检组的工作,没有认识到党风廉政建设就是党组书记的分内之事。有的甚至向上级报告落实主体责任情况都"打包"由纪检组承担。三是工作不实。有的单位抓党风廉政建设履责方式单一,热衷于开开会、表表态、签责任书,做表面文章。有的党组书记没有承担好管班子、带队伍的责任,平时工作督促检查、以上率下做得不够。

(二)落实"监督责任"方面存在的问题

落实"监督责任"的问题也体现在三个方面:一是"三转"不到位。有的纪检组上转下不转、明转暗不转、内转外不转的情况还不同程度地存在。二是担当不到位。有的纪检监察领导干部患得患失,畏首畏尾,不敢监督。有的对于排除阻力、克服困难执好纪、问好责,既无勇气也无策略。三是责任追究不够到位。问责刚性不足。处理一般干部多,倒查领导干部责任少。

四、如何落实好"两个责任"

2015年省院下发了《关于落实党风廉政建设主体责任的实施意见》、《关于落实党风廉政建设监督责任的实施办法》,2016年省院出台了《贵州省人民检察院党风廉政建设主体责任和监督责任清单(试行)》,并以此为指导推动"两个责任"落到实处。

(一)落实责任,勇于担当

2014年5月6日至12日,王岐山书记与部分中央国家机关和中央企业、国有金融机构负责同志座谈时强调,坚持党要管党、从严治党是各级党组织的责任所系、使命所在,落实党风廉政建设主体责任和监督责任关键看行动、根本在担当。必须深刻领会落实主体责任的重大意义、精神实质和深刻内涵,坚持党要管党、从严治党,坚持全面从严治检,做落实主体责任的践行者、引领者。党组书记要抓好班子、带好队伍,对下级和身边工作人员严格要求、严格教育、严格管理、严格监督,对存在苗头性、倾向性问题的要常"扯袖子"、"咬耳朵"、早打"预防针",敢当"恶人",避免"亚健康"恶化成"重症病"。其他领导干部要在其位谋其政,对职责范围内的事情该抓的要抓、该管的要管。努力构建党组落实主责"不松手"、"一把手"带头执行"不甩手"、班子成员履职尽责"共携手"的整体联动、统筹协调机制。

(二)严肃问责,传导压力

没有问责,责任就落实不下去,动员千遍,不如问责一次。落实"两个责任",核心在于落实责任制,关键在于责任追究。要始终坚持零容忍态度不变、猛药去疴决心不减、刮骨疗毒勇气不泄、严厉惩处尺度不松，对政治上不守规矩、廉洁上不干净、工作上不作为不担当或能力不够、作风上不实的干部，要坚决进行组织调整；对违规违纪，破坏法规制度踩"红线"、越"底线"、闯"雷区"的，坚决予以严肃查处，决不大事化小、小事化了，决不搞下不例外，真正做到不留"暗门"、不开"天窗"，坚决防止破窗效应。同时，要实行"一案双查"，对违纪违法案件，既要查处直接责任人，又要追究主体责任和监督责任，让问责成为常态、形成声势、保持震慑。要采取多种方式层层传导压力，让大家都动起来，从思想上和行动上推动"两个责任"落到实处。

（三）以上率下，正确用人

落实责任要以上率下、以身作则，要求别人做到的，班子首先要做到，要求别人不做的，班子带头不做；落实责任要科学民主，班子内部要敢讲真话、实话、管用的话，要敢说提醒的话、批评的话、刺耳的话，不搞无原则的一团和气，让好人主义、投机主义、功利主义没有市场。特别是上级院要给下级院做好表率，加强领导、指导和监督。导向要正确，要对照好干部的"五条标准"，强化德才兼备、以德为先的用人导向，坚持党组把关和民主推荐并重，用人导向和用人标准并重，选人用人和知人识人并重，选拔任用和科学管理并重，健全完善科学透明、公开公正的用人机制，让信念坚定、勤政务实、敢于担当、清正廉洁的干部得到重用。

（四）规范司法，廉洁从检

落实好"两个责任"是我们推动检察业务工作不断向前的根本保障。落实好"两个责任"要求我们结合检察工作特点，进一步规范司法行为，切实纠正司法活动中损害群众利益的行为，树立检察机关良好形象。作为检察机关的党员干部，还要遵守好廉洁从检有关规定禁令，在工作、生活和社会交往中自觉恪守准则，按准则来衡量自己、规范自己、警示自己，严格管好身边的人，绝不利用手中的权力谋取私利。要牢固树立正确的世界观、人生观、价值观、权力观、地位观和利益观，在面对诱惑、陷阱时，保持清醒头脑，时刻警钟长鸣，在感情上把握住原则，在行动上把握住分寸，在生活上把握住小节，时刻做到心中有党不忘恩、心中有民不忘本、心中有责不懈怠、心中有戒不妄为。

观察思考

新形势下加强打击传销工作的思考和建议

陈雪梅[*]

近年来，非法传销作为一种涉众型违法犯罪，在全国多地蔓延成势，贵阳市作为贵州省省会、西南地区中心城市，也未能例外。结合司法实践中遇到的问题，笔者尝试对新形势下加强打传防传工作问题作一探讨。

一、强化组织领导，健全领导机制

党委政府的高度重视和坚强领导，是开展包括打传防传在内的各项工作的基础和保障，因此贵阳市的打传防传工作，必须继续坚持"各级党委政府负总责，党政主要领导是第一负责人"这一工作方针，强化领导。一是强化市打传工作领导小组的领导。贵阳市打传领导小组设立以来，2007 年至 2012 年由一名分管副市长任组长，2012 年 5 月，市委办公厅、市政府办公厅下发了《关于调整贵阳市打击传销工作领导小组成员的通知》，对市打传工作领导小组成员进行了调整，由市委常委、政法委书记庞鸿、副市长翟彦同志任组长，市公安局局长闵建同志任常务副组长。二是加强市打传工作领导小组办事机构建设。目前，市打传工作领导小组的日常事务工作由市打传办（综治办）承担，负责组织和协调全市打击传销工作，研究全市打击传销工作的重大事项，部署全市防范和打击传销工作。2012 年，市打传办从市工商局调整到市综治办后，市综治办人员编制未能增加，现有工作人员仅 5 人，除新增加的打传防传工作外，还承担着社会治安综合治理和社会管理八个专项工作中的五个专项

---

* 贵州省贵阳市人民检察院检察长。

任务。打传防传工作人员长期超负荷工作，人员机构有待进一步充实。建议增加市综治办人员编制，配备数名打传防传专职工作人员。三是可以考虑借鉴其他城市的做法，将打传防传工作纳入党政领导班子和领导干部年度工作目标考核内容，实行打传工作"一票否决"。

二、开展专项行动，严打非法传销

近年来，贵阳市开展的"两严一降"、"大收戒"等社会治理专项行动，均取得了明显成效，社会影响大，群众反响好，近期又开展了严打吸贩毒违法犯罪的禁毒专项行动。因此，建议在充分总结近年来专项行动成功经验的基础上，针对观山湖区等传销违法犯罪较为高发，打传防传形势较为严峻的重点区域，集中力量，聚集资源，开展一次声势强大的集中打击非法传销专项行动。

一是突出案件查办。应立足摸排线索，集中精力和资源，在全市严厉打击传销违法犯罪活动。坚持"打早打小、露头就打"和反复打、打反复的工作方法，全面、强力打击"拉人头式"聚集型传销，稳妥、精确打击网络传销。重点打击传销组织首脑、骨干成员和传销组织体系，集中查处一批以"1040工程"、"资本运作"、"股权投资"、"电子商务"、"网络销售"、"连锁销售经营"、"商会商务运作"等为幌子实施传销违法犯罪案件，严厉查处一批涉及面广、参与人员多、社会危害严重、群众反映强烈的大要案，坚决遏制传销扩散蔓延的势头。

二是突出区域整治。针对传销情况严重的区域，特别是传销仍然存在或可能出现反弹地区做好摸排，以创建"无传销城市"为引领开展集中整治，并针对打、防、控、管工作存在的薄弱环节，进一步巩固、完善、建立"无传销社区（村）"、"无传销校园"，夯实打击传销基础。

三是突出打击效果。通过加强重点地区整治，持续开展有规模、见实效的专项行动，集中整治捣毁一批传销窝点，破获一批影响较大的案件，打掉一批成员众多、为害一方的传销团伙，查处一批恶性程度较大的头目和骨干分子，教育一批深受蒙蔽的参与人员，使重点地区现状有明显改观，基层基础防控措施有明显加强，打出声威，打出气势，坚持严打高压态势，强力遏制传销抬头和发展，通过治标，为下一步治本赢得时间，奠定基础。

三、理顺工作机制，形成打击合力

打击和预防传销是一项系统工程，需要党委政府的坚强领导，也要各部门通力合作，光靠某一个或某几个部门来做好打击和预防传销工作是不现实的，所以中央三令五申将打击和预防传销工作纳入社会治安综合治理考核体系之中。

在贵阳市的打传工作实践中，比较突出的是工商部门和公安机关的工作关系尚未完全理顺，协作机制尚未完全形成。虽然国家工商行政管理总局和公安部于 2007 年就联合制定了《工商行政管理机关和公安机关打击传销执法协作规定》，以明确两部门在打击传销中的职责分工，加强协作配合，但由于该规定较为原则，实践中的效果并不理想。对此，市打传办也认为，目前，贵阳市工商、公安尚未建立联合执法机制，在处理群众举报或查处传销行为时，工作缺乏及时性和统一性。目前，观山湖区的传销绝大多数是《禁止传销条例》第 10 条规定（应由公安机关管辖）的行为。工商机关要厘清自己的职责范围，做到不越位、不错位、不缺位，更不要种了别人的田，荒了自家的地。与此同时，观山湖区检察院认为：观山湖区打击传销工作还存在公安机关一力承担，其他部门未能形成综合整治合力的现象。传销人员主要是行政违法人员，根据《禁止传销条例》的规定，传销行政处罚的主体是工商部门，公安机关对此的执法依据不足。这两种截然不同的观点，一定程度上反映出作为打传主力军的工商、公安两部门关系不畅，配合协作机制待进一步加强。此外，公安机关、工商部门都不同程度存在人员紧缺，打传防传队伍执法人员缺编严重的问题。例如，作为传销问题突出的观山湖区，该区工商局在打传防传工作的同时，还要履行注册登记、市场监管、商标广告、竞争执法、消费维权等职责，同时面临机构编制人员少，缺编严重、年龄结构老化等问题。而在打击传销行动中，往往是几个执法人员要面对十几个、几十个、甚至上百个参与传销的人员的局面。

为此，一是建议进行专项调研，在充分了解问题的基础上强化制度建设，进一步理顺各部门之间的工作关系，畅通协作机制。二是建立专业队伍，专项打击。十八届四中全会决定，深化行政执法体制改革，要求"根据不同层级政府的事权和职能，按照减少层次、整合队伍、提高效率的原则，合理配置执法力量。推进综合执法，大幅减少市县两级政府执法队伍种类，重点在食品药品安全、工商质检、交通运输、城乡建设等领域内推行综合执法，有条件的领域可以推行跨部门综合执法"。十八届四中全会通过的重要决定，给贵阳市打传防传队伍建设提供了新的思路。打击传销是一项长久而艰巨的工作，大兵团式的多部门联合打击行动难以起到既治标又治本的作用，下一步，能否在理顺部门关系的同时，整合工商、公安、城管、住建等部门执法力量，组建一支或数支由市打传办直接领导和指挥的打传综合执法队，队员在一定期限的打击传销行动阶段实行全脱产制，作为机动力量专门进行打击传销执法行动。用 1 至 2 年的时间，专门负责对各个传销突出的重点区域进行定点清除，实现打传行动的常态化和专业化。既有效克服了部门本位，解决了部门协作关系不畅的问题，也是落实十八届四中全会决定，深化行政执法体制改革的有益探索。三是健全行政执法和刑事司法衔接机制，完善案件移送标准和程序，建立行政执法机关、公安机关、检察机关、审判机关信息共享、案情通报、案件移送制度，实现行政处罚和刑事处罚无缝对接。

四、借鉴有益经验，创新工作方式

一是强化出租房屋管理。组织力量对重点区域的出租房屋进行全面清理，对房主和租者进行实名登记备案，严禁房主将出租屋出租给身份证、暂住证不齐的外来人员。对为传销人员提供培训、集会、居住场所的房主收取的租房押金予以收缴、没收租房所得，同时要严格执行国务院《禁止传销条例》的规定，对违规出租房屋给传销人员的房主处以5万元以上50万元以下罚款。对认定为传销场所的，一律采取停水、停电、停气，以及切断电话、宽带通信网络等措施。同时，规范房屋中介活动，对于居间介绍，为传销组织或人员提供租房服务的房屋中介组织，也要处以高额罚款。对拒不缴纳罚款的房主或中介公司，一律申请人民法院强制执行。同时，如果房主系国家机关、企事业单位的干部职工，还要将相关情况通报其所在单位，建议给予党纪政纪处分。

需要说明的是，多个地方的打传经验表明，对传销重点区域的出租屋加强管理，是从源头上管控非法传销，消除传销组织赖以生存、活动的物质基础的重要手段，一定程度上，加强对出租屋的管理，比驱散传销人员、捣毁传销窝点等方式更为直接有效。贵阳市观山湖区目前也开始进行了相关工作，并取得了一定的效果，但根据媒体报道，贵阳市于2014年8月，才首次采用处罚涉传房主的措施，说明在加强出租屋管理方面，需要进一步加大力度。

二是管好流动人口。依托派出所、工商所、居委会、物管加强对流动人口的日常管理工作，建立流动人口信息库，对重点居民小区的每一个流动人员都要详细登记身份和工作信息，做到底数清、情况明。进一步开展"无传销社区"创建活动，进一步增强群众识别、防范传销的能力；动员社区积极分子作为信息联系员，密切关注小区涉传人员动态，有效防范传销人员回流。

三是严把金融关。借鉴我们在打击防范集资诈骗、电信诈骗犯罪工作中的成功经验，由市金融办协调各大银行，在重点区域所有银行网点营业厅和业务窗口设立防范传销警示教育宣传牌，进行风险预警提示，凡外地人员以个人名义通过银行转账、汇款与传销申购资金份额相同的资金，一律视为传销申购嫌疑资金，暂停汇兑，银行工作人员要对涉传人员进行说服教育，并立即报告当地打传办，由公安、工商打传人员审查甄别，力争斩断涉传资金运行链条。

四是严把通信关。由贵阳市打传领导小组协调移动、联通、电信等运营商强化新申请手机集群网的管理，严把审批关，杜绝传销组织利用集群网从事违法活动。同时，对已审批的集群网开展清理整顿活动，对不符合要求的坚决予以关闭，对于涉嫌传销活动的及时报告打传办进行核查。对于经公安机关查明系传销团伙的集群网，可以定时群发反传销短信予以警告、提示，震慑传销人员。

五是强化运用财产刑罚，打击传销犯罪的经济积极性。在判处刑罚方面，除了判处一定期限的自由刑，同时判处没收违法所得、判处罚金，情节严重予以没收个人财产。传销活动最根本的目的在于追求经济效益的冲动，通过财产刑的运用，使传销人员无利可图，打击其经济积极性。

六是重视民间打传力量，引导发挥积极作用。借鉴沈阳和温州等地的经验，招募大学生志愿者，成立大学生反传销志愿队打击防范非法传销。大学生志愿者报名审核通过后，相关部门进行培训及业务指导，帮助大学生熟悉各种传销类型及相关法律法规。培训后，由大学生志愿者在日常生活中协助执法人员积极宣传传销相关的法律法规，并提供涉传线索。此外，对于志愿者排查所得的传销案件线索，一经查实，相关部门根据规定给予适当的经济奖励。

五、完善区域协作，探索联合执法

建议参考跨区域城市之间的协作模式，与当前对贵阳市打传防传工作影响较大的广西南宁等重点城市，探索建立城市之间点对点的区域协作执法机制，开展打击传销区域执法协作。协作城市双方通过签署协作协议，由各自城市的打传办负责联络、沟通、协调等相关工作，定期互通信息、召集联席会议，打破地域界限，加强区域内传销案件查处的沟通与协调，形成统一、高效、便捷的工作机制。一是实现信息资源共享，搭建起信息交流平台，及时互通打击传销工作信息，共享双方的传销人员信息库，及时录入各自清查的传销人员基本情况，相互通报重大传销活动情报。二是案件协查联动，接受对方委托，协助调查案件，协助解救被骗到辖区参与传销的人员；在资料查询、调查取证、执法办案等方面相互协作，必要时统一行动时间，开展两方或多方联合打击行动。三是工作研讨交流，分享双方的经验和做法，共同研究打传防传工作中的重点、难点问题，相互学习，共同提高，缩小地区之间执法水平的差距。

论新形势下贿赂案件侦查模式选择

杨　滨[*]

以 2013 年 1 月 1 日生效的修改后刑事诉讼法为标志，刑事诉讼已经从过去的侦查中心向审判中心转变。新形势下对取证规范性的严格要求和非法证据排除规则的真正确立，无疑将对检察机关职务犯罪侦查模式带来重大影响。进入 21 世纪以来，随着经济的飞速发展，检察机关反贪部门办理的案件领域也发生了变化，贿赂案件取代贪污案件成为全国检察机关反贪部门查办比例最高的案件类型。因此，反贪部门办理贿赂案件的能力，已经成为评价反贪部门整体办案工作水平的核心标准。在新形势下，选择恰当的贿赂犯罪侦查模式，无疑是检察机关反贪侦查能力建设的重中之重。

一、传统贿赂案件侦查模式的先天局限和发展困境

（一）"由供到证"侦查模式的先天局限

"由供到证"侦查模式以审讯作为工作出发点，为了突破口供，必然高度依赖长时间、连续不断的审讯。多年来的办案实践证明，按照"由供到证"办案模式，在不掌握切实证据或充分的情报信息资源就开始审讯的情况下，在 12 小时内突破被审讯对象口供的案件比例较小。由于高度依赖长时间、连续不断的审讯，必然导致"由供到证"侦查模式存在以下局限：

1. 长时间、连续不断的审讯往往意味着可能会突破传唤、拘传不超过 12 小时（特定条件下最长不超过 24 小时）的审讯时限规定，或者在没有任何法律手续的情况下先开展审讯工作，突破口供后再办理法律手续。但无论哪一种方式，都极容易造成程序违法。

2. 长时间、连续不断的审讯是对被审讯对象身体和心理上的持续高压，虽有利于获取口供，但也容易诱发被审讯人身体疾患和产生被审讯人自伤、自残等办案安全问题，增加检察机关办案安全风险。

＊　贵州省遵义市人民检察院检察长。

(二)"由供到证"侦查模式已经失去存在根基

2013年开始施行的修改后刑事诉讼法及"两高"司法解释,以尊重和保障人权为原则,坚持程序公正与实体公正并重,使过去片面追求实体公正而忽视程序公正的传统贿赂案件侦查模式失去了存在的根基。具体表现在以下几个方面:

1. 规定每一次讯问犯罪嫌疑人均应同步录音录像,而不是选择性录音录像(《人民检察院刑事诉讼规则(试行)》第202条),使讯问犯罪嫌疑人过程完全透明。在摄像镜头的监视下,以往审讯人员主动而被审讯人被动的传统讯问方式失去了存在基础。

2. 在规定传唤、拘传12小时(案情特别重大、复杂,需要采取拘留、逮捕措施的,传唤、拘传持续的时间不得超过24小时)审讯时限的基础上,规定两次传唤间隔时间一般不得少于12小时[《人民检察院刑事诉讼规则(试行)》第195条],而且,拘留后,应当立即将被拘留人送看守所羁押,至迟不得超过24小时,有利于防止出现通过连续传唤变相拘禁犯罪嫌疑人进行长时间审讯的现象,使依赖长时间进行审讯的传统侦查模式失去存在基础。

3. 非法证据排除规则的确立,犯罪嫌疑人(被告人)翻供、证人翻证的日趋常态化,法庭上对侦查机关证据收集方法,特别是获取贿赂双方口供方式是否合法的严格质询,使办案部门必须高度重视和保证取证过程的合法性和规范性,彻底失去了以往单纯追求实体公正而忽略程序公正进而实施超时审讯的主观动力,过去单纯重视实体公正的"由供到证"侦查模式已失去了存在基础。

二、对2013年以来两种侦查模式的思考

(一)与纪委配合办案模式

党的各级纪律检查委员会(以下简称纪委)是负责调查处理党员干部违纪问题的专门机构,与检察机关职务犯罪侦查部门共同构成了当前我国反腐败的主要调查力量。在党的统一领导下,基于打击腐败的共同目标,纪委与检察机关联合办案就成为办理贿赂案件的一种常规做法。

与纪委配合办案模式,有利于降低检察机关办理贿赂案件的整体取证难度。一方面,在被调查人被"双规"措施控制的情况下,可以有效防止其串供和毁灭证据,检察机关有较充足时间和精力在初查阶段收集证人证言、物证、书证等被调查人陈述以外的证据。另一方面,纪委将案件线索和被调查对象移送检察机关处理时,大部分是在口供已经突破,贿赂双方的言词证据已经

相互验证，其他证据已经部分收集的情况下进行的，相对检察机关自行办案，大大降低了检察机关的取证难度。

但是，与纪委配合办案模式适用案件范围有限。纪委"双规"措施属于党内调查措施，必须规范适用，其适用对象仅限于党员干部，同时也需要一定的证据材料标准，最后还必须经过纪检部门的严格审批。适用条件必然限制纪委采取"双规"措施案件的数量，间接影响了与纪检部门配合办理贿赂案件的整体数量。

（二）采取指定居所监视居住措施办案模式

指定居所监视居住是修改后的《刑事诉讼法》第 73 条规定的一种监视居住措施的执行方法，即对无固定住处的犯罪嫌疑人，可以在指定的居所执行监视居住措施。对于特别重大贿赂犯罪，在住处执行可能有碍侦查的，经上一级人民检察院批准，也可以在指定的居所执行。

采取指定居所监视居住措施有利于突破和办理贿赂案件。由于指定居所监视居住措施允许检察机关在满足一定条件下，可以在较长的时间内（《刑事诉讼法》第 77 条规定，监视居住最长不超过 6 个月）以监视居住的方式将贿赂案件犯罪嫌疑人控制在指定的居所，这带来两个有利办案的因素：一是有利于防止因取保候审或不采取强制措施带来串供、毁证等方面的办案风险。二是在不送交看守所羁押但又能实际控制犯罪嫌疑人的情况下，解决不能出所讯问和审讯时限限制的问题，有利于突破口供。

但是，采取指定居所监视居住模式办案也有其局限性：一是要受到适用对象限制，仅限于犯罪嫌疑人在本地无固定住所或特别重大的贿赂犯罪案件。犯罪嫌疑人在本地有无固定住所是客观条件，因此受实际情况限制。根据《人民检察院刑事诉讼规则（试行）》第 45 条第 2 款的规定，特别重大贿赂犯罪是指："（一）涉嫌贿赂犯罪数额在五十万元以上，犯罪情节恶劣的；（二）有重大社会影响的；（三）涉及国家重大利益的。"因此，只能有少部分贿赂案件符合特别重大贿赂犯罪案件这个标准。二是指定居所监视居住措施对人力、物力要求非常高，限制了大范围适用的可能性。指定监视居住需要办案人员、法警、技术人员、公安干警、后勤人员长期配合，由于时间长，人手成为制约这种措施大范围适用的最大问题。其中法警紧缺问题尤其突出。对 1 名犯罪嫌疑人执行监视居住，为保障办案安全，一般要求由 6 名以上法警或公安干警进行轮流看守，但法警数量普遍不够，现实中公安机关也往往派不出足够人手，所以法警问题短时间还难以解决。

综上，从根本上说，与纪委配合办案模式和采取指定监视居住办案模式都是现行有效的办理贿赂案件的模式，但由于适用范围有限，并不能囊括所有的贿赂案件。因此，积极拓宽贿赂案件侦查模式势在必行。

三、转变观念，加快实现从"由供到证"向"由证到供"方向转变

（一）"由证到供"侦查模式的优点

1. 取证重心前移，高度重视审讯前有关信息和客观证据材料收集，扩大突破犯罪嫌疑人口供的情报信息和证据基础，能有效降低对口供的依赖。同时，由于拓宽了立案侦查的证据基础，使检察机关具备了办理部分零口供案件的能力。

2. 事先收集和掌握丰富的情报信息和客观证据材料，使审讯具有较强的针对性，能大大提高审讯效果，进而降低对审讯时长的依赖，能为在法定12个小时内突破口供打下坚实基础。

3. 既能降低对口供的依赖，又能降低对审讯时长的依赖，因此，能大大解决传统的"由供到证"模式因依赖超时审讯而带来的程序违法、办案安全风险高等问题，有利于尊重和保护人权，实现依法办案的目的。

但是，"由证到供"模式必然会涉及复杂的侦查操作，与简单直接、只需在室内对犯罪嫌疑人进行审讯的"由供到证"模式相比，需要更多办案人手、办案经费和更长的办案周期，这些因素制约了这种模式在实际中的运用。不过，随着传统的"由供到证"模式陷入困境，与纪委配合办案和采取指定居所监视居住措施办案又不能全部满足查办所有贿赂案件的需要，操作虽然复杂，但符合依法办案要求，能有效解决传统侦查模式先天劣势的"由证到供"侦查模式，无疑应该成为提升检察机关依法办理贿赂案件能力的必然选择。

（二）"由证到供"侦查模式的运用建议

1. 取证重心前移，充分利用初查措施为破案、立案打下坚实的证据基础，为"由证到供"侦查模式的确立提供证据保障。

根据《人民检察院刑事诉讼规则（试行）》第八章的规定，检察机关反贪部门可以在初查阶段采取询问、查询、勘验、检查、鉴定、调取证据材料等不限制被初查对象人身、财产权利的措施。因此，除了在接触被初查对象和不得采取强制措施方面有严格限制外，在初查阶段检察机关可采用的初查措施是丰富的。但是，受传统的"由供到证"办案模式的影响，过去对初查阶段的重要意义是认识不够的，既弱化了初查工作价值，又损害了检察机关反贪部门依法公正执法办案形象。因此，必须转变观念，高度重视初查工作，用好初查措施，规范初查行为，充分发挥初查在突破案件和立案侦查中的基础性作用。具

体有以下几个方面加强初查工作的建议：

（1）在反贪部门明确专人负责，积极探索建立情报信息数据库。在信息化社会，情报信息引导侦查已经成为共识，但由于涉及内容较多，从先易后难逐步推进的角度提出下列建议：第一，建立统一的举报线索数据库。各级检察院反贪部门要高度重视举报线索管理工作，要改变过去只是进行登记和保管的传统线索管理方式，要充分利用电脑这种信息化、数据化工具对进行线索管理工作。要明确专人对线索进行管理，将所有的举报信息录入计算机，利用信息手段对举报信息进行分析梳理、归类，形成便于分析、查询、筛选和整合的线索数据库，切实提高举报线索的利用效率；第二，建立已办案件情报信息数据库，重点建立统一的行贿数据库。要明确专人将被立案查处的行贿人和因证据不足，或未达到立案条件未被处理的行贿人信息进行整合形成便于分析和查询的数据库。由于向多人行贿、在多地方行贿和先后行贿的情况在实践中偶有存在，建立统一的行贿数据库，有利于提高行贿人到案效率和审讯效率，也有利于从相关信息中发现其他案件线索；第三，建立案例分析和理论研究资料库，目的是将发案行业特点、发案规律、权钱交易重点环节和侦查谋略等办案经验提炼成理论成果为指导侦查办案服务。各级检察院反贪部门要确立一案一分析、一案一经验的理论总结制度，案件一旦生效判决，相关的办案经验就应由承办人提炼总结出来，纳入理论资料库，以供参考和学习。上述三个方面的数据库，最好能实现上下联动、多头录入、统一管理，信息量越大，越能体现情报信息数据库服务侦查办案的价值。

（2）主动加强与有关部门、单位的沟通协调，加快建立快速查询通道，提高初查工作效率和初查保密效果。初查阶段收集信息和证据的主要方式是查询，包括到公安、电信、银行、工商、房产和水、电、气等部门的查询。由于查询内容多，再加上查询手续烦琐，如果没有建立快速查询通道，完全通过"两条腿"挨家挨户逐一查询必然费时费力效率低下。更重要的是还不利于初查阶段的保密，保密因素对突破贿赂案件具有非常重要的意义，出其不意经常会在办案过程中起到立竿见影的奇效。如果初查阶段的保密工作做得不好，被调查人一旦警觉，极有可能毁证、串供、转移财产，甚至可能潜逃，会给办案取证工作带来极大的难度。因此，建议从上到下，最好是以省检、地市级检察院为主，主动加强与有关部门、单位的联系协调，尽快建立安全保密的快速查询通道，实现查询不出门，是提高初查效率和增加办案保密效率的有效举措，对成功办理贿赂案件也具有重要意义。

（3）转变观念，高度重视"由财查人"。贿赂案件属于经济犯罪案件，必然涉及金钱和各种财物。为了掩盖贿赂行为，受贿人必然要费尽心机对赃款赃物进行隐藏，想找到涉案财物，的确非常不容易。因此，为了办案快捷简便，采取"由供到证"模式直接找涉案人获取口供来了解和掌握涉案财物去向是常规做法。但是，在"由供到证"模式已经陷入困境的情况下，必须转变观念，高度重视从"由财查人"。财即财物，从案件角度来讲就是涉案赃款赃物。"由财查人"就是指先从找到涉案人的赃款赃物角度入手开展初查和侦查工作。虽然相关工作可能很难，不过，受贿人收受财物必然要消费、要存放或用于经营，并具体反映在人的活动轨迹、社会交往、消费和经营记录、与金融机构的往来情况等方面，完全可以通过各种调查手段予以掌握。比如，一些人通过违法办理多个身份证，然后用于银行存款或购置房产，完全可以通过人像识别系统找出其违法办理身份证状况，然后用于查询，由此发现被调查对象在银行的实际开户或购房、投资等情况。这方面全国的案例已经不少，完全可以借鉴和推广。

2. 加强信息化侦查能力建设，积极拓宽取证渠道，切实提高取证能力，为"由证到供"模式的建立提供取证能力保障。

从办案实践来看，通过提取手机、互联网信息，利用信息化设备掌握涉案人员行踪轨迹、社会交往、消费和经营情况等内容，已经成为发现贿赂犯罪情报信息和收集证据材料的有效手段。在此基础之上，首先，建议增加侦查技术人员编制。目前，技术部门的人员配置基本上只能满足电脑维修、内网维护和同步录音录像的需要，还无法满足服务于信息化侦查的各项要求。要加强信息化侦查能力建设，必须增加技术人员编制，同时强化技术部门与自侦部门的协调配合，有条件的地方，尤其是地市级检察院，建议设置统一的情报信息中心，专门负责侦查信息化建设；其次，建议加大对信息化侦查技术应用的硬件投入和建设，应重点购置手机定位和话单分析设备、电子数据提取和恢复设备、心理分析仪、网络取证设备及有关电子软件等，打好信息化侦查的硬件基础条件；最后，要高度重视侦查人员的信息化应用培训，既要主动走出去，学习先进，积极参加最高检、省检组织的各种侦查信息化应用培训班，又要以地市级检察院为主，积极主动探索和总结。对于成功的经验和做法，作为对侦查人员的培训内容，或请专家授课，目的是采取多方面措施大力培训信息化侦查人才，为信息化侦查能力建设打下人才基础。

3. 加强规范取证能力建设，为"由证到供"模式的确立提供取证规范保障。

首先，应做好讯（询）问规范。贿赂案件是一种高度依赖口供定罪量刑的案件，在取证规范方面，最重要的就是讯（询）问规范。由于讯问必须同步录音录像，询问重要证人一般也应同步录音录像，因此，一定要做好镜头下审讯的规范，讯（询）问笔录内容应当与同步录音录像内容相一致，但这方面的问题现在比较多。如复制、粘贴现象，只记录有罪的供述不记录无罪或罪轻的辩解，不尊重原话而按照讯（询）问人主观理解来记录询问内容，均容易产生争议；其次，调取书证、电子证据、视频资料应规范，调取书证材料必须注明出处、提取人和提取时间，这也是实践中容易被忽视的问题。提取电子数据、视频资料，要反映提取过程，并作好记录和说明；最后，扣押、冻结赃款赃物和搜查必须符合法律规定程序，扣押随身物品应有符合规范要求的扣押清单，搜查应按规定安排见证人，搜查过程应同步进行摄像，等等。对目前取证规范中存在的问题，建议结合规范司法行为专项整治活动，认真梳理查找，然后总结提炼形成报告，作为对侦查办案人员取证规范化的培训内容。要认真学习《刑事诉讼法》《人民检察院刑事诉讼规则（试行）》中的取证程序规定。另外，还应高度重视组织办案人员学习最高人民法院《关于适用〈中华人民共和国刑事诉讼法〉的解释》第四章有关证据方面的内容，因为诉讼中心主义是以法院审判为核心，而法院在认定证据合法性时，优先参考的就是该解释第四章的规定。因此，认真学习最高法解释第四章的规定，对于侦查部门规范取证和最终确保办案质量具有非常关键性的意义。

浅谈检察机关如何应对
以审判为中心的诉讼制度改革

吴 英*

近年来，司法机关发现并纠正了一批冤假错案，引起了广大人民群众广泛关注。从公开报道的冤假错案看，多发生在刑事案件中，典型的如佘祥林案、赵作海案、呼格吉勒图案等。综观被宣判无罪的重大刑事案件，大多数"证据不足"，其中也不乏真凶出现或被认定已经死亡的被害人重现，不论何种情形，案件均存在"事实不清、证据不足"的共性。如何有效防范冤假错案的发生，让人民群众在每一起司法案件中感受到公平正义，推进以审判为中心的诉讼制度改革抓住了保证司法公正的"牛鼻子"，是强化司法公正、提升司法公信、完善人权司法保障、更好实现刑事诉讼目的的必然要求，为完善我国诉讼制度指明了方向。习近平总书记在关于《中共中央关于全面推进依法治国若干重大问题的决定》的说明中指出："推进以审判为中心的诉讼制度改革，目的是促使办案人员树立办案必须经得起法律检验的理念，确保侦查、审查起诉的案件事实证据经得起法律检验，保证庭审在查明事实、认定证据、保护诉权、公正裁判中发挥决定性作用。这项改革有利于促使办案人员增强责任意识，通过法庭审判和程序公正实现案件裁判的实体公正，有效防范冤假错案产生。"

本文笔者拟结合刑事案件办理中存在的问题和困难，围绕检察机关如何应对以审判为中心的诉讼制度改革进行探讨，以期对基层工作有所帮助。

一、刑事案件办理中存在的问题和困难

（一）侦查人员证据收集不及时、不全面，导致庭审中指控犯罪证据缺失

建立以审判为中心的诉讼制度，要求从刑事诉讼的源头，从侦查环节开始，就必须按照经得起法庭审判、经得起法律检验的标准，全面、规范地收

---

* 贵州省安顺市人民检察院检察长。

集、固定各种与定罪量刑有关的证据，确保案件裁判的质量根基。但在实践中，少数侦查人员在取得犯罪嫌疑人有罪供述后即认为案件已破，思想开始松懈，未能抓住有利时机及时获取客观性证据以及固定完善相关言词证据；少数侦查人员对关键物证不作鉴定，或者鉴定、辨认错误；少数侦查人员证据意识不强致使关键证据灭失，犯罪嫌疑人一旦翻供，往往致使案件存在的矛盾点无法排除；有的证据由于时过境迁已难以补证，最终造成证据的缺失，导致证据链断裂而无法核实认定犯罪。以笔者所在检察机关为例，2013 年 1 月至 2015 年 12 月，全市共审查起诉案件 5201 件 8004 人，其中，因犯罪嫌疑人翻供或者因证据收集不及时、不全面，致使 118 名犯罪嫌疑人因犯罪事实无法认定，而作存疑不起诉。

（二）对庭审活动的法律监督力度不强、监督效果弱化

人民检察院对审判活动进行监督，是检察机关履行法律监督职能的一项重要内容。《刑事诉讼法》第 203 条规定：人民检察院发现人民法院审理案件违反法律规定的诉讼程序，有权向人民法院提出纠正意见。《人民检察院刑事诉讼规则（试行）》第 577 条规定，审判活动监督主要发现和纠正 16 种违法行为。然而，在司法实践中，受以下因素的影响，检察机关对庭审活动的监督效果不理想：一是受到"重实体、轻程序"观念和"重配合、轻制约"习惯的影响。致使庭审中检察机关更多行使公诉人的职责，在法庭上强调举证多，依法制约少，强调配合多，纠正违法少，没有真正把公诉职能和监督职能放在同等重要的位置来切实履行。二是庭后监督的滞后性影响。"六部委"《关于刑事诉讼法实施中若干问题的规定》明确指出：人民检察院对违反法定程序的庭审活动提出纠正意见，应当由人民检察院在庭审后提出。由此，对庭审活动的监督从当庭转为庭后，使一些可以当庭纠正的庭审程序违法不能及时得到纠正，亦或被忽视，不再顾及，实践中因类似程序不合法被二审法院发回重审的不无存在，直接影响了审判效率。

（三）法庭审理流于形式，庭审虚化、"走过场"

在审判实践中，法官对案件的审理多以卷宗为主，对案件事实的调查和对相关证据的认定主要不是通过法庭审理来完成的，而是通过对案卷笔录的审查来完成，对案件事实、证据的认知多是通过阅卷形成，庭审在刑事诉讼过程中没有起到实质性作用，法院不经过庭审程序也照样可以判决，这就导致了庭审走程序、"走过场"。笔者曾经对基层法院刑事案件庭审进行专门的调研，发现不同程度地存在庭审程序不规范、庭审重点不突出、案件争议焦点不清晰、庭审驾驭能力不强等方面的问题。如有的在庭前不按程序将出庭通知书送达检

察机关、辩护人等，而是用电话通知，庭上补签，导致按时开庭不能保证；有的在庭前未讯问被告人是否同意指定辩护人，致使开庭时被告人提出请求更换辩护人，导致庭审不能继续进行；有的过分依赖庭前准备的提纲，对庭审焦点的归纳拘泥于庭前的准备，对于庭审中出现的新的争议焦点不能及时地归纳、应变；等等。

（四）基层政法队伍专业化、职业化程度存在差距

在我们对基层政法队伍进行调研中发现，基层政法队伍专业化、职业化程度与"审理者裁判、裁判者负责""谁办案、谁负责""终身负责"的要求差距大，存在专业化、职业化水平与人民群众对新时期政法工作需求不相适应等问题。就笔者所在检察机关看，全市419名检察干警中，具有全日制法律本科及以上学历的人员仅有137人（其中2013年以来新进人员占66人），占全体检察人员的32.7%，县区基层检察院41名班子成员中仅有3人具有全日制法律本科学历。从当前政法工作的实践看，案件主要集中在基层，各种社会矛盾也集中在基层，基层政法队伍专业化、职业化程度制约了政法工作的科学发展。

（五）基层信息化水平较为落后，一定程度影响了政法机关服务社会的能力和水平

多年来，基层信息化建设跟不上时代的发展，信息化专业人才短缺，办案人员缺乏运用信息化的积极性和主动性，不能很好地掌握和使用科技装备及应用软件，特别是许多欠发达地区侦查人员在查办案件时还停留在突破犯罪嫌疑人的口供上，更多依赖于犯罪嫌疑人的供述。科学技术和互联网的迅猛发展，使许多刑事犯罪更具智能化特征，仅仅依靠突破口供办案已难以满足办案需要。网络的本质在于互联，信息的价值在于应用，随着执法办案对信息化建设需求的不断加大，基层有的地方和部门在信息化建设上投入了大量资金，但是各部门的建设标准、接口、编码等不统一，信息共享和深度应用不够，各自为政，致使信息化应用能力不强，预防和打击犯罪的作用发挥不好，服务社会的能力和水平不高。

二、以审判为中心诉讼制度改革对检察工作的挑战

（一）对检察机关工作理念、工作方式提出了挑战

最高人民检察院原副检察长朱孝清指出："冤假错案之所以产生，首先是一些办案人员执法理念存在问题，即重打击犯罪轻保障人权、重实体轻程序、重口供轻其他证据、重支持配合轻监督制约。"习近平总书记在十八届四中全

会通过的《中共中央关于全面推进依法治国若干重大问题的决定》的说明中指出：推进以审判为中心的诉讼制度改革，有利于促使办案人员增强责任意识，通过法庭审判的程序公正实现案件裁判的实体公正，有效防范冤假错案的发生。为此，防范冤假错案，不仅要求办案人员注重办案实体公正，还必须保证办案程序公正，要求起诉指控的事实、证据要符合法庭裁判的标准，即犯罪事实清楚、证据确实充分，而不再是对基本事实、基本证据的要求，这些都需要诉讼资源、办案时间、专业化、职业化队伍的保障，必将对检察机关工作理念、工作方式的转变带来更多的挑战。

（二）对检察人员职业素养、办案技能提出了挑战

以审判为中心的诉讼制度确立了审判环节的中心地位，庭审中控辩对抗的加强和证据规则的完善，使庭审成为定罪量刑的主要和决定性阶段，庭审活动中控辩双方的对抗比以往更加激烈，这对公诉人在庭审中的举证、质证、认证、抗辩能力提出了更高的要求。司法体制改革的要求已明确检察官要对案件质量终身负责，从司改试点院进入员额制检察官的情况看，虽然绝大多数都是年轻的高学历检察官，但工作经验不足等问题不同程度地存在，要达到专业化、精英化要求，还需要长期的经验积累。此外，随着人民群众对公正司法的参与度不断加大，案件信息公开已成为常态，社会各界、新闻媒体及自媒体等对案件审理的关注度日益提高，这些都对检察人员职业素养、办案技能提出了更大的挑战，良好的职业素养和尽快提高办案技能刻不容缓。

（三）对检察机关处理侦诉审关系提出了挑战

以审判为中心的诉讼制度改革，要求侦查机关收集证据的能力必须加强，侦查结果必须经得起庭审考验。虽然通过检察机关审查逮捕或起诉发现问题后补证，能够弥补侦查取证环节的不足，但是往往有些证据已无法补证。检察机关作为国家法律的专门监督机关，既要在庭上支持公诉，对审判活动进行监督，又要推动侦查机关按"以审判为中心"的要求全面、及时收集固定证据，对侦查活动进行监督。在整个刑事诉讼活动中，检察机关居于侦诉审的中间环节，如果处理不好监督关系，势必削弱"以审判为中心"的诉讼定位，难以达到预期改革效果。

三、检察机关对以审判为中心的诉讼制度改革的应对措施及对策

（一）转变办案理念和工作方式

一是保障和惩罚并重理念。检察机关具有指控犯罪和法律监督双重身份，必须认真落实刑事诉讼法"未经人民法院依法判决，对任何人都不得确定有

罪"基本原则，坚决摒弃重指控轻保障的思维方式，真正把尊重和保障人权、无罪推定理念根植于心，并践之于行。二是坚持排除非法证据。在侦查活动中，要更加重视以客观证据为核心，大力排除非法证据、虚假证据，严肃查处非法证据背后的"衍生案"。对发现的刑讯逼供、暴力取证等非法手段获取的证据，不仅要坚决予以排除，而且还要坚决查处涉及的渎职犯罪。三是坚持无罪推定。要坚守法律底线，毫无保留地全面贯彻执行无罪推定、疑罪从无的司法理念和具体做法，坚持做到不该捕的不捕，不该诉的不诉。四是保障当事人合法权益。要重视犯罪嫌疑人、被告人的辩解，尊重辩护人的诉讼权利。对犯罪嫌疑人拒不供述、翻供等情况要重点进行证据审查，避免产生不健康的诉讼角色定位。

（二）规范执法办案

一是狠抓案件流程管理。要加强对案件流程和质量的集中管理和监控，按照法定程序，严格、公正、文明、廉洁执法，以程序规范促进实体规范。二是狠抓案件质量评查。通过从实体公正、程序合法、文书规范、风险评估等方面狠抓案件质量评查，着力增强办案人员责任意识、规范意识、质量意识，使案件规范化办理成为办案常态。三是狠抓案件信息公开。坚持以公开为原则、不公开为例外，最大限度公开案件信息，切实将执法办案置于人民群众的监督之下，以"看得见"的方式努力让人民群众在每一起司法案件中都感受到公平正义。

（三）加强专业化、职业化建设，提高执法办案能力

"以审判为中心"诉讼制度改革更加注重控辩双方的抗辩性，对检察官尤其是公诉人的综合素质提出了更高要求，必须加强队伍业务能力建设和业务素质的提高。一是提高侦查办案能力。检察机关作为职务犯罪侦查机关，不仅要代表国家提起公诉，还要进行职务犯罪侦查，"以庭审为中心"诉讼制度改革，要求从侦查环节开始所有证据都要围绕庭审进行，为庭审作准备。为此，要切实提升检察人员查办案件的能力建设，加强对基层检察机关人、财、物的支持力度，配强、配实专业人才，将具备专业知识的人才放在基层，打牢基础、扎实根基，从源头上切实防止冤假错案的发生。二是提高全面审查证据的能力。要加强对证据的客观真实性、与案件的关联性、取得证据的合法性进行全面、细致、严格审查，严格贯彻落实非法证据排除规则。尤其要注重听取辩护律师、当事人以及诉讼参与人的意见，全面核实证据、及时补充遗漏，保证证据链条的完整性，防止非法证据进入审判阶段。三是提高出庭公诉能力。庭审实质化使得庭审活动更具对抗性和不可预测性。在保证证人、鉴定人出庭作

证的前提下，对证人当庭质询的效果如何也将直接影响到审判结果。检察官要着力提高庭审中交叉讯问和当庭举证、质证的能力，增强庭审的举证辩论和对抗能力，并做好随时应对被告人翻供等庭审突发情况的准备。同时，还应强化心理素质锻炼和抗压能力训练，真正通过扎实的证据和严密的论辩，履行好对犯罪的追诉职能。

（四）加强法律监督，构建新型侦诉审关系

任何权力不受制约必然导致腐败。"以审判为中心"的诉讼制度改革后，法院对案件的审判具有绝对的决定权，在办理一些疑难复杂案件中，对法律规定、证据规则的适用没有现成经验遵循，案件最终处理结果更多是依靠审判人员的自由裁量。为防止冤假错案，确保司法公正，必须强化检察机关的监督职责，将检察机关的事后监督扩展到审判活动的全过程，充分履行法律监督机关的监督权，让人民群众在每一起司法案件中感受到公平正义。同时，对检察机关提出的监督意见，不管是侦查监督还是审判监督，侦查机关和审判机关应当及时作出应对。

（五）加大科技强检力度

科技强检是检察机关实现办案现代化、办公自动化、管理系统化，提高工作质量和办案效率的重大举措，是解决检察机关案多人少矛盾的有效途径。在以审判为中心的诉讼制度改革下，检察机关必须加强信息化建设，以信息化建设的加强切实提升检察机关服务社会的能力和水平。一是加大科技强检设备的投入和软件建设力度。围绕司法改革的要求，从省的层面对科技强检工作进行整体规划和建设，加大对基层的支持力度。二是必须实现信息的互联共享。随着社会经济、信息技术的发展，跨部门、跨地区、跨行业之间的信息交换、信息共享、信息协同处理将十分普遍。只有实现公检法司及其他行政机关信息的互联共享，建立信息互联互通平台，发挥信息化系统的强大功能，才能有效提高司法机关的工作效率和执法办案水平。三是加大对办案人员信息化应用的培训，在科学技术培训和信息化应用上下功夫，切实提升干警的信息化应用知识和操作技能。

（六）为辩护律师提供执业保障

律师的介入对于刑事诉讼形成诉辩对抗，对维护犯罪嫌疑人合法权利、提高办案质量、坚守防止冤假错案底线具有十分重要的意义。长期以来，在我国刑事诉讼庭审中证人、鉴定人出庭率不高，绝大多数庭审主要依靠侦查机关收集而形成的书面证据材料，在辩护律师的缺位及所起作用有限的情况下，绝大多数庭审没有对书面证据材料进行充分质证和审查，导致一些非法证据难以有效排除，影响了案件质量。修改后《刑事诉讼法》赋予了律师更充分的会见权、调查取证权和阅卷权，律师在审查起诉阶段可以查阅侦查机关移送的证据材料，知悉案件的全部证据，更有利于保护案件当事人的合法权益。

以审判为中心的诉讼制度，使庭审中控辩双方的交锋将更加频繁和激烈，检察机关和律师的工作联系将更为紧密，诉辩对抗性更强。检察机关不能因为诉辩的对抗性，以及律师队伍中存在的个别律师忽视职业道德或者违背执业纪律等问题，而对律师的知情权、会见权、阅卷权等执业保障权益消极应对，必须依法切实予以保障，与律师形成各司其职、各尽其责，彼此尊重、平等相待，相互支持、相互监督，良性互动的新型检律关系，共同推进我国的法治社会进程。

对规范司法行为、提高
司法公信力的几点认识及思考

石子友 [*]

党的十八届四中全会突出强调发挥司法公正对社会公正的重要引领作用，明确把"规范司法行为"确立为司法工作的基本要求。为贯彻中央决定，落实全国人大常委会对人民检察院规范司法行为工作情况报告的审议意见，2014年年底，最高检在全国检察机关部署开展了规范司法行为专项整治工作。作为一名市级院检察长，必须紧密结合中央、最高检规范司法行为的总体目标与任务要求，从主动适应法治建设新常态的高度，善思善想，善做善成，以高度的政治责任感和使命感，持之以恒地把司法规范化建设摆在检察工作全局中去谋划和推进，确保检察机关维护社会公平正义更加有所担当，推进依法治国更加有所作为。结合个人经历、所思所学，从加强司法规范化建设的角度，谈几点不成熟的体会和建议。

一、要充分认识规范司法行为的现实意义

加强司法规范化建设，是贯彻落实依法治国基本方略，构建公正、高效、权威、公信的社会主义司法制度的必然要求。司法水平往往反映法治水平，关系到一个国家或地区的形象。在中国中西部，各地都非常重视招商引资，很多国内外的大型企业在各地考察投资环境时，都将各地的法治环境特别是司法水平高低作为是否投资或合作的重要考量因素。而检察官办案的规范化程度直接反映出司法的水平。因此，加强司法规范化建设，使广大检察官自觉把每一起案件办成铁案、和谐案，推动实现"检察工作法治化、检察院管理精细化、检察官队伍高质化、检察院建设标准化"的建设，既是彰显司法的公正、高效、权威、公信的实质意义，也是我国建设社会主义法治国家的现实需要。

加强司法规范化建设，是有效应对社会新时期复杂形势变化，切实维护社

---

* 贵州省毕节市人民检察院检察长。

会安全稳定的必然要求。我国正处于社会经济高速增长期，矛盾突出。一方面，由于利益格局受市场化的深刻调整、社会结构发生变动、思想观念深刻变化，成为影响社会和谐稳定和经济社会发展的突出问题，以劳资纠纷、拆迁冲突、金融犯罪等各类案件大量涌入司法部门；另一方面，国际形势不乐观，敌对势力不愿意也不甘心中国的发展强大，他们热衷于炒作我们司法个案、制造各种无理事端无穷放大人民群众内部矛盾。司法部门要贯彻落实党和国家提出的运用法治思维和法律手段应对各种复杂局面的要求，就必须依法谨慎处理各类案件，通过大力加强司法规范化建设，提升司法行为的严格规范、理性文明程度，公正高效彻底地化解各类社会矛盾，以维护国家安全和社会稳定。

加强司法规范化建设，是提高司法队伍素质，切实维护社会公平正义的必然要求。公平正义是司法工作的生命线，是人民群众的强烈愿望，是和谐社会的首要任务，更是社会主义法治理念的价值追求。检察机关作为法律监督机关，其维护社会公平正义的能力受到社会各界的广泛关注。检察官在办案过程中一旦出现瑕疵，就很可能成为社会焦点。特别是随着"两微"等互联网工具的快速发展，原来需要经过一段时间孕育、发酵才能在一定范围内传播的讯息，现在几分钟就能举国皆知，使一些偶发事件引起的直接利益或间接利益冲突，迅速形成社会热点话题，极可能直接诱发社会公众的嘘声。面对社会监督、媒体监督、舆论监督的力度不断加大、范围不断拓展的新形势，检察机关必须大力加强司法规范化建设，提升队伍素质和司法能力，树立司法的公信和权威，维护社会公平正义。

加强司法规范化建设，是有效解决司法突出问题，满足人民群众新要求、新期待的必然需求。随着我国社会主义法制化建设的推进，人民群众法律意识显著增强，对司法工作有了更高的期待和要求：不仅要求司法裁判结果公正，还要求诉讼过程公开、便捷、高效；不仅要求对司法活动有知情权，还要求对司法活动有参与权和监督权；不仅要求提供实体上的司法保障，还要求提供良好的司法服务环境。与人民群众的这些新要求、新期待相比，我们还存在司法不严格、不规范、不公正、不文明，滥用司法裁量权、同类案件不同处理，执法不作为、乱作为等问题。司法部门只有通过大力加强规范化建设，解决好司法实务中的各类问题，才能真正满足人民群众日益增长的多元化司法需求。

二、当前检察实务中司法不规范的突出问题及原因分析

（一）司法行为不规范的突出问题

全国检察机关规范司法行为专项整治工作电视电话会议上，曹建明检察长强调了八个方面司法不规范突出问题：一是司法作风简单粗暴，特权思想、霸

道作风严重，对待当事人和来访群众态度生硬、敷衍塞责、冷硬横推。二是执行办案规范和纪律规定不严格，讯问职务犯罪嫌疑人同步录音录像制度落实不到位，指定居所监视居住强制措施适用不规范，对一些限制性规定变通执行。三是不依法听取当事人和律师意见，对律师合法要求无故推诿、拖延甚至刁难，限制律师权利。四是违法采取强制措施，违法取证，违法查封扣押冻结处理涉案财物，侵害当事人合法权益。五是为追求考评成绩而弄虚作假，违规办案。六是受利益驱动，越权办案，违规插手经济活动。七是私下接触当事人及律师，泄露案情或帮助打探案情，或者受人之托过问、干预办案，利用检察权获取个人好处。八是接受吃请、收受贿赂、以案谋私，办关系案、人情案、金钱案。虽然贵州省院将司法不规范突出问题进一步归纳为十二类，但本质上仍然属于对八类问题的细化。从近期中央政法委、最高检通报的典型案例来看，这些不规范突出问题在司法机关具有很强的共性。

（二）不规范司法行为产生的原因

1. 少数检察人员思想意识不强、素质不高。一是缺乏大局意识，没有把办案同深化改革，促进发展，维护稳定更好地结合起来。我国正处在全面建设小康社会的冲刺阶段，司法工作要服务于党和国家的工作大局，切实维护社会稳定。对各种敌对势力利用各种形式和手段，危害国家安全、扰乱社会秩序、破坏生产力发展和现代化建设的犯罪活动，要坚决依法予以打击。否则，必将损害人民群众的根本利益。实务中，个别检察官办案拖拉，不及时，效率低下，就是典型的思想意识不强、素质不高的表现。二是公正意识淡薄，以案谋私。受利益因素的影响，个别检察官和律师勾结，办"金钱案、人情案、关系案"。甚至，个别检察官和一方当事人共钻法律漏洞，故意偏袒一方当事人，导致司法不公。更有甚者，吃、拿、卡、要，接受当事人的贿赂，故意枉法裁判等，严重损害了国家司法部门的形象。三是服务意识低下，个别检察官对人民群众的态度冷、硬、推、横。此问题的产生，除了历史根源外，还存在着司法人员自身的问题。没有转变思想观念，忘记了为人民服务的宗旨，把自己放在"官"的位置，道德观念发生了扭曲，没有俯下身子，司法服务的意识不强，司法公正就必然会受到损害。四是规范意识不强，习惯于感情用事。司法人员是一个特殊群体，司法是一个特殊职业，司法人员不仅在工作时要严格依法办案，而且在业外活动中也要谨慎稳重，举手投足都要给人们以"公正化身"的形象。要做到这样，就必须牢固树立规范司法的意识。现实中，个别检察人员言行不文明不规范，给司法公信力造成了负面影响。五是责任意识不强。司法人员办理的每一起案件都要经得起事实的检验、法律的检验、历史的检验，将案件办成铁案、和谐案。不讲效率的司法，就是不讲正气的裁判，哪怕结果是公正的，正所谓"迟到的正义非正义"，因办案时间拖得太长失去法律价值和社会效果。

2. 队伍管理机制不健全、不规范。平时我们一谈到队伍管理，往往就是"加强教育""从严要求""严明纪律""奖罚分明"之类的管理手段和方法。而事实上，检察官的管理应该形成立体的、多方面的管理。现在我国正处于司法改革的试点阶段，对检察官的分类管理制度的定向未知，但不可回避的一点就是：对于检察官的管理除有精神层面的管理和行为上的管理外，还应有良好的职业保障机制，尤其是物质层面的管理，也就是检察官的经济保障机制。现实中，检察官的经济保障有限，导致少数检察官不规范司法，甚至导致司法腐败的产生。

3. "人少案多""事多人少"矛盾突出。长期以来，检察机关人少案多矛盾没有得到根本性解决，"白加黑""五加二"已成为工作常态。在此情况下，要把规范司法和保证案件实体公正有效结合起来是一道不解的难题。尤其是西部基层检察院，政法专项编制少，以毕节检察机关为例，编制数仅占全市总人口数的万分之0.74，较中央编制计划低万分之1.16。同时，与发达地区相比，人才吸引力小，人才短缺、人才断层、人才流失现象严重，法官、检察官结构不合理，年龄老化断层严重等问题突出，还肩负着当地80%的检察业务，有的还要完成地方要求的参与挂帮联系、招商引资等业务外工作，导致执法办案力量更显不足，无形中加剧了"人少案多""事多人少"的突出矛盾，很大程度上使检察工作偏离了规范化建设的轨道。

三、对检察机关加强规范司法行为的几点建议

（一）自觉将司法规范化建设融入全面推进依法治国布局思考谋划

依法治国，必须从严执法、公正司法。司法部门自身司法不规范，必然导致司法不公正。规范司法行为，与依法治国大局息息相关，是着力点，也是落脚点。检察机关要认真贯彻落实党的十八届四中全会"规范司法行为"的硬性要求，不仅要率先成为依法治国的践行者，更要成为依法治国的坚强保障者，在主动把司法规范化建设融入全面推进依法治国布局中思考谋划的同时，要以专项整治工作为契机，针对容易发生执法不严、司法不公的重点岗位和关键环节，进一步建立健全执法办案责任、廉政风险防控、案件质量管理等制度，以零容忍的决心抓落实，以猛药祛疴的态度治"顽症"，以刮骨疗毒的勇气拔"烂根"，以源头治理的举措树新风，高标准高质量地打一场司法规范化建设攻坚战。

（二）牢固树立"三个并重"理念

一要牢固树立惩治犯罪和保障人权并重理念。尊重和保障人权是宪法确立的基本原则，也是司法部门规范司法最基本的要求。司法人员要始终坚持客观公正立场，不偏不倚地侦查取证、审查案件，做到"以事实为依据、以法律为准绳"，让事实说话、以证据服人。推动强化诉讼过程中当事人和其他诉讼参与人知情权、陈述权、辩论辩护权、申请权、申诉权等制度保障。二要牢固树立程序公正和实体公正并重理念。切实增强程序意识，改变"重实体、轻程序""重言词证据"的倾向，真正把程序公正作为规范司法的前提，及时发现和纠正规避管理、滥用强制措施和侦查措施、侵犯犯罪嫌疑人诉讼权利等各种违法违规行为。特别是要严格执行刑事诉讼法关于犯罪嫌疑人在侦查阶段可以委托辩护人，辩护律师在侦查期间可以会见在押的犯罪嫌疑人，自检察机关审查起诉之日起可以阅卷等各项规定，切实防止和纠正程序违法违规现象。三要牢固树立全面客观收集审查证据与坚决依法排除非法证据并重理念。推动"以审判为中心，以证据为核心"的诉讼制度改革，坚持全面客观收集审查证据，更加重视犯罪嫌疑人、被告人的辩解和辩护人意见，全面收集证明犯罪嫌疑人、被告人无罪、罪轻的证据。严格把握审查批捕、审查起诉案件证据认定标准，严防冤假错案，对于证据存在严重缺陷、重大疑点或瑕疵的案件，要坚决依法作出不批捕或不起诉决定，坚决防止"带病"批捕、"带病"起诉。

（三）提升司法人员素质

提升司法人员素质是解决规范司法行为的根本。只有高素质的司法人员，才有规范的司法行为。高素质的检察官，除应具备一般公民的基本素质外，还应具备如下高尚的司法素质：崇尚法律的精神和理念、优良的法律职业能力和专业适应能力、良好的品行和德行、护法的胆识和使命感，以及牢固树立大局、公正、服务、规范、责任"五个意识"。检察官的应有素质并非天生，而是通过严格的教育培训和长期的司法实践历练而成的，应从三个方面努力：一要加强检察官职业化建设。检察官这个特殊群体的司法理念、法律素养、行为习惯、性格修养等都应有较高境界的要求。只有加强检察官职业化建设，才能使检察官符合这一要求，才有规范司法行为的基础。二要加强对检察官的教育培训。对检察官的教育培训，重点解决提高检察官的检察技能和导入终身学习教育理念、提高专业素质。导入终身学习教育理念非常重要，终身教育就是加强从业人员的再培训再教育，使之不断适应现行职业和社会发展的需要。树立这一理念，可使检察官视学习和提高业务技能为内在自觉行为乃至生活方式之一。三要建立检察官职业保障机制。包括权力保障和物质保障机制。

（四）规范人员管理和业绩考评

抓检察官队伍管理是规范司法行为的重要环节。一要改进检察官遴选机制。检察官之所以能够担当维护社会正义和良知的角色，不仅在于检察官具有优秀的法律专业知识，还在于检察官必须具备高尚的人品和道德素质。为了保证检察官的综合素质，现正进行司法改革，从试点来看是比较乐观的。除了《检察官法》在明确规定的检察官的资格标准之外，还设计了社会各界（律师、法学专家学者）广泛参与的检察官遴选机制，力图通过选拔、听证、任命等层层筛选，确保候选人不仅具有专业知识和素质，还具有优秀的品德、丰富的社会经验和广博的知识结构等深层的内在素质。二要探索建立科学的检察业绩评价机制。支持和帮助检察机关聚焦主业，取消检察院参与挂帮联系、招商引资、整脏治乱等业外活动，让检察机关回归执法办案主责，真正让检察官沉下心抓司法规范化建设，提升人民检察院维护社会公平正义的层次和境界。

（五）狠抓干预司法长效机制贯彻落实

近期，中办、国办印发了《领导干部干预司法活动、插手具体案件处理的记录、通报和责任追究规定》，中央政法委印发了《司法机关内部人员过问案件的记录和责任追究规定》，"两个规定"是中央构建防止干预司法办案的"防火墙"和"隔离带"，对维护司法公正、提高司法公信力具有十分重要的意义。按照法律规定，检察机关依法独立行使检察权，办案不受外界干涉。检察机关查办职务犯罪案件必须认真贯彻执行上述两个规定，对于相关人员打听案情、为犯罪嫌疑人说情，领导干部干预办案打招呼、批案件、听汇报、作暗示等，办案人员都要按照规定要求，全面如实记录，全程留痕，对领导干部插手、过问案件办理形成巨大威慑力，营造查办职务犯罪案件的良好环境。同时，应当注意以干部群众容易接受的方式对违反规定的情况进行通报，加大公开的力度，把干预查办职务犯罪案件的行为暴露在阳光下。

（六）加强对自身司法活动的内外监督

一要以信息化平台促进执法办案规范化建设，借助检察机关正在大力推广的统一业务应用系统，杜绝"体外办案"，及时对违法使用强制措施和侦查措施、超期办案、规避同步录音录像规定、违法限制当事人和律师诉讼权利、违法处置涉案财物等群众反映强烈的司法不规范突出问题提出预警和纠正。二要以司法办案活动为重心，不断强化内部管理和监督，真正坚持司法办案质量、效率、效果、规范、安全的有机统一。要深入推进检察官办案责任制，建立办案质量终身负责制和错案责任倒查问责制，完善和落实司法机关内部人员过问案件的记录制度和责任追究制度。要进一步健全案件管理机制，适时开展案件评查，扎实推进案件信息公开，实现对案件全程动态监控，强化对司法业务的过程控制、实时监管和事后评价，真正做到"案件流转到哪里，监督制约就延伸到哪里"。三要深入推进检务公开，要适应开放、透明、信息化的社会发展新常态，增强主动公开、在公开中加强检察宣传的意识，从拓展公开范围、创新公开方式、规范公开场所等途径入手，进一步增加检察工作透明度，"倒逼"规范司法。

铜仁市检察机关刑事执行检察工作探析

范建军[*]

当前，各级检察机关原监所检察部门更名（或升格）为刑事执行检察局，标志着检察机关刑事执行检察工作掀开了新的一页，开启了新的征程。本文在深入调研的基础上，对近年来铜仁市检察机关开展刑事执行检察工作情况进行了探析，总结经验做法，分析存在的不足，提出对策和建议，供大家参考，以期进一步深入贯彻落实修订后刑事诉讼法，全面推动刑事执行检察工作科学协调发展。

一、基本工作情况

（一）刑罚执行活动监督

2014 年以来，共监督纠正违法减刑、假释、暂予监外执行案件 105 件，维护了刑罚执行的严肃性。强化对监管活动的监督，共监督纠正违规使用警械、体罚虐待被监管人等违法情形 41 件，维护了正常监管秩序，保障被监管人合法权益。强化对社区矫正的法律监督，坚持定期不定期巡查，共监督纠正脱管、漏管、虚管和违法交付执行 515 人；监督撤销缓刑收监 19 人，撤销假释收监 2 人，撤销暂予监外执行 18 人；监督办理又犯罪案件 5 人，促进社区矫正工作依法规范开展。

（二）刑事强制措施执行监督

2014 年以来，共监督指定居所监视居住执行 24 件，严防刑讯逼供、暴力取证等违法办案行为，促进严格依法规范执法。加强羁押必要性审查，对没有必要继续羁押的犯罪嫌疑人、被告人提出释放或者变更强制措施建议 66 件，全部被办案机关采纳，切实维护了犯罪嫌疑人、被告人合法权益，降低司法成本，提高司法效率。加强羁押期限监督，共监督纠正隐形超期羁押 73 件 108 人，督促办案机关清理羁押 5 年以上的久押不决案件 46 人，切实保障了人权，

---

* 贵州省铜仁市人民检察院检察长。

体现法治文明。

（三）死刑、强制医疗、财产刑执行监督

2014 年以来，共临场监督死刑执行案件 8 人，保障严格执行死刑执行程序。积极开展强制医疗执行监督，针对犯罪嫌疑人丧失实质性辨认和控制能力，有可能继续危害社会、公民人身安全的，依法提出强制医疗申请 13 人，保障被强制医疗执行人的合法权益，维护人民群众生命财产安全。积极推进财产刑执行监督工作，通过与法院、公安、司法、监狱等部门的沟通协调，针对推动实现财产刑数据共享、监狱和社区矫正机构积极协助执行、将履行财产刑作为减刑、假释的依据等问题，已初步达成共识；在碧江区检察院开展财产刑执行监督试点工作，确保稳步探索推进财产刑执行法律监督。

（四）维护监管场所安全和社会稳定

依法查办和预防刑罚执行活动中的职务犯罪，共初查涉嫌职务犯罪案件线索 28 件，移送有关部门作党纪政纪处理 23 人，立案侦查 1 人；开展职务犯罪预防宣传和警示教育 800 余次，努力营造廉洁高效的刑罚执行环境。积极开展监管场所安全防范检察，严厉打击"牢头狱霸"等违法犯罪活动，共监督整改违禁品管理、监管设施不完备等安全隐患和漏洞 189 件，维护监管场所安全稳定。加强监管场所突发性事件处置应对工作，依法及时介入被监管人员死亡等突发事件 87 件，查清事实，分清责任，促进依法妥善处理，维护社会大局稳定。认真办理在押人员控告申诉案件，防止和纠正冤假错案，共受理被监管人及其近亲属、法定代理人控告、申诉、举报 86 件，依法全部办理，做到件件有落实，事事有回音，促进案结、事了、人和。

二、主要做法

（一）坚持"纠防并举"，全面履行职责

全市检察机关针对刑罚执行和监管活动中的违法行为及苗头性、倾向性问题，对情节较轻的，及时口头提出纠正意见；对情节较重或多次发生，经口头纠正效果不明显的，发出纠正违法通知书 293 件，已纠正 286 件；对严重违反诉讼程序或侵害当事人合法权益，应当建章立制予以整改的，提出检察建议 181 件，已采纳 170 件，有效纠正和防止了诉讼违法，收到了良好效果。在依法监督纠正诉讼违法的同时，坚持标本兼治，坚持"纠正和预防"两手抓、两手硬，积极预防诉讼违法行为发生。通过审查案件卷宗材料、调查案件事实、提出检察建议等方式，加强对刑罚变更执行的监督；通过羁押期限提示预警，加强对超期羁押的事前防范；通过派驻检察室与监管场所信息、监控系统

联网，深入劳动、教育、生活现场巡查等方式，加强对监管活动的动态监督，从源头上防止监管违法、安全事故的发生。

（二）坚持改革创新，完善监督机制

积极探索创新监督方式方法，健全监所检察工作机制。一是建立同步审查机制。健全与监狱、法院、公安、司法部门联系机制，明确在办理减刑、假释、暂予监外执行案件中，同步报送、通知检察机关，变事后监督为事前、事中监督，逐步形成同步审查长效机制。共同步审查减刑、假释、暂予监外执行案件2324件，出席法庭监督案件审理19件，监督收监社区服刑罪犯39人。二是健全日常监督与专项监督相结合的长效机制。在加强日常监督的同时，认真开展了罪犯交付执行与留所服刑专项清理，督促看守所交付执行罪犯352人；开展了职务罪犯、涉黑罪犯、金融罪犯"三类罪犯"减刑、假释、暂予监外执行专项检察活动，督促收监执行17人，其中犯罪前系处级干部2人、科级干部2人；开展了社区矫正服刑人员脱管、漏管专项检察工作，监督纠正脱管39人、漏管25人、虚管388人，监督收监执行18人，纠正违法57件。三是健全被监管人员权益保障机制。推行入出监（所）问卷调查、检察官信箱入监室、检察官约见谈话等制度，畅通了被监管人诉求表达和权利救济渠道。共受理被监管人及其近亲属、法定代理人控告、申诉、举报86件，依法全部办理，做到件件有落实，促进案结、事了、人和。

（三）牢记第一责任，维护社会稳定

一是依法查办和预防刑罚执行活动中的职务犯罪，共初查涉嫌职务犯罪案件线索28件，移送有关部门作党纪政纪处理23人，立案侦查1人；开展职务犯罪预防宣传和警示教育800余次，努力营造廉洁高效的刑罚执行环境。二是加强监管场所安全防范检察，严厉打击"牢头狱霸"等违法犯罪活动，共监督整改违禁品管理、监管设施不完备等安全隐患和漏洞189件，维护监管场所安全稳定。三是加强监管场所突发性事件处置应对工作，依法及时介入被监管人员死亡等突发事件87件，查清事实，分清责任，促进依法妥善处理，维护社会大局稳定。

（四）强化自身监督，狠抓规范司法

一是强化自身监督制约。细化监狱检察工作、监所管辖案件侦查流程，健全岗位责任追究机制，严防监督越位、缺位；加强检察统一业务应用系统建设，实现执法办案全程、统一、动态监控管理，严防滥用纠正违法通知书和检察建议，确保公正廉洁执法。二是自觉接受人大和社会各界监督。邀请人大代表、政协委员、人民监督员视察派驻检察室工作、现场监督专项监所检察活动

55 次，积极向人大及常委会汇报刑事执行检察工作；及时公开监所检察工作情况，努力让人民群众在每一起司法案件中都感受到公平正义，提升检察公信力和群众满意度。三是切实推进派驻监管场所检察室规范化建设。碧江区检察院派驻检察室被最高检评定为全国一级规范化检察室，思南等 4 个检察院为二级规范化检察室，松桃等 5 个检察院为三级规范化检察室，派驻检察工作进一步向规范化、专业化迈进

（五）加强队伍建设，提升职业素养

一是着力加强思想政治建设。扎实开展各项主题教育实践，深化社会主义法治理念教育，教育引导干警坚持惩治犯罪与保障人权、程序公正与实体公正并重，做到理性平和文明规范执法。二是着力加强纪律作风建设。深入开展市委"三个开刀"和规范执法司法行为专项整治活动，抓住群众反映强烈的突出问题，集中解决特权思想、霸道作风、监督不规范，深入剖析原因，督促整改，守纪律自觉性明显增强。2013 年以来，没有发生监所检察干警违纪违法现象。三是着力加强司法能力建设。深入推进监所干警全员业务培训，广泛开展岗位练兵、素能培训、经验交流等活动，努力提升监所检察干警的业务素质和执法能力。共组织开展业务考试、培训、竞赛 129（人）次，召开现场观摩、经验交流会 14 次，队伍业务能力进一步提升。

三、存在的问题及不足

队伍整体素质有待提高。全市检察机关监所检察部门共有干警 29 人，其中 46 岁至 55 岁 10 人，55 岁以上 5 人；20 人兼任派驻监管场所检察室职务，队伍专业化程度总体偏低；监督制度机制不够健全完善，监督工作制度化、规范化亟须加强。

思想认识存在偏差。个别检察院及干警对监所检察工作重要性认识不足、重视不够，将其视为"软任务"，存在被边缘化现象；少数检察人员执法理念存在偏差，法律监督意识不强，存在重配合轻制约、重打击轻保护、不敢监督、不愿监督、监督不到位现象。

司法能力跟不上形势发展需要。修改后刑事诉讼法新增了不少刑事执行检察职责，对监督工作提出更高要求。一些地方监所检察部门尤其是派驻检察室人员配备不足，人少事多的矛盾较突出；少数干警进取意识不强、能力弱化，发现纠正违法、办案能力不够。

基层基础薄弱。派驻检察室硬件装备及"两网一线"等信息化建设滞后，检察机关获知监管部门执法情况的渠道不畅、信息少、不全面、不及时的问题仍未有效解决。

四、对策和建议

（一）进一步树立正确的司法理念

更新司法理念，坚持把尊重和保障人权作为刑事司法理念的核心价值，贯穿到监所检察工作的全过程，切实履行好法律监督职责。深化对监所检察工作重要性的认识，切实将其融入全面推进依法治市大局中、摆在检察工作的突出位置来谋划和推进，增强监督意识，牢固树立依法正确履职、监督为本的司法理念，努力做到敢于监督、善于监督、依法监督、规范监督，确保刑事执行检察权在法治轨道上运行。

（二）进一步强化法律监督职能

深入贯彻习近平总书记关于"要严格规范服刑人员中的'有权人'、'有钱人'的减刑、假释、暂予监外执行，充分体现司法公正，杜绝司法腐败"重要指示精神，突出重点，强化措施，加强刑罚变更执行监督，以人民群众反映强烈的违法减刑、假释、保外就医等为重点，坚决防止和纠正"花钱赎刑""前门进、后门出"等问题发生；加大监管活动监督力度，维护正常监管秩序和被监管人员合法权益；强化社区矫正法律监督，规范监督范围和方式，做到既不缺位、也不越位。严肃查处执法不严、司法不公背后的司法腐败案件，不断增强刑事执行法律的刚性监督。

（三）进一步加强自身建设

加强队伍思想政治、职业道德、司法能力、纪律作风和自身反腐倡廉建设，加大监所检察干警的教育、培养和配备力度，努力提高整体素质和业务水平。强化对自身执法办案活动的监督，健全执法业绩档案、绩效考评、错案责任追究等机制，确保严格公正规范文明司法。加强"两网一线"等信息化建设，巩固和拓展派驻监管场所检察室规范化建设成果，打牢监所检察工作发展基础。

（四）进一步推进新增刑事执行业务

依法开展对指定居所监视居住执行监督、死刑执行临场监督、财产刑执行监督、强制医疗执行监督，确保修改后刑事诉讼法新增业务得到切实贯彻落实。坚守法律原则和法律底线，坚决防止和纠正冤假错案，积极稳妥推进各项新增业务依法规范有效开展。

（五）进一步健全工作机制

积极稳妥推进司法体制改革，不断规范监督行为、改进监督方式，完善预防诉讼违法的模式、机制和措施，把事前、事中预防与事后监督深度结合、检察监督与其他部门内部纠错紧密结合，努力从源头上预防和减少诉讼违法；加强与相关刑罚执行部门的配合协作，推动健全刑事诉讼相互配合、相互制约机制，做到既相互支持配合、又相互监督制约，共同维护公正司法，提高司法公信力。

以法治理念为引领
不断加强和改进检察工作

陈继忠[*]

党的十八大以来，党中央提出了全面依法治国的战略部署，作为检察机关，要按照新形势新任务新要求，不断加强和改进检察工作，要以科学发展观为指导，不断深化对检察工作特点和规律的认识。要自觉把检察队伍法治理念培育工作放在检察工作发展大局中去思考、去谋划、去推动。牢固树立正确的政治观、权力观、大局观，不断强化检务保障，全面履行各项检察职能，积极参与社会管理创新，服务经济社会健康发展。

一、以法治理念为引领，不断加强和改进检察工作，必须牢固树立"三种观念"

（一）坚定方向，树立正确的政治观

孟建柱同志在中央政法工作会议上指出，坚持党对政法工作的领导，是中国特色社会主义最本质特征的要求，是中国特色社会主义司法制度最根本的保证。应该清醒认识到，坚持中国特色社会主义政治方向，绝不仅仅是一句空洞的口号，而是有真切实在的内容和要求。要坚持高举中国特色社会主义伟大旗帜，坚持中国特色社会主义法治道路，坚持中国特色社会主义检察制度，就必须牢固树立"依法治国、执法为民、公平正义、服务大局、党的领导"的社会主义法治理念，忠实履行宪法和法律赋予的检察职能，就必须自觉接受党的领导，坚定不移地贯彻党的路线方针政策，始终与党中央保持高度一致。在工作中，就是要严格遵守党的政治纪律、组织纪律和工作纪律，坚持重大问题、重大案件和重要工作部署及时向上级院和州委请示报告，在党的领导下开展各项检察工作。

---

[*] 贵州省黔东南州人民检察院检察长。

（二）牢记宗旨，树立正确的权力观

检察机关是国家的法律监督机关，一切检察工作都必须围绕强化法律监督职能来开展，既要充分行使法定职权，也要防止权力被滥用。要始终明确行使检察权的目的是维护好人民群众的根本利益，真正做到权为民所用，情为民所系，利为民所谋。要树立自觉接受监督的意识，将检察职权行使的方式与过程公开化、透明化，以公开促公正，努力维护法律的公平与正义。近年来，黔东南州检察机关狠抓干警的思想教育和作风整训，队伍的整体素质不断提高，执法形象明显提升，群众满意率日益提高。

（三）服务社会发展，树立正确的大局观

一要坚持把检察工作置于全州经济社会发展大局中来谋划和推进，积极主动地适应新形势对检察工作的新要求，切实增强大局意识、责任意识和服务意识。二要找准检察机关服务经济社会发展的切入点和着力点，综合运用打击、保护、监督、预防等检察职能，保障改革，服务发展。三要不断提高服务大局的水平和实效，积极探索服务大局的有效途径和方法。四要正确处理办案的法律效果与社会效果的关系，注意防止和克服孤立办案、就案办案、机械执法等问题。五要不折不扣地完成州委布置的中心工作，配合有关部门做好重点企业、重点工程周边环境整治以及新农村建设、扶贫帮困等工作。

二、以法治理念为引领，不断加强和改进检察工作，必须认真履行"三项职能"

检察业务工作发展是整个检察事业发展的关键与基础，发展就是要执法、办案、监督，发展也要体现在执法、办案、监督所取得的进展与成效上。只有认真履行好检察职能，才能更加有效地促进检察工作科学发展。

（一）要认真履行批捕起诉职能，全力维护社会稳定

要注意因地、因时制宜，明确打击犯罪的重点和方式，提高打击犯罪的针对性、实效性。要加强与有关部门的协作配合，认真落实分工负责、互相配合、互相制约的原则，形成打击犯罪的合力。要注意提高办案的效率和质量，改进审查批捕和审查起诉方式，加快办案节奏，同时严把事实关、证据关、程序关和适用法律关，及时、准确地打击犯罪。要认真贯彻宽严相济的刑事政策，推行刑事和解机制和未成年人犯罪办案机制，有力地促进社会和谐稳定。

（二）要认真履行查办和预防职务犯罪职能，深入推进反腐败斗争

要加大查办大案要案工作力度，要进一步提高发现案件线索的能力，加强举报工作，增强主动出击意识。要加强对职务犯罪发案规律的研究，掌握犯罪

的新动向和新特点，提高初查与侦查水平。要进一步规范侦查办案活动，强化精品意识，确保办案质量和办案安全。要坚持标本兼治、综合治理、惩防并举、注重预防的方针，立足职能积极开展预防职务犯罪工作，配合有关部门搞好职务犯罪的防控治理，加强警示教育和预防宣传，促进队伍廉政建设。

（三）要认真履行对诉讼活动的法律监督职能，维护社会公平正义

要加强对刑事诉讼、民事审判和行政诉讼活动以及刑罚执行活动的法律监督，落实好各项工作目标任务。要敢于监督，克服畏难情绪，消极思想顾虑，积极主动地完成检察机关担负的神圣使命和重大职责。要善于监督，积极探索强化法律监督手段的措施，研究行之有效的监督方式方法，提高法律监督水平。要依法监督，监督工作要依法进行，不能超越职权违法办案。要规范监督，探索法律监督机制，减少随意性。要做到监督他人与完善对检察机关自身执法活动的监督制约机制并重，保证检察机关的各项权力都按照法定权限和程序行使。

三、以法治理念为引领，不断加强和改进检察工作，必须着力强化"三个保障"

（一）推进机制建设，为检察工作发展提供制度保障

要大力推进工作机制建设，切实解决当前制约检察事业发展的机制性问题，努力做到管理制度更加完善，工作保障更加有力，干部素质明显增强，法律监督能力和服务大局水平进一步提高。重点推行检察工作一体化机制、改革和完善对诉讼活动的法律监督机制、创新各项执法办案工作机制、建立健全检察机关接受监督和内部制约机制、推进"三位一体"机制建设和机关内部管理制度改革。要组织干警认真学习本院新出台的各项规章、制度、办法等，采取有力措施，促进这些工作机制落到实处并取得好的效果。要通过改革促进工作，用工作来检验改革的成效，在依法有序推进改革的同时推动各项检察工作平稳健康发展。

（二）加强队伍建设，为检察工作发展提供组织保障

大力推进检察队伍建设，进一步增强队伍的凝聚力、战斗力和创造力。加强检务督察，加强对各项规章制度执行情况，办案规定、检风检纪、警械警车管理等方面的监督检查。同时狠抓绩效考核，进一步完善绩效考评办法，规范工作程序，细化工作标准，兑现奖惩措施，真正发挥考核的导向作用。

（三）狠抓基础建设，为各项检察工作发展提供基础保障

一要进一步抓好"两房"后续工程建设，积极争取党委、政府的重视与

支持，抓紧基础设施建设，完善工作所需的各项配套设施。二要加快信息化建设步伐，认真落实省院关于科技强检的主要任务和项目建设规划，以实施电子检务工程为契机，进一步优化检察信息网络，加强计算机运用技能培训，提高干警的科技素质和信息化应用水平。三要加大装备建设力度，紧紧围绕办案工作、监督工作、业务工作来推进科技装备建设，为各项检察业务工作的开展提供有力的技术保障和后勤保障。

四、以法治理念为引领，不断加强和改进检察工作，必须在"三情"上下功夫

准确把握新时期检察工作面临的新形势新任务，不断深化对检察工作客观规律的认识，切实按照党的十八大、十八届四中、五中全会精神要求，全面加强和改进检察工作，必须坚持在工作思路上体现科学发展观的要求。这就要求我们在谋划和安排工作时要做到吃透"上情"，掌握"内情"，了解"民情"，保证检察工作不偏离方向，不脱离实际，不违背民心。

（一）吃透"上情"是加强和改进工作的前提

所谓"吃透上情"，就是要认真学习、准确理解、全面把握中央的路线方针政策和最高检、省院、州委的各项决策部署，真正领会精神实质、了解基本要求、明确主要任务，在指导思想、思维方式、实际行动上实现新的转变。党的十八大从中国特色社会主义事业发展全局出发，对加强和改进政法、检察工作作出了战略部署。十八大以来，习近平、孟建柱等中央领导同志先后对检察工作的政治方向、指导思想、首要政治任务、根本出发点和落脚点、检察体制和工作机制改革、检察队伍建设等提出了一系列新思想新要求。最高检、省院根据形势任务的发展，就加强和改进检察工作作出了部署。

（二）掌握"内情"是加强和改进工作的基础

所谓"掌握内情"，就是要深入进行调查研究，努力掌握全州检察机关的发展基础、优势条件、制约因素以及当前和今后一个时期的重点、难点问题，使各项工作建立在符合实际、符合规律、符合全院发展大局的基础之上。近年来，黔东南州检察机关紧密结合检察工作实际，坚持"全州一盘棋"的工作模式，深入推进各项检察工作发展，分别在督促起诉、生态环境保护、公益诉讼等专项工作都取得了良好的成绩，专项工作得到了最高检、省委、省院、州委的充分肯定。

（三）了解"民情"是加强和改进工作的必要条件

所谓"了解民情"，就是要通过控申信访窗口以及其他各种渠道了解群众

的愿望和要求，倾听群众的意见和呼声，准确及时地把握社情民意，针对法律监督中的薄弱环节，找出加强和改进检察工作的有效办法，从而更好地履行职能，化解矛盾，维护稳定，促进和谐。2013 年以来，全州检察机关创新开展"走、访、送、化解"活动，深入全州 180 余个乡镇、400 余个行政村，3000 余户村民家中，调查了解人民群众生产生活情况，宣传涉农惠民扶贫资金相关法律法规，依托巡回法庭、观摩庭平台，注重以案释法，在案发乡镇、村寨与法院开展巡回法庭 160 余次，开展观摩庭 87 场次，发放检察官心系民情联系卡 2 万余份，接受群众法律咨询 6000 人次，帮助村民解决实际困难 130 余件，化解邻里矛盾纠纷 140 余件，检察工作得到了广大人民群众的点赞。

五、以法治理念为引领，不断加强和改进检察工作，必须在"三点"上做文章

（一）突出重点

没有重点就没有全局，就找不到工作的突破口。检察工作千头万绪，任务十分繁重，各基层院、州院各部门要善于抓重点、抓关键，以重点工作的突破，带动整体工作水平的提高。要认真落实上级部署，抓好各项专项工作和检察工作一体化机制建设，保质保量地完成任务。要按照院党组确定的工作思路，进一步夯实基础，规范管理，加快全州检察机关发展步伐。要抓住工作的重点环节，分清工作的轻重缓急，统筹调配好精力、时间和人力资源，防止"眉毛胡子一把抓"，切实提高工作的质量、效率和效果。

（二）攻克难点

加强和改进检察工作，要着力思考和研究如何从依靠群众举报申诉、查办职务犯罪、用好现有法律监督手段入手，切实解决法律监督的现实难题，这是检察工作的难点之一。对全州检察机关而言，业务工作发展不平衡、经费保障困难以及基础薄弱等问题，是全州检察机关工作的难点。要进一步加大工作力度，加强调研，集思广益，群策群力，努力解决好这些制约黔东南州工作科学发展的"瓶颈"问题，逐步缩小与先进院的差距。

（三）形成亮点

按照"高定位、高标准、办精品案"的工作要求，真抓实干，开拓创新，检察业务工作逐步呈现一些特色和亮点。如督促起诉、生态环境保护、公益诉讼、扶贫攻坚工作不断创新工作方式方法，各项工作取得了显著成效，并得到了上级院和州四大班子主要领导的充分肯定。对这些好的做法，有的要用制度形式固定下来，有的要及时总结宣传，同时要注意发掘优势资源，狠抓工作创

新，打造更多黔东南品牌，努力形成特色鲜明、亮点纷呈的工作局面。黔东南州院撰写的《生态环境保护工作报告》、经验信息分别得到了最高检曹建明检察长和省院袁本朴检察长的重要批示。同时，《黔东南州检察机关构筑"五大工作体系"，破解生态环境保护工作难题》《黔东南州检察机关织密"五大立体网"，服务扶贫攻坚新常态》两篇经验信息被省政法委《贵州政法动态》转发，并在全省予以推广。

可见，作为检察机关要坚持推进制度和机制建设，要把检察工作与服务经济社会发展的大局推动发展结合起来，积极参与社会管理创新，服务经济社会健康发展。要把保持党的先进性、纯洁性作为党建工作的主题和重点，采取有效措施，大力加强思想政治建设、组织建设、作风建设和反腐倡廉建设。要与进一步强化队伍管理与提升队伍形象，把政法干警"忠诚、为民、公正、廉洁"核心价值观与当下贵州在逆境中求崛起的"贵州精神"相结合，紧紧围绕"忠诚、为民、公正、廉洁"的核心价值观主线，真正把法治理念贯穿到检察实践全过程，确保检察队伍建设、推动检察工作科学发展。

关于黔西南州检察队伍建设的工作实务研究

刘　青[*]

为进一步加强全州检察队伍建设，促进"十三五"时期检察工作科学发展，更好地服务于地方经济建设和社会事业发展，根据高检院、省院、省委、州委关于加强队伍建设的部署要求，就全州检察队伍建设取得的成绩和存在的问题进行了深入的总结和研究，并结合实际提出加强和改进检察队伍建设的措施和意见。

一、检察队伍建设的基本情况

（一）政法编制使用情况

目前，我州检察机关共有政法专项编制 508 名，现实有政法编制人数 453 名，其中州院编制数为 98 名，实有 83 名；兴义市院编制数为 88 名，实有 76 名；兴仁县院编制数为 49 名，实有 43 名；贞丰县院编制数为 47 名，实有 43 名；安龙县院编制数为 48 名，实有 41 名；册亨县院编制数为 43 名，实有 41 名；望谟县院编制数为 47 名，实有 43 名；晴隆县院编制数为 45 名，实有 42 名；普安县院编制数为 43 名，实有 41 名。

（二）人员基本情况

1. 人员总体结构。全州检察干警中，男性 296 人，女性 157 人。少数民族干警 179 人，占人员总数的 39.5%；中共党员 333 人，占人员总数的 73.5%；正副检察长 35 人；具有助检员以上职称的人员 280 人，占人员总数的 61.8%；司法警察 39 人，占人员总数的 8.6%；书记员及其他人员 134 人，占人员总数的 29.6%。

2. 年龄及文化专业结构。30 岁以下 133 人，占人员总数的 29.4%；31 岁至 50 岁 235 人，占人员总数的 51.9%；51 岁以上 85 人，占人员总数的 18.7%。全州共有研究生学历 18 人，占人员总数的 3.9%，大学本科学历 381

　贵州省黔西南州人民检察院检察长。

人，占人员总数的 84.1%；专科学历 45 人，占人员总数的 9.9%；中专以下学历 9 人，占人员总人数的 2%。

二、检察队伍建设的做法和成效

（一）强化思想政治建设，筑牢理想信念，打造政治过硬队伍

两年来，我院始终把思想政治建设作为从严治检的根本，切实把理想信念教育和党性教育放在核心位置，确保检察队伍忠诚可靠。

1. 抓思想引领，增强政治定力。以"三严三实"和"两学一做"专题教育为载体，深入学习贯彻习近平总书记系列重要讲话精神，打牢听党指挥、忠诚使命的思想基础。把"面对面"谈心谈话、开展批评与自我批评作为思想政治工作的有效抓手。党组书记与班子成员、班子成员与分管部门干警交心谈心 90 余人次，确保了队伍稳定和工作稳定。党员领导干部以身作则严格执行重大事项报告、述职述廉等制度，以表率作用凝聚队伍、凝聚人心，全面增强检察队伍忠于党、忠于国家、忠于人民、忠于法律的政治定力。

2. 抓班子建设，强化规矩意识。牢牢把握党组引领检察工作的核心作用，不断强化班子政治规矩意识和议事能力，修订完善了《党组议事规则》《检察委员会议事规则》《重大个人事项报告制度》等一系列制度，把党的政治纪律和政治规矩挺在前面。坚持"三重一大"事项集体讨论决定，切实杜绝"一言堂"和"各自为政"等不利于团结的因素，形成了相互协作、互补共进的良好氛围，班子干事业、促发展的信心和能力不断增强。

3. 抓支部建设，增强队伍凝聚力和战斗力。建立机关党员领导干部联系指导支部工作制度。印发《关于党员领导干部进一步抓好党建工作的通知》，发挥党员领导干部在党组织建设中的示范引领作用，对党建工作实行清单管理，每位党员领导干部每月至少听取一次联系支部的党建工作报告，协调解决支部建设中存在的实际困难和问题，确保党建工作与业务工作深入融合、有效落实。认真开展"两学一做"学习教育，通过组织"党员干部手抄党章 100 天"、"两学一做争先锋·比学赶超展风采"竞赛活动和"凝聚正能量·同步奔小康"演讲比赛等活动，强化党员意识，激励创先争优，增强了党支部的凝聚力和战斗力。

（二）强化教育培训，突出规范执法，打造业务过硬队伍

2014 年以来，我院提出"以训为战、以战为训"的新思路，引进高端培训力量和优质教学资源，结合规范司法行为专项整治活动，强化岗位练兵，全面提升干部队伍综合业务素能。

1. 抓"送训上门"，提升干警综合业务素能。破解培训"碎片化""片段化"的难题，统筹制订培训计划，创新培训方式，因需施教，积极争取到国家检察官学院"送训上门"，举办 5 期检察业务培训班，对全州 240 余名干警进行全覆盖集中轮训。经验做法得到了省院袁本朴检察长和州委张政书记批示肯定，并转发全省学习借鉴。国家检察官学院授予我院作为全省唯一的教学示范基地，学院党委书记胡卫列亲临黔西南州院出席授牌仪式。在"请进来"的同时，还组织"走出去"，先后举办 6 期培训班，组织两级院 280 余名干警赴清华、浙大培训。开办"全州检察讲坛"，邀请各领域专家、教授、党政领导干部为本系统干部职工授课，全面提升了干警综合素能。

2. 抓岗位练兵，提升实战能力。以办理重大专案为契机，采取成立专案组、统一指挥侦办等形式，将规范化、标准化办案理念和要求辐射至全体司法办案人员，全面提高运用法治思维和法治方式办理重大复杂敏感案件的能力。成功举办了黔西南州首届公诉人与辩护人辩论赛，参加全省公诉人与辩护人电视辩论赛 1 名干警获最佳辩手奖，在省院组织的规范司法行为知识竞赛中，我州检察机关取得第一名的好成绩，2 名干警分别被省院评为检察业务标兵和检察业务能手，2 名干警分别在省院组织的岗位练兵活动中荣获第一名和第二名，10 名干警到省院参加业务竞赛分别摘取多个奖项。

3. 抓专项整治，促进规范司法。精心制定《实施方案》，组织两级院干警紧紧围绕理想信念、执法理念、能力素质和是否存在"庸懒散慢浮"等方面深入查找司法不规范问题及原因，扎实抓好问题整改。修订完善了《案件管理办法》《案件质量评查办法》《规范司法行为问责办法》等 28 项司法办案制度，实现了对所有司法办案活动全程动态管理和监督。专项整治工作的开展，使规范司法成为每一位检察人员的思想自觉和行为习惯。在全省检察机关涉检信访案件、刑罚执行监督和立案监督案件质量评查中，我州检察机关分别名列全省第一和第二，涉案管理专项督察清理工作经验做法被省院转发全省学习。我州检察机关敢于较真碰硬、自我阶段亮丑深入查找和整改问题的勇气和担当，得到最高检的高度评价。

（三）增强职责使命，强化担当意识，打造责任过硬队伍

我院认真贯彻中央和省委关于党风廉政建设责任制的部署要求，坚持"一岗双责""一案双查"，用"责任回归"促成"责任到位"，全力打造责任过硬队伍。

1. 制定"任务清单"，增强职责意识。围绕州委"1＋3＋3"发展体系和上级检察机关要求，对州院年度重点工作和其他需要完成的任务，实施目标管理。制定印发《全州检察机关 2016 年度重点工作任务清单》，对工作目标实

行科学动态管理。重点任务清单以党建工作为引领，明确两级院党组书记、检察长负总责，分管副检察长具体抓，形成一级抓一级、层层抓落实的"大党建"格局，对各基层院和内设机构业务工作指标进行季度考核排名，层层传导压力，对位列后三位的基层院和内设机构，要在季度党建约谈会上作表态发言，对工作没有起色的，采取约谈提醒、干部召回和组织调整等方式，倒逼干部认真履职，确保工作目标明晰、职责严明、落实有力。

2. 推行绩效考评，注重结果运用。为促进工作目标管理规范化、制度化和科学化，提高工作效能和服务水平，制定了《黔西南州基层人民检察院建设考评实施办法（试行）》和《黔西南州人民检察院机关目标绩效考核管理办法》，对各基层院和州院内设机构工作完成情况进行绩效考评。将考评结果作为兑现干部职工年度目标绩效奖励和评优评先的依据，实现绩效奖金差额分配，切实起到了奖勤罚懒、奖优罚劣的作用。

3. 强化风险防控，压实"两个责任"。成立州院党风廉政建设主体责任和监督责任办公室，研究制定了 39 项具体措施，抓好省委、省院印发的"两个清单"的落实。做好岗位风险防控排查，紧盯人、财、物三个方面强化规范管理，建立完善了《聘用人员管理办法（试行）》《公车使用管理办法》《食堂管理细则》等制度。用好党建约谈和专项检查两个有力抓手，定期召开班子成员和基层院检察长党风廉政建设提醒谈话会，要求全体党员干部对执行党的纪律情况进行自查并作出承诺。2016 年 4 月组织开展了对基层院财务工作的专项检查，坚持把问题和隐患消除在萌芽阶段。建立健全常态化的党建约谈机制，一年来共约谈了基层院检察长、州院班子成员和部门负责人 23 人次，集体约谈了 4 个基层院领导班子，有力地推动了"两个责任"的落实。

（四）强化日常管理，严肃工作纪律，打造纪律过硬队伍

我院认真贯彻党中央、高检院、省院关于纪律建设的工作部署，把严格要求、严格教育、严格管理、严格监督贯穿于干部队伍建设的全过程，着力打造纪律过硬队伍。

1. 引入"召回"制度，实行动态管理。着力解决检察队伍中存在的"庸懒散慢浮"问题，对干部实行动态监管，引入"召回制度"，出台了《黔西南州检察机关不胜任现职干部召回管理实施办法（试行）》，明确了四类 21 种召回情形，建立了预报机制、了解核实、讨论决定和组织实施的干部召回"四步工作法"，确定了批评教育、脱产学习教育和集体召回教育 3 种教育方式。将召回结果与评先选优、目标考核和组织处理相挂钩，倒逼干部转变作风、用心履职。目前为止，全州检察系统共有 17 名干警和 1 个集体被召回管理。通过一系列措施，干警的精气神明显提振，纪律意识和工作作风都得到明显改

善，经验做法得到最高人民检察院《队伍建设》和《人民检察》刊发推广。

2. 加强警示教育，筑牢纪律红线意识。印发《黔西南州检察机关典型案例情况通报》，在全州检察机关开展"以案为镜、正风肃纪"警示教育活动。邀请省院和州纪委领导为全州干警上廉政党课 3 次。刘青检察长亲自作"深入开展'三严三实'专题教育，推动全州检察工作和队伍建设上新台阶"专题党课，提升干部职工廉洁从检认识。积极组织全州两级院干警开展"坚定理想信念、规范司法行为、廉洁从检"主题演讲比赛、"规范司法行为暨党风廉政突出问题集中专项整治知识竞赛"和"两个责任"应知应会考试。通过丰富多彩的活动，极大地丰富了党风廉政教育形式，进一步筑牢了干警的纪律红线意识。

3. 把握"四种形态"，严肃执纪问责。以开展"两学一做"学习教育为契机，深入学习贯彻《中国共产党纪律处分条例》和《中国共产党廉洁自律准则》，扎紧"制度铁笼"，准确把握运用好"四种形态"，严肃执纪问责，牢牢守住公正司法、严防冤假错案和办案安全的底线。2014 年以来，州院纪检监察部门共计初核问题线索 14 件，立案 4 件 6 人，其中党纪处分 1 件 1 人，检纪处分 3 件 5 人，诫勉谈话 6 人，提醒谈话、批评教育 4 人，对 1 名不宜继续试用的正科长级干部，经考核提前结束试用期，按原职级安排工作。通过抓早抓小，使"红红脸"、"出出汗"成为常态，党纪轻处分，组织调整成为多数，在全州检察机关营造了遵纪守法的良好风气和风清气正的干事环境。

（五）坚决纠正"四风"，提升服务水平，打造作风过硬队伍

坚持围绕中心、服务大局，以落实中央八项规定、狠刹"四风"为主要内容，引导干警端正工作作风，不断提升新形势下服务大局的能力。

1. 聚焦学习教育，转作风鼓干劲。深入查摆和坚决纠正"四风"方面存在的突出问题，制定了黔西南州人民检察院《关于向惰政问责、提高机关效能的规定》，坚持把"当日事当日毕""谁主管谁负责"的工作理念和要求落到工作中。在"三严三实"专题教育中，坚持高标准、严要求，班子成员深入查找"不严不实"方面存在突出问题 11 个，制定整改措施 14 条，全面整改落实。干警的纪律作风、执行力和落实力得到有效提升。在全州"三严三实"专题研讨质量评估中，我院均被评估为"好"的等次。

2. 推行阳光检务，主动接受监督。全州两级院大力开展"检察长接待日""检察开放日"等活动，创造性地邀请代表、委员旁听重大职务犯罪案件庭审，主动接受代表、委员对检察工作的评议，面对面听取意见建议。近年来全州两级院主动向人大报告工作 32 项（次），及时办理回复省人大代表意见建议 12 条，对代表委员提出的意见建议做到 100% 整改答复。依托全国检察机

关案件信息公开系统，公布法律文书 1677 份、公布程序性案件信息 4428 条、公布重要案件信息 115 条，利用官方微博、微信、手机报等信息公开平台发布检察工作信息 1200 余条，做到让数据多跑路，群众少跑腿，最大限度方便人民群众。

3. 落实从优待检，优化成长环境。在严管队伍的同时，注重从优待检，从政治上、工作学习上和生活上关心关爱干警，有效激发干警爱岗敬业的工作热情。对政治素质过硬，业务能力精良的干警，悉心培养，大胆任用，搭建干事创业的平台，近两年来共提拔和调整中层干部 31 人。建立职工食堂，为干警提供卫生可口的饭菜，解决干警的后顾之忧。州院领导带头看望生病住院干警 30 余次，对 2 名困难干警进行了慰问。对存在夫妻两地分居情况的干警，积极帮助协调解决工作调动事宜。落实年度体检和带薪年休假制度，维护干部职工合法利益，使干警以院为家，安身立业。

4. 树立司法公信，努力打造检察良好形象。以争创"省级文明单位"为目标，统筹部署各类创建活动。州院和贞丰县院被评为"省级文明单位"。全州检察机关在诉讼监督、职务犯罪查办、刑事执行检察和案件质量评查等七个领域勇创全省第一，取得多个单项冠军。州院执检局获高检院"先进集体"表彰、州院督促起诉专项工作被省院荣记集体一等功、兴义市院被高检院荣记集体一等功、贞丰县院获全国先进基层检察院表彰。民行处龙正超同志获评 2015 年度"州级劳动模范"，并作为州内唯一的"全国优秀共产党员"候选人推荐上报。公诉局胡兴燕同志被评为"全国优秀公诉人"，其先进事迹在法治生活报上刊登宣传。全州检察机关"两微一端"宣传做到全覆盖，实现检察工作与社会舆论良性互动，检察机关的社会认知度和认同度不断提升。

三、检察队伍建设存在的问题和不足

我州检察队伍建设在看到成绩的同时，也应清醒地看到，还存在不少问题和短板，主要表现在：一是陈旧的司法理念、办案方式仍然树倒根存，面对新形势、新任务，检察队伍运用法治理念和法治方式做好检察工作的能力有待提高。二是不愿做、不敢做、不会做、不善做的问题还在一定范围内存在，工作浮在面上，在岗不履职的问题还没有得到根本解决。三是党风廉政建设"两个责任"落实还不够到位，效果层层递减，队伍违纪违法问题偶有发生。

四、检察队伍建设的下步打算

2016 年，我院将在省院和州委的坚强领导下，求实进取，持之以恒，继续从政治思想、业务素质、司法纪律和作风等方面加强全州检察队伍建设：一是紧紧围绕"四位一体"构建从严管理干部机制，重点从科学制定目标任务、精准落实岗位责任、推行绩效量化考评等方面入手，健全完善集激励保障、惩戒约束于一体的配套制度，推行"日填纪实、周建台账、月有调度、季度考评约谈、半年会诊、年度考评、信息化应用"的"七级管理"模式，着力解决过程管理和结果评价的有机统一，实现拿数据说话、靠本事吃饭，树立正确用人导向"定盘星"，努力做到全州检察干警在政治上同信，思想上同向，行动上同步。二是紧紧围绕"两学一做"和"三强三铁"主题教育开展，着力打造铁一般忠诚、铁一般法纪、铁一般担当的过硬检察队伍。三是紧紧围绕深化与国家检察官学院的校地合作，在教育培训、办案咨询、科研理论、信息共享等方面，积极探索互利共赢促发展的新型教育培训模式。四是积极配合州、县组织部门做好县市换届工作，切实履行协管职责，抓好基层院领导班子的调整配备。继续加大州院科级干部培养选拔力度，做到人尽其才、人尽其用，为检察事业长远发展提供强有力的组织保证。

深化认识　强化举措
确保民生资金保护专项工作取得实效

马　涛*

服务和保障民生，时刻保持同人民群众的血肉联系，是做好各项检察工作的基本方法。当前，脱贫攻坚到了啃硬骨头、攻城拔寨的冲刺阶段。打赢脱贫攻坚战，既需要党委政府凝神聚力，社会各界众志成城，也离不开司法部门强力保障。检察机关要坚持运用法治思维和法治方式，扎实开展民生资金保护专项工作（以下简称专项工作），筑牢扶贫开发的法治屏障，确保民生资金在阳光下运行。

一、专项工作是检察机关服务和保障民生的切入点和着力点

（一）开展专项工作是检察机关服务党和国家工作大局、保障扶贫攻坚政策落到实处的必然要求

发展为要，民生为本。十八届五中全会把推进扶贫开发列为"十三五"规划目标任务之一。2015 年 11 月召开的中央扶贫开发工作会指出，脱贫攻坚不仅关系到全面建成小康社会大局，也直接关系到全国现有 7000 多万农村贫困人口的切身利益。习近平总书记在会上强调："要立下愚公移山志，咬定目标、苦干实干，坚决打赢脱贫攻坚战，确保到 2020 年所有贫困地区和贫困人口一道迈入全面小康社会。"中央扶贫开发工作会议特别是习近平总书记的重要讲话精神，从战略和全局的高度，深刻阐述了推进脱贫攻坚的重大意义，明确了当前和今后一个时期扶贫开发工作的大政方针、目标任务、总体要求和重大举措。充分体现了党中央对民生工作的高度重视，凸显了保障和改善民生的坚强决心。

检察机关服务和保障民生就是要认真落实中央关于打赢脱贫攻坚战的决定，充分认识检察机关服务和保障扶贫开发工作的重大意义，把思想认识统一

---

* 贵州省黔南州人民检察院检察长。

到中央对扶贫开发工作的决策部署上来,在履行职能过程中通过具体、实在的措施服务和保障民生,使司法为民真正落到实处。

(二) 开展专项工作是检察机关践行司法为民宗旨、维护人民群众切身利益的重要体现

保障和改善民生是一个系统工程,需要凝聚全社会力量广泛参与,检察机关义不容辞。黔南是全省贫困人口相对较多的地区,十三五期间,黔南将举全州之力,把脱贫攻坚作为第一民生工程,大力实施省"1 + 10"和州"1 + 9"扶贫行动计划,坚决打赢易地扶贫搬迁、产业脱贫、绿色黔南建设、基础设施建设、民生兜底"五大攻坚战"。到 2018 年,现行标准下农村贫困人口基本脱贫,实现"两线合一",贫困县、贫困乡镇全部实现省定"减贫摘帽",836个贫困村出列,10 个片区县按国家标准退出;完成易地扶贫搬迁 26 万人。到2020 年,对返贫人口进行动态清零,全面巩固提升脱贫攻坚成果。

作为国家法律监督机关,检察机关虽然不直接参与群众的生产生活问题,但通过履行职能充分运用法律手段调整、规范人们在生产生活中结成的各种社会关系,缓解民生矛盾,破解民生难题,促使人民群众的生产生活沿着法治轨道健康运行,保证执法的社会效果和法律效果的统一。

(三) 开展专项工作是检察机关推进反腐倡廉建设、加强和改进检察工作的迫切需要

扶贫资金是贫困群众的"救命钱",一分一厘都不能乱花,更容不得动手脚、玩猫腻。在中央扶贫开发工作会议上,习近平总书记要求各级党政部门,"要加强扶贫资金阳光化管理,集中整治和查处扶贫领域的职务犯罪,对挤占挪用、层层截留、虚报冒领、挥霍浪费扶贫资金的要从严惩处"!查办和预防扶贫领域职务犯罪,是检察机关服务和保障扶贫开发工作的重要举措,也是检察机关作为反腐败职能部门必须承担的重大责任。高检院曹建明检察长强调:"坚决查办社会事业、社会保障等民生领域的职务犯罪,重点查办和预防虚报冒领、截留私分扶贫资金的职务犯罪。"

检察机关服务和保障民生,必须要找准切入点和着力点,才能把住脉搏,做到有的放矢,这个关键点就是保障民生资金安全。民生领域是财政投入的重点,在大扶贫攻坚战中,扶贫资金投入会更大、项目会更多。但是,从近年来检察机关办案情况来看,民生领域职务犯罪十分突出。开展专项工作,不仅是服务脱贫攻坚战略实施的重要途径,也是落实中央反腐败斗争决策部署,坚持"老虎"、"苍蝇"一起打的重大举措,保障扶贫政策和资金落实到位,为打赢脱贫攻坚战提供有力的司法保障。

二、讲究工作方式方法，提高专项工作的能力和水平

（一）强化民生意识，践行民生司法

民生是人民幸福之基、社会和谐之本。党的十八大以来，党中央始终把保障和改善民生放在更加突出的位置，加快缩小区域和群体之间的差距，努力实现人民生活水平，特别是幸福感和获得感的显著提升，保障人民更多、更公平、更实在地共享发展改革成果。民生问题是人民群众最关心、最直接、最现实的利益问题。围绕民生资金安全开展检察工作，就是检察机关关注民生，自觉把人民群众关注的热点、注意的焦点作为检察工作重点和方向的体现。民生工程是一个系统工程，在法治层面需要司法元素的介入。检察机关作为法律监督机关，具有服务和保障民生的天然优势。

当前，检察机关服务和保障民生就是要切实把扶贫攻坚作为重大政治任务和民生工程，自觉服务国家扶贫开发工作大局，充分认识检察机关服务和保障扶贫开发工作的重大意义，把思想认识统一到中央对扶贫开发工作的决策部署上来。坚决防止专项工作"无用论""无关论"思想，坚决克服专项活动"疲劳症""歇脚症"，把专项工作摆到重要位置，综合运用打击、预防、监督、教育、保护等措施，维护国家扶贫政策的严肃性，保障扶贫资金的安全性。

（二）坚持法治思维，转变司法理念

准确把握法律政策界限，严格执行宽严相济刑事政策。在专项工作中，检察机关严厉打击刑事犯罪，既要坚持充分履行职能、严格依法办案，又要慎重把握办案节奏和时机，防止办案给企业正常生产经营活动造成负面影响。要坚持宽严相济、区别对待，对于犯罪情节严重、影响恶劣、民众反映强烈的坚决依法严厉查处；对犯罪情节轻微，能够真诚悔过特别是主动投案自首、具有立功表现的依法从宽处理，尽可能地化消极因素为积极因素，促进社会和谐。要全面客观收集、固定证据，准确区分罪与非罪，保证案件质量和办案安全，努力使每一起案件都经得起历史检验。要慎重对待改革发展中出现的新情况、新问题，对法律政策规定不明确的，要按照有利于改革发展的原则妥善处理。

要讲究办案的方式方法，规范司法行为。贯彻落实高检院保障和促进非公有制经济健康发展的 18 条意见，注意区分"五个界限"（经济纠纷与经济犯罪的界限、改革探索出现偏差与钻改革空子实施犯罪的界限、合法经营收入与违法犯罪所得的界限、单位犯罪与个人犯罪的界限、不正当经济活动与违法犯罪的界限），依法平等保护企业权益；坚持"三个慎重"（慎重拘留逮捕企业管理者和关键岗位人员，确需拘留逮捕的，提前与涉案企业或主管部门沟通，

帮助做好生产经营衔接工作；慎重查封扣押冻结涉案财物，避免引发或加剧企业经营风险；慎重考虑办案方式和时机，维护企业形象和声誉），从源头防范冤假错案。特别是在涉案款物的追缴与处理上，既要依法积极追赃，又要依法及时返还，应当发还给群众的款项必须尽早发还，绝不允许检察人员受利益驱动损害群众利益。

（三）提升执法能力，有效服务民生

强化队伍建设，增强服务专项工作的本领。加强培训，要将"执法就是打击"的观念转变为"执法就是服务"的思想。进行岗位练兵，着重培养法律职业思维。加强执法谋略、技巧和对策的研究，提高审讯、取证和运用科技手段办案的水平，增强突破案件的能力。要善于总结和把握办案规律，大胆探索，勇于实践，以公正的办案来服务民生。在办理民生领域案件中，引导干警准确把握立法精神，透彻理解民生法治的理念，找准案件的关键和本质，增强分析判断能力、综合统筹能力和化解社会矛盾的能力，营造刻苦钻研法理和探讨法律应用的浓厚氛围，深化队伍的专业化水平。围绕民生资金保护案件所涉及的法律应用、综治与维稳、执法效果与社会效果统一等问题展开学习大讨论和理论研究，善于总结和提炼办案经验，有效增强专项工作的针对性和实效性。

推进管理绩效化，完善督察考评机制。衡量专项工作绩效，既要看办案数量，更要看办案质量；既要讲求工作效率，更要注重司法规范。夯实专项工作的质量底线，提升队伍的整体法律监督能力。要加强工作督察，对工作开展好的地区，要及时总结推广经验；对工作进展缓慢的地方，要派出督察组帮助查找问题，分析原因，制定措施，限期改进。完善专项工作考评制度，表扬先进、鞭策中间、督导后进，对工作不力的要督办、要约谈、要通报、要问责，帮助扭转被动局面，推动专项工作均衡发展。

三、切实履行检察职能，全面深入开展专项工作

（一）畅通线索来源渠道，健全群众诉求表达机制

广泛发动群众举报犯罪。检察机关开展专项活动取得成功的一条重要经验就是注重广泛宣传和发动群众，要继续坚持这一好的做法，坚持走群众路线，深入到乡村和群众当中，宣传检察机关在保护民生资金安全方面的职能作用，宣传专项工作查办重点案件的立案标准、举报渠道、办案规范以及查办的典型案例，广泛宣传发动群众，营造良好的执法环境。专项工作期间，要充分采取新闻发布、公益广告、图片展览、法律咨询等多种形式，连续不断地开展宣传

活动。上下联动，检民互动，及时公布举报电话和设置举报信箱，发动群众踊跃举报。充分运用网上举报、电话举报和视频接访系统，继续推行检察长接待日、重点信访案件检察干警主动下访、领导包案等制度，开通网上申诉平台，开展涉检信访积案集中清理活动等，不断拓宽群众表达诉求渠道，确保民生资金领域涉检信访得到有效化解。

认真排查评估举报线索。切实把线索初查工作做深做细，充分提高线索的利用率和初查的成案率。对已经突破的案件，要注意案中案、案外案，努力办大案、窝案、串案，积极扩大办案成果。同时，要创新办案方式，通过对有关涉农资金使用情况的理性分析，从中察微析疑、发现犯罪。对实名举报要做到件件有落实、有回音，用我们的认真态度和查办案件的工作成效取信于民，取得人民群众的支持。

推行释法说理机制。积极开展案件说理机制，对不批捕、不起诉、不抗诉案件，及时向当事人进行说理解释，耐心疏导，既要解开当事人的法结，又要解开当事人的心结，从源头上化解矛盾纠纷。在办好案件的同时，认真做好群众工作，妥善处理情、理、法的关系，努力化解社会矛盾纠纷，维护好农村和谐稳定。

（二）突出办案工作重点，严肃查办职务犯罪

高度关注重点人群。农村是扶贫的主战场，大量民生资金将流向农村。村镇干部直接面对农民群众，一旦发生腐败问题，不仅直接侵害农民群众利益，而且严重损害党群干群关系，很容易引发不稳定因素。从检察机关近年查办的案件看，当前乡镇党政负责人和"村官"涉农职务犯罪问题比较突出，有的甚至是蛇鼠一窝、集体作案，农民群众反映强烈。总书记在十八届中央纪委五次全会上强调，基层党风廉政建设状况比以往有明显好转，但违纪违法、侵犯群众权益的问题仍然不少。这些都是农民群众最反感、最痛恨的问题。"蝇贪"成群、其害如"虎"；"老虎"要打，"苍蝇"也要打。村镇干部职务犯罪问题一定不能忽视。

紧盯重点领域环节。民生资金量大面广，但检力有限，不能漫天撒网、"眉毛胡子一把抓"，要聚焦民生资金分配、项目申报、审核审批、发放管理、项目实施、检查验收等重点环节，聚焦截留私分、贪污挪用、虚报冒领、骗取套取民生资金的贪污案件和资金监管中发生的渎职案件，打好"歼灭战"。一要紧紧围绕"产业脱贫一批"，严肃查办侵犯小微企业、自主创业者合法权益的职务犯罪，保障有劳动能力的贫困人员依靠自己的双手、立足当地资源就地脱贫。二要紧紧围绕"异地搬迁脱贫一批"，严肃查办搬迁资金发放、安置区建设、搬迁群众就业等环节职务犯罪，切实维护搬迁群众的合法权益。三要紧

紧围绕"绿色黔南建设脱贫一批",严肃查办退耕还林还草、重大林业生态、受污染耕地水源修复等工程中的职务犯罪,加大贫困地区生态环境司法保护力度。四要紧紧围绕"基础设施建设脱贫一批",严肃查办基础设施建设领域职务犯罪,尤其是改善农村水、电、路、网过程中的贪污挪用、渎职犯罪。五要紧紧围绕"社会保障兜底一批",严肃查办危房改造、新农合、新农保、农村低保等领域职务犯罪,真正让贫困群体享受到社会保障兜底。

加强重点案件查办工作。对于涉案人员系单位主要领导、涉案金额大、涉案人员多的重大案件,组织精兵强将、集中办案力量,确保案件顺利突破,证据及时固定到位。对于下级院办理的干扰阻力大、突破有困难的案件,采取督办、参办、提办或者指定异地管辖等方式,帮助排除干扰阻力,保证案件顺利查处。

加强经验总结提炼。以民生领域职务犯罪规律特点、侦查经验的总结和信息交流,推动办案工作开展。侦破的新领域、新类型、新手段的职务犯罪案件,要及时总结上报,及时转发推广,供其他院学习借鉴。对于在相关领域带有一定普遍性的现象,要在深入调查研究的基础上,统一部署开展小专项行动,对相关犯罪进行集中查处。

(三) 加强外部联系协调,增强预防工作实效

加强与相关部门的联系协调。专项工作涉及面广,政策性强,情况复杂。要认真贯彻执行高检院与有关部门出台的《关于查办和预防涉农惠民领域职务犯罪工作中加强协作配合的通知》精神,加强与财政、农工、水利、民政、住建、教育、扶贫等部门的协作,主动通报专项工作部署和开展情况,了解掌握相关政策,建立线索移送、办案协作和共同预防等工作机制,形成工作合力。及时召开相关领域主管部门负责人联席会议,及时通报专项工作的具体部署,取得有关部门的配合与支持,为专项工作创造良好的执法环境。树立"互联网 + 检察"的工作思路,依托互联网和电子政务网络系统,推动民生资金监管大数据平台建设和数据录入。接入民生资金监管系统端口,实现民生资金申请、审核、发放的全程动态监督,做到"阳光公开",有效防止基层干部发放民生资金"暗箱操作",切实从源头上预防危害民生资金职务犯罪的发生。

扎实开展预防工作。要把预防民生资金安全领域职务犯罪工作作为专项工作的一个重要组成部分。一是充分发挥专题(专项)报告的积极作用,加强对犯罪规律的总结分析和前瞻性的专题调查研究。要与扶贫部门共同选择集中连片特殊困难地区或易地搬迁脱贫的重点地区,就加强和改进专项扶贫资金监督工作进行合作,建立预警机制,加强事前防范。二是坚持惩防并举、注重预

防。预防部门要加强与自侦部门的协作配合，深入剖析典型案件，总结案件规律特点和发案原因，针对民生资金分配、使用、管理等环节存在的漏洞和制度缺陷等，积极向党委政府及相关主管部门提出检察建议，推动制度完善和机制创新。三是围绕重大民生项目开展预防。主动介入当地重大民生项目，充分发挥预防检察建议的作用，帮助排查风险、堵漏建制，推动健全完善民生资金管理制度和监督机制。四是要利用开展专项工作的有利时机，积极开展法制宣传和警示教育，强化扶贫部门、乡镇站所和农村基层组织人员的廉洁意识和法制观念，减少职务犯罪的发生。

（四）参与社会综合治理，打击刑事犯罪

严厉打击危害民生资金安全的刑事犯罪。依法打击严重破坏社会治安的犯罪，不断提高人民群众的安全感；打击严重破坏社会主义市场经济秩序的犯罪，维护良好的市场经济秩序；打击"黄、赌、毒"等危害社会管理秩序和社会主义精神文明建设犯罪，不断净化社会风气；打击制售伪劣粮种、药品、食品等严重侵害人民群众生产生活的犯罪，切实维护消费者合法权益。

强化监督的措施，增强监督效果，保障民生实效。密切关注群众反映强烈、影响社会和谐的执法不严、司法不公等问题，纠正有案不立、有罪不究、以罚代刑、违法办案、刑讯逼供、裁判不公等情形，切实提升法律监督工作的层次和水平。强化对涉及土地流转、劳动争议、救助补助等民事审判和行政诉讼活动的监督，探索实行对生活确有困难的被害人的司法救助，体现司法的人文关怀。

实务研究

浅谈监狱系统预防职务犯罪工作

魏 冀*

如何在检察机关与刑罚执行机关之间形成合力，有效防范监管场所职务犯罪发生，有力维护刑罚执行公平正义，切实维护被监管人员合法权益，随着监狱系列案件的曝光，群众关注的增强，这一问题成为当前刑事执行检察必须直视的问题。

一、在监狱系统积极开展预防职务犯罪工作符合中央精神

坚持标本兼治、综合治理、惩防并举、注重预防，将党风廉政建设和反腐败斗争引向深入是党中央治理腐败的基本方针。监狱与检察机关一样，在我国同属政法机关，是推进依法治国与维护社会和谐稳定的重要力量。预防其系统内的职务犯罪对于维护社会公平与正义、维护司法权威，推进依法治国具有更加重要的意义。

党的十八大和十八届三中全会作出了全面推进惩治和预防腐败体系建设的重要部署。习近平总书记在与出席十二届全国人大一次会议的江苏代表一起审议政府工作报告时，在听取南京市检察院职务犯罪预防局长林志梅代表发言后说，"预防职务犯罪出生产力，我很以为然"，他在十八届中央纪委二次全会上发表重要讲话强调，要更加科学有效地防治腐败，坚定不移把反腐倡廉建设引向深入。要把权力关进制度的笼子里，形成不敢腐的惩戒机制、不能腐的防范机制、不易腐的保障机制。习近平总书记还提到"加强对典型案例的

---

* 贵州省贵阳市筑城地区人民检察院检察长。

剖析……最大限度减少体制缺陷和制度漏洞",这些论断,无不凸显预防工作的重要地位。

当前,司法不公、司法腐败是广大人民群众意见较大、反映强烈的一个社会热点问题。监狱作为司法机关的一部分,也在所难免。健力宝集团原董事长张海系列减刑舞弊案、2014 年年底曝光的黑龙江省讷河监狱在押罪犯利用微信诈骗案这些典型事件,无不将监狱系统的腐败问题从幕后推向台前,并在全国监狱系统敲响了警钟。因此,在监狱系统进一步深入开展职务犯罪预防工作是形势使然。当前,我们要抓住各单位落实"两个责任"带来的良好工作氛围,抢抓机遇,立足检察职能,与各监管单位形成合力,共同开展预防工作,充分发挥预防工作在保护干部、减少犯罪、从源头遏制腐败等方面的功能作用。

二、刑罚执行监督深入开展需要借助预防职务犯罪工作

检察机关作为打击职务犯罪的专门机关,在查办监管场所职务犯罪方面成绩显著,既查处了一批职务犯罪案件,也通过查办案件树立起检察机关的威信,有效推动了其他法律监督的开展。例如,筑城检察院作为新成立的刑事执行专门检察院,2008 年 6 月成立以来,共查办了贪污贿赂、渎职侵权职务犯罪 22 件 22 人,其中查办的监狱干警职工为 19 人。查办这些案件,在监狱系统内引起不小的震动,起到一定的震慑作用,为筑城院与监狱形成良好的监督与配合关系奠定了基础。但是,由于年均查办案件量不大,有影响的大案、要案极少,案由的单一,通过打击来震慑和预防犯罪的效果并不明显,通过查处职务犯罪使得监狱增强接受监督的自觉性的作用也不明显。这在没有发过案的单位更加突出,不能从根本上认识到检察机关法律监督的合法性、必要性和重要性。之所以有这种消极思想的产生,与宣传不足有关,还与沟通交流不够有关,与工作成效不明显有关。随着时间的推移以及形势的变化,依靠查办职务犯罪案件来打开刑事执行检察工作局面已显得举步维艰,刑事执行检察工作需要新思维新举措来推进。在监狱积极开展预防职务犯罪工作,促进双方在同一平台上加强沟通和交流,增强认识的统一,借此推动其他刑罚执行监督工作开展。在监管场所遏制和预防职务犯罪,推动刑罚执行监督工作深入开展,就要增强服务意识、大局意识、法治意识,站在监狱系统的立场上,利用检察机关查办职务犯罪的优势,积极消除监管场所职务犯罪的诱发因素,彻底铲除滋长职务犯罪的土壤和生长条件,从根本上维护罪犯的合法权益和监管场所秩序稳定,帮助监狱将反腐败工作推向深入。

三、开展职务犯罪预防工作，必须遵循正确的工作原则

在刑罚执行机关深入开展职务犯罪预防工作，是深入贯彻落实创新、协调、绿色、开放、共享的发展理念的一项举措，检察机关和刑罚执行机关要积极寻求合作的渠道，建立常态化的工作机制，为下一步找准和补齐短板，不断深化源头预防开好头，并奠定良好的基础。为此，检察机关在预防工作中必须坚持以下原则：

一是坚持标本兼治的反腐败方针。对监管场所职务犯罪实行综合治理，在努力做到对职务犯罪发现一起，查办一起，打击一起，保证对查办职务犯罪毫不手软的同时，注重源头治理，认真剖析发案原因，积极对加强监狱管理建言献策。

二是坚持党的领导。开展职务犯罪预防工作，需要依靠社会力量和群众参与，仅凭检察机关本身不可能完成。因此，必须自觉将预防工作置于监狱党委党风廉政建设和反腐败的整体格局中，积极争取各监狱党委的支持和配合，推动建立党委（组）领导下的预防职务犯罪工作领导小组，完善预防工作领导体制，建立案件信息通报制度、预防提前介入制度，与监狱实现信息共享、同步预防，使预防工作更加及时，预防对策更具有针对性。

三是坚持大局意识。在我国现阶段，全面建设小康社会、构建社会主义和谐社会，是党和国家的工作大局，检察工作要服从和服务于这个大局，自觉地把各项工作融入其中。曹建明检察长在 2015 年全国刑事执行检察工作会议上强调，要更加注重维护刑事执行公平公正、更加注重维护刑事执行场所监管秩序稳定、更加注重维护刑事被执行人合法权益、更加注重维护社会和谐稳定。当前，推动刑事执行检察工作全面发展，关键是要深入贯彻十八届四中全会精神和习近平总书记关于依法治国重要论述，全面理解贯彻"四个维护"，以司法理念的提升促进公正司法能力和水平的提升。我们在创新工作机制中，要充分体现检察机关履行法律监督职责，其根本目的与监管机关是一致的，充分考虑法律效果和社会效果的统一。

四是坚持立足于刑事执行检察职能。要紧密结合查办监管场所职务犯罪，办理罪犯再犯罪案件，以及开展日常安全检察和事故调查中发现的苗头性倾向性问题，及时对监管单位提出有针对性的加强和改进管理的措施，切实做到防患于未然。正确把握好职能定位，坚决做到预防工作到位不越位，参与不干预，绝对不能插手、干涉监管工作。

四、找准预防的重点

党的十八届四中全会对全面推进依法治国作出了总体安排部署，其中强调要推进严格司法、加强人权保障、加强对司法活动的监督；要严格规范减刑、假释和保外就医程序，强化监督制度。高检院领导先后多次对减刑、假释、暂予监外执行中存在的严重影响司法公正的问题作出批示，要求杜绝司法腐败、加强法律监督，提高司法公信力。2015 年 11 月，曹建明检察长在给全国人大常委会所作的刑罚执行监督工作情况专题报告中，提出要进一步加强对刑罚执行各个刑种、各个环节的监督。根据以上要求，下一步在刑罚执行机关的行业系统预防工作，要突出以下重点：

一是积极防范减刑、假释、暂予监外执行案件的提请、审理、裁定、决定、执行等各个环节发生徇私舞弊、权钱交易行为。对服刑人员中的职务犯罪、金融犯罪、涉黑犯罪"三类罪犯"异地调监、计分考核、立功奖励、病情鉴定等环节要通过建议监狱完善相关制度、加强狱务公开、扩大公示范围等，避免暗箱操作，最大限度实现以公开促公正。

二是积极防范发生对服刑人员违法使用警戒具、采取禁闭措施，以及对服刑人员进行殴打、体罚虐待的行为。保障罪犯的合法权益，是检察机关刑罚执行监督的一项重要职责，我们要通过对监管民警加强职务犯罪预防教育，对罪犯加强以合法手段进行自我保护的教育，积极防范监管民警渎职侵权犯罪的发生，切实保障罪犯合法权益。

三是积极防范在大宗食品、医药卫生用品等采购，以及监狱基础设施建设中发生贪污贿赂职务犯罪。2016 年，是"十三五"开局之年，中央提出要促进完善法治化的营商环境、加大对涉及民生领域犯罪的惩治和预防机制的建设。罪犯虽然因犯罪被判处刑罚失去人身自由，但是其作为公民仍然享有基本人权，国家保证其基本的衣、食、住。所以，从净化商业环境、保障罪犯基本人权出发，要积极开展对大宗物品采购、重大工程建设的专项预防，确保资金安全、高效使用，干部廉洁履职。

四是注重防范监狱企业生产经营活动中发生经济犯罪活动和安全责任事故。监狱企业由于性质特殊，长期封闭运行，接受社会监督少，如果企业管理人员思想上稍有松懈，极易发生贪污贿赂挪用公款犯罪和玩忽职守犯罪。近年来，随着城市布局规划的调整，政府加大了对监狱基础设施建设的投入，检察机关有职责监督这些资金得到高效利用。

五、预防工作中要注意处理好两个关系

"标本兼治、综合治理、惩防并举、注重预防"是中央关于惩治和预防腐败的基本方针，是从源头上防治腐败的根本举措。在刑罚执行机关开展职务犯罪预防工作，必须坚持以查办职务犯罪为预防的刚性手段，在查办犯罪的基础上，积极为刑罚执行机关进一步完善管理机制、堵塞漏洞建言献策，最大限度防范职务犯罪发生。工作中，应注意正确处理以下两个关系：

一是正确处理查办案件与预防工作的关系。查办和预防职务犯罪是检察机关基本职责，也是检察机关贯彻中央关于反腐败要标本兼治、综合治理的根本措施，两者相互促进，不可偏废。打击的根本目的是预防，也有利于预防。从当前司法腐败形势较为严峻来看，打击仍然是最好的预防手段，有利于形成对职务犯罪的高压态势，同时，通过对典型案件的剖析，还有利于找到针对性强的预防对策。2016年高检院刑事执行检察厅已做出部署，要重点查处违法减刑假释暂予监外执行、重大监管事故、严重侵犯刑事被执行人合法权益等问题背后的职务犯罪案件，着力查办大案要案。所以，我们不能因为要加强预防工作，就放松甚至忽视了对职务犯罪的查办。当然，也不能只抓查办案件和只停留于对案件的查办上，要积极开展"一案一建议"、典型案例剖析、法制宣讲、举办查办案件成果展等多种形式预防工作，力求取得"查办一案，防范一片"的效果。

二是正确处理开展预防工作中与刑罚执行机关的关系。在开展职务犯罪预防工作中，检察机关与刑罚执行机关之间是一种指导、服务与合作的关系。检察机关因为查办职务犯罪的关系，能够更全面和深入地掌握犯罪原因和规律，可以向刑罚执行机关提出更有针对性的预防对策，因此，检察机关应充分发挥职能作用，积极主动指导和服务刑罚执行机关预防工作的开展。预防工作离不开刑罚执行机关的支持和配合，而刑罚执行机关若要在职务犯罪预防上取得实效的话，也离不开检察机关的指导和推动。要充分认识检察机关与刑罚执行机关在预防职务犯罪工作中加强联系配合的重要性，切实加强领导，密切协作配合，加大工作力度，推动刑事执行领域预防职务犯罪工作取得新成效。

对非法取证的诉讼监督及法律适用

卢世华[*]

近年来，一桩桩的冤案浮出水面，那些曾经被认定的铁一般的证据在现实面前不攻自破，碎的不容拾起一点残渣。看着那一幕幕骨肉分离、家破人亡的悲剧，让笔者不得不思考，到底是什么让他们含冤入狱？那些铁一般的证据由何而来？又如何坐实了量刑证据的位子？答案只有一个，我国司法实践中存在非法取证的现象。

一、非法取证现状微观

所谓非法取证，是指有资格收集证据的主体以非法手段收集证据，或是收集证据的程序有瑕疵。非法取证手段呈现多样化，有的威逼利诱，有的隐匿窝藏，更有甚者是刑讯逼供。

近年来，我国在非法证据排除方面做了很多努力，特别是在立法方面有了长足进步，2010 年"两院三部"联合颁布了《关于办理刑事案件排除非法证据若干问题的规定》和《关于办理死刑案件审查判断证据若干问题的规定》，将采用刑讯逼供等非法手段取得的犯罪嫌疑人、被告人供述和采用暴力、威胁等非法手段取得的证人证言、被害人陈述的非法言词证据予以排除，不得用于定案。对于法院对被害人供述合法性有疑问的，公诉人应当提供必要证据证明其合法性。物证、书证的取得明显违反法律规定，可能影响公正审判的，应当予以补正或者作出合理解释。我国刑事诉讼法还规定：对一切案件的判处都要重证据，重调查研究，不轻信口供。只有被告人陈述，没有其他证据的，不能认定被告人有罪和处以刑罚；没有被告人陈述，证据确实、充分的，可以认定被告人有罪和处以刑罚。一个个冤假错案得以平反，如内蒙古的"呼格案"，浙江省的"张氏叔侄案"以及贵州省的"杨明案"，说明我国非法证据排除制度建设正日新月异，法治化进程进一步提升。

---

* 贵州省安顺市镇宁县人民检察院检察长。

更值得注意的是，我国 2012 年修订刑事诉讼法已将不自证其罪写入刑事诉讼法，至此，我国对非法证据的各方面限制又向前跨出了一大步，但杜绝非法取证还永远在路上。

二、非法取证存在的原因分析

党的十八大以来，国家层面及"两高"均出台了一系列禁止和排除非法证据的规定和司法解释，法治文明进一步提升，但是，在我国非法取证依然存在，这存在诸多方面的因素，其中影响较重的有以下几个方面：

（一）历史原因

首先，我国历来是个控诉审不分离的国家，历史上更是有诸多三司会审的案例；其次，司法行政一体化，司法权在行政权的高压下支离破碎，不见半点威严，多少文臣武将冤死在这样的体制之下，长孙无忌、岳飞等都是在行政"审判"下获罪就法；最后，刑讯逼供的程序化是有罪推定最直接的体现。在这样的法律文化氛围的孕育下，非法取证的种子在侦查人员的心中已然深埋。

（二）现实因素

首先，司法人员的考核机制存在不足，司法实践中，司法机关各有一套考核标准，在这些考核标准中，破案率、上诉率、抗诉率位列其中，考核机制标准不够，但却指标化了，与实践要求背道而驰。其次，司法受行政和舆论左右。公安机关本就是行政机关，受到行政干预是必然的事；检察机关受到上一级机关的干预；还有政法委统领公、检、法三家。司法机关在重重机制之下，独立性明显不足。再次，司法没有明确的分工，刑事诉讼法规定案件的侦查由公安机关进行，但检察机关也保留了部分特殊案件的侦查权，也保留了法官的取证权，没有明确的分工导致监督机制难以实施，导致责任的推诿和争抢，非法取证在这样的机制之下"应运而生"。复次，证据资源的有限性和证明事实之间证据数量和证据强度的矛盾。最后，司法人员的职业素质与司法需求存在矛盾，司法人员的职业素质低于司法要求。

（三）法律机制不健全

首先，没有落实相应的法律原则，如不得自证其罪、无罪推定等，从而使非法证据排除受到很大的限制。其次，没有建立非法证据适用后犯罪嫌疑人、被告人的救济途径。最后，没有对取证主体和程序作出详细规定，在我国非法取证的主体规定为侦查人员，但取证主体却不仅限于侦查人员。

（四）侦查人员素质参差不齐

深化司法体制改革，加快建设公正高效权威的社会主义司法制度，维护人民权益,让人民群众在每一起司法案件中都感受到公平正义。法治中国的建设和检察制度改革,特别是检察官职业化建设对检察官的素养和能力提出更高的要求。在这样的需求背景下,侦查人员素质参差不齐问题突出。以镇宁县检察院为例,反贪、反渎侦查人员共 7 人,最高学历为本科学历,从事自侦工作 5 年以上的仅 4 人,其余 3 人中从事自侦工作时间最长不过一年半。就侦查人员而言,除了要有较高的法律素养,还要有一定的经济财务知识,要有丰富的社会阅历和社会经验,要有察觉蛛丝马迹的本领,才能侦破日益复杂的贪污贿赂案件。如何建设一支高素质的侦查队伍,已成为摆在我们面前的一个重要课题。

(五)案多人少矛盾突出

近年来,随着社会经济的迅猛发展,社会矛盾日益凸显。各类违法犯罪案件呈现逐年上升趋势。检察机关肩负的责任和承担的工作任务越来越重。多年来案多人少、办案力量不足,一直是基层检察院比较突出的问题。随着中央反腐败工作力度不断加大,反贪部门力量不足的问题越来越凸显,结合我院实际,每办理一起案件,不得不举全院之力,抽调其他各科室人员参与办案,特别是修改后的《刑事诉讼法》和《民事诉讼法》实施以来,工作职能增加致使工作量增大。办案力量不足,不仅影响本职工作的开展,还影响其他工作的有效发挥和齐头并进。案多人少的矛盾突出。

三、对非法取证的诉讼监督及法律适用探索

刑事司法中的非法取证是一颗不断制造冤案的"毒瘤",是司法公正和保障人权的劲敌,也是法治文明的体现。在司法实践中,笔者认为,如何对非法取证的诉讼监督及法律适用,应做到以下几个方面:

(一)建立完善的法律制度

1. 严格落实不得自证其罪的规定。不得自证其罪和沉默权是针对刑讯逼供提出的,近年来,我国已作出相关的规定,在 2010 年 5 月"两院三部"共同颁布的"两个证据"和 2012 年的刑事诉讼法中都作出了相应的规定。我国《刑事诉讼法》第 50 条规定的不得强迫任何人证明自己有罪,综观我国的冤案,我们都能找到刑讯逼供的影子,在冤案中都演绎着或轻或重的角色。不得强迫自证其罪的规定一出,任何人不得强迫犯罪嫌疑人作出有罪供述。但是,与此条相对的,我国《刑事诉讼法》保留了第 118 条的"犯罪嫌疑人对侦查人员的提问应当如实回答",从而规定了犯罪嫌疑人有如实回答的义务。那么,我国的刑事诉讼中犯罪嫌疑人、被告人是否有沉默权呢?我们依旧在等待

最高人民法院作出司法解释或是发布指导性判例。"在对待犯罪嫌疑人、被告人陈述的问题上，比较科学的做法是：尊重沉默，即允许犯罪嫌疑人、被告人行使沉默权，并按照刑法规定的基准刑量刑；鼓励坦白，将此作为可以从宽处罚的量刑情节；惩罚说谎，将此作为可以从重处罚的量刑情节。"[①]

2. 严格落实无罪推定。我国《刑事诉讼法》第 12 条规定"未经人民法院依法判决，对任何人不得确定有罪"。据此，在司法实践中，落实无罪推定是实现司法公正和保障人权的重要保证。但在司法实践中，总会有诸多因素阻却，使得定罪量刑几经周折，证据资源的有限性就是其中之一。"探求不可逆的历史事实，受到价值理性的主观性限制，也受到事实反映性程度的客观限制，用于证明的资源十分有限，因此，事实证明的需要与证明资源有限性的矛盾，是证据法中的基本矛盾。"[②] 由此看来，证据法的基本矛盾已成为非法取证客观上的驱动力之一，可能有人会说，难道就因为这样而让犯罪分子逍遥法外了吗？其实不然，非法取证本就是违法行为，如果我们允许司法机关用一种违法手段来证明一个犯罪行为，这无疑是对司法权空间的放纵。"任何权力都必须受到规范和制约，权力不加约束和监督就会犹如脱缰野马一样无法控制，司法权也不例外。在刑事程序法上，最重要的是要落实好'有利于被告'的精神和疑罪从无的规则，确保专门机关的权力在程序法制的轨道上有序运行。"[③] 较于司法实践中的"宁枉毋纵"和"宁纵毋枉"而言，我们追求的终极目标当然是"不枉不纵"。但现阶段的司法现实不可能做到，权衡之下"宁纵毋枉"更符合我国社会主义法治理念建设的价值取向和要求。因此，只有落实好疑罪从无的精神，才能不冤枉无辜，才能避免佘祥林、赵作海、聂树斌等悲剧再度上演，从根本上维护和保障人权。

3. 对刑事侦查证据的取证主体作出详细严格规定。不允许与案件没有联系的其他主体拥有取证权，排除其他非法取证存在的可能。其中对我国刑事诉讼法规定的行政主体在行政执法中取得的证据可以在刑事审判中使用的规定，应该予以限制，不让行政取证在刑事司法中干扰司法公正。

4. 建立非法证据适用后被告人的救济途径。法谚云："无救济则无权利。"非法证据排除规则中的审判救济主要包括两个方面：一是被告人及其辩护人向法庭提出启动非法证据调查程序的申请；二是非法证据排除规则是否能辐射到

---

① 陈学权：《比较法视野下我国不被强迫自证其罪之解释》，载《比较法研究》2013年第 5 期。

② 龙宗智：《证据法的理念、制度与方法》，法律出版社 2008 年版，第 3 页。

③ 沈德咏：《疑罪从无》，载《中国法学》2013 年第 5 期。

二审之中，通过二审对一审的监督，从而更好地保障诉讼参与人的权益。笔者认为，应当建立完善处理机制和救济机制。如果法庭采纳当事人的非法证据排除申请，应当在法庭调查阶段和裁判文书中阐明理由。对当事人在庭前或者庭审过程中提出申请，但不能提供任何证据或者线索，或者虽然提供线索，但法庭认为该证据合法，可以口头驳回并在裁判文书中阐述。如果非法证据排除的申请是因为对一审的处理结果不服而在上诉、抗诉中提出，或者是在二审中提出，二审法院经审查认为构成非法证据，应区分不同情况处理：原审应当启动非法证据排除程序而未启动，应撤销原判，发回重审。原审对非法证据排除申请做了处理，但认为不属于非法证据的，可以发回重审，也可在查明事实后直接改判。关于救济机制，但笔者认为，如果被告人对非法证据排除的裁决不服，可以在上诉中提出；如果检察院对非法证据排除的裁决不服，则可以在抗诉中提出。

（二）加强法律教育的普及和对司法人员法律素养的提高

我国公民受诸多因素的影响，法律意识还很薄弱。在今后的司法工作中，可以加大法律普及的力度，让公民有维权意识，并监督司法的执行。同时，应加强对司法人员的继续教育，提高职业素质，摒除历史遗留因素及现实因素的影响，让法律能正确地实施，还可以用司法人员专业知识弥补法律滞后性的缺失。

（三）完善司法机制

1. 司法权不受干涉。司法权不受干涉是司法公正的前提和必然性要求，从实践中来看，司法权不受干涉不但要求司法权独立于行政机关，而且要求独立于社会舆论。这一司法原则需要在公安机关的刑事侦查活动中得到严格落实。原因有三：首先，公安机关属于行政机关，公安机关的刑事侦查人员必定会受到公安机关内部组织机制的牵制，不难怀疑，这会成为行政干预司法的巨大隐患；其次，公安刑事侦查人员是最接近案件事实的人员之一，他们所作出的判断会成为案件走向的有力推动，受到舆论左右会使侦查人员心中公正的天平打偏，从而作出不利于被告人的判断；最后，"司法权不受干涉是司法公正实现的前提条件，直接决定着司法制度的价值取向，决定着司法公正能否成为司法制度构建和运行的价值理念"。① 侦查人员是审判证据的取证人，只有侦查人员的取证不受外界的干扰，才能保证接下来的审判活动在一个公正的前提

---

① 姚莉：《司法公正分析》，载《刑事诉讼法论文选粹》，中国法制出版社 2004 年版，第 142～143 页。

下进行。

2. 法官中立。法官中立是指在审判过程中，法官对待控辩双方始终保持公平公正、不偏不倚的态度。从我国现阶段的司法现状来看，"除了法官的人格外，没有其他东西可以保证实现正义"。① 法官对现实司法公正的重要性是有目共睹的，因此，更要规范法官的中立立场。首先，在审判前应限制法官接触证据，以免先入为主地形成潜意识，不经意地作出不公正的判断；其次，在质证环节，法官应始终保持中立，充分保证被告人的质证权的实现；最后，应限制法官取证，法官在司法中是个中立的裁判者，犯罪嫌疑人有罪或无罪的证据应该由负有举证责任的控辩双方收集。由此保证法官的中立立场。从而保证证据在审判阶段再次审查，保证非法证据充分排除在定罪量刑之外，将非法证据排除规则落到实处。

3. 处理好侦查权和公诉权的关系。在刑事诉讼活动中，侦查权和公诉权的关系是非常密切的，"一般来说，侦查被视作是提起公诉的必要准备，起诉或是不起诉则是侦查终结的法律处理。"② 侦查是公诉的必经程序，公诉是侦查的目的之一。两者相互制约，相互依存，只有处理好两者的关系，刑事诉讼活动才能公正有序地进行。在检察机关，某些案件的侦查权和公诉权同时行使，侦查人员和公诉人员受到同一组织机制的牵制，为同一组织主体服务，取证权和证据审查权落在一起，非法证据进入审判程序似乎来得比较容易。当然，世界其他大陆法系国家不乏检察机关同时拥有公诉权和侦查权的，比如日本。但这其中的弊端迟早会将检察机关的自行侦查权抽离，变为指挥和监督侦查。把检察机关的权力重心转移到公诉和诉讼监督上来。

① [美] 本明杰·卡多佐：《司法过程的性质》，苏力译，商务印书馆 2002 年版，第 8 页。

② 张穹主编：《公诉问题研究》，中国公安大学出版社 2000 年版，第 118~119 页。

基层检察机关检察委员会工作
存在的问题及对策建议

杜学坤[*]

检察委员会制度是具有中国特色的社会主义检察制度的重要组成部分，也是现阶段检察工作改革的重要内容之一。从多年的司法实践来看，这一制度对规范检察业务工作，促进检察事业科学发展都发挥了极其重要的作用。但在基层检察院，由于受思想观念、机构编制、人员素质等因素的影响，还有一些需要改进的地方，现笔者对此提出自己粗浅的一点看法。

一、当前基层检察院检察委员会工作存在的问题及原因分析

（一）检察委员会委员组成不够科学

根据《人民检察院检察委员会组织条例》第2条第1款的规定"各级人民检察院检察委员会由本院检察长、副检察长、检察委员会专职委员以及有关内设机构负责人组成"，委员的产生具有很强的行政特点，即前提是要具有"内设机构负责人"以上的行政级别，才有机会进入检察委员会委员序列，这就对具有长期工作在办案一线、法学理论功底深厚、业务能力强、司法实践基础扎实的业务骨干，因没有担任行政领导职务的检察业务骨干难以进入检察委员会，这种带有浓厚行政色彩的组成方式，与检察委员会的工作职责和实际要求不相匹配，难以树立检察委员会的权威性。以笔者所在基层院为例，现有检察委员会委员11名，除8名党组成员外，专委2名（1名为业务部门负责人，1名为专职委员），公诉部门负责人1人。总体而言，行政色彩浓厚，委员资格成了一种行政待遇，任免标准存在不同程度的行政化、非专业化现象，一定程度上影响了检察委员会专业性指导的作用。

就检察委员会委员来说，一经任命，按照目前的体制，只有在退休、退二线、调离或处分撤职的情况下，才不再担任检察委员会委员，实际基本上为任

* 贵州省安顺市普定县人民检察院检察长。

期终身制，占据员额编制，而由于职数、级别等限制，办案能力强、业务素质较高的一线业务干警，或因工作岗位内部调整担任公诉、侦监部门负责人的检察员长期进不了检察委员会序列，在一定程度上弱化了检察委员会对案件的决策目的和专业性指导作用。

检察委员会实行终身制，一方面使部分检察委员会委员对自身素质提高的要求不强烈，责任感不强；另一方面使一部分优秀检察人员对检察委员会职数望而却步，对自身的发展降低要求，不利于业务技能及综合素质的提升。

（二）检察委员会讨论事项中案件研究比重过大

根据《人民检察院检察委员会议事规则》第 3 条的规定，检察委员会的议事范围包括 10 项内容，除对案件的研究讨论外，还包括讨论决定检察工作中贯彻执行国家法律、政策方面的重大问题，总结检察工作经验、研究检察工作中的新情况、新问题，讨论通过向人民代表大会及其委员会的工作报告，以及讨论决定其他提请检察委员会讨论的事项等一系列问题。但在实践中，检察委员会一般以研究决定案件为主，其他重大事项或工作基本上是由院党组会或院委会讨论后直接决定，从而代替了应由检察委员会讨论决定的职责。仅以笔者所在基层检察院为例，自 2013 年以来的 3 年中，共召开检察委员会 65 次，研究讨论案件就占 93 件，议事仅 1 件。从以上统计数据来看，基层检察院检察委员会的日常活动基本为讨论案件，很少甚至没有其他内容。《人民检察院检察委员会议事规则》中所含的"总结检察工作经验，研究检察工作中的新情况、新问题"等检察工作业务内容基本由院党组会研究决定，较大程度压缩了检察委员会对检察工作重大决策的权力和作用。

（三）检察委员会工作机制亟待创新

《人民检察院检察委员会组织条例》第 9 条规定："检察委员会实行例会制，定期开会。有特殊情况时，可以提前或者推迟召开。"由于基层检察院检察委员会的主要活动是对案件研究讨论，开展活动的时间往往需要根据案件进展需要来进行，检委办一般只能提前一天时间受理、审查和进行所有会前准备工作，甚至是随时通知召开检察委员会，整个过程没有留给检察委员会委员足够的时间来对案件进行调查研究。在检察委员会讨论案件环节，检察委员会委员了解案情的唯一途径就是听取承办人口头汇报，并在承办人汇报完后即进行当场提问和表决，这就不可避免地导致少数对案情了解不清楚或者业务素能偏低的委员在其中发言出现随声附和、表决随波逐流的情况。

另外，由于基层院检察委员会上会案件门槛较低，有的案件承办人怕承担责任，在办理案件中，只要稍有分歧就提请检察委员会研究讨论。由于检察委员会实行民主集中制表决方法，"集体负责"实质为承办人"担审不担责"埋单，而检察委员会成为案件的第二承办人后，一旦出错追究下来，由于经过民主集中表决，个人无责，往往以国家赔偿收场，不但给基层检察院及其检察委员会议案质量带来负面影响，也为案件承办和参会表决的检委会委员"免责"提供了条件。

（四）检察委员会办公室工作流于形式

根据《人民检察院检察委员会议事规则》第 12 条规定，检察委员会办事机构"对提交讨论的案件和事项提出法律意见；对检察委员会谈论决定事项进行督办"等。但在实践中，由于基层检察院没有设立专门的检察委员会办事机构，检察委员会办公室均由办公室或者研究室负责此项工作，且负责检委办事务的干警往往都是兼职人员，不是检委会专职人员，甚至连检察官都不是。在全省统一业务办案系统正式上线后，虽然在程序上必须按照系统设置进行操作，但在对案件的处理过程中，由于基层检察院人少事多的现状，检察委员会办事机构人员对提交讨论的案件审查仅仅限于程序审查，根本谈不上会前对案件的实体审查，更起不到对案件"过滤器"的作用。一般是由检察长决定是否对案件召开检察委员会研究，流程为接到承办部门案件后，检委办工作人员及时汇报检察长，只起到开展会前通知、做好会议记录、会后按流程填写和完成各类案卡、写好会议纪要、送达检察委员会决定事项通知书、案件反馈等，既不能对案件进行会前把关，又不能在会上提出专业的法律意见。

在对案件的督办方面，检察委员会办事机构人员受工作任务杂而多、岗位设置授权以及业务素质等多方面因素的影响，往往显得力不从心，只能根据系统提示接到案件承办部门的执行反馈后将案件流程结束，未及时予以督办或跟踪办理情况，对案件承办部门或人员实际执行检察委员会决议情况存在督办不到位的现状。

二、加强检察委员会工作的几点建议

（一）改进委员结构，设立考核机制，提升检察委员会决策水平

检察委员会是检察业务决策机构，为真正发挥好检察委员会的职能作用，在人员构成上，应当突出检察专业化标准。一是将检察委员会委员任职与行政职务分离，明确规定检察委员会委员的学历、办案年限、办案数、政治素养、法律理论水平以及道德修养等任职条件，切实改变检察委员会委员行政化色彩

较浓的格局，切实提高办案一线人员的比例，增强检察委员会委员任职人员的职业化、专业化程度。二是建立检察委员会委员的任期考核制度，3 年或者 5 年为一届任期，对委员任期内的表现进行严格考核，并将考核结果与任职、晋升、奖惩措施挂钩，实现检察委员会委员权、责的高度统一，增强检察委员会委员的事业心和责任感，有效杜绝随意表决"零风险"的问题。实践中可由检委办会同政工部门对委员履行职责情况进行考核，考核范围应该包括参会次数、发言次数、发言质量、测评结果等，并根据考核结果对不称职委员进行适当调整，打破任用上的终身制，使其任免竞争化和规范化。

（二）强化检察委员会委员的学习培训，着力提升委员的业务素质和决策水平

一是建立检察委员会学习制度，切实提高检察委员会议事议案水平。检察委员会作为检察工作最高业务决策议事机构，担负着重要职责，不仅需要对所学内容进行定期更新，学习内容也不应仅局限于刑事案件，对于新出台的法律法规，需要熟练掌握条文和立法的精神及原意，提高检察委员会议事质量。实践中可建立检察委员会学习例会制度，确定每周有固定时间为检察委员会委员学习时间，进行充电；或者可以结合具体案例来进行讨论，进行有针对性的学习等。二是建议上级院每年定期或不定期组织基层院委员进行专题培训，在基层院的学习中，由于人员少，工作任务重，仅仅依靠检察委员会集中学习是远远不够的，因此，只有通过组织参加上级院举办的专题业务培训学习，委员才有时间静下心来学习和系统理解新的法律法规。在培训方式上，可以通过专题调研、岗位练兵、专业业务知识培训等方式，不断夯实委员们的业务水平和提高其综合素质，以适应形势发展的需要，努力提高检察委员会决策水平。

（三）抓住检察委员会议题讨论关键，严防议题"膨胀"或"缩小"

工作中，业务部门和检委办对需要提交检察委员会研究的议事或者议案，要严格按照《最高人民检察院检察委员会议事和工作规则》的要求办理，对检察委员会议题防止"膨胀"或"缩小"。既不能因为门槛低成为承办人"免责"的庇护所，也不能与院党组会议事内容交叉甚至互相取代，要紧紧围绕检察业务工作重大事项的决策、检察业务工作报告的审查、重大疑难复杂案件的处理、涉检信访案件的处置、检察官的业务考核评定、检察官等级评定审查等方面进行。

在案件讨论中，承办人不宜全面宣读审查报告书，应当抓住案件的关键问题，着重汇报主要认定事实、证据分析、法律适用、需解决的重点和疑点问题。这样，做到议案事实清楚、重点突出、观点明确，才能为检察委员会委员

在充分阐述自己的理由和见解时提供高质量的参考。

（四）规范办事程序和制度，提高检察委员会议题议事质量

部门或承办人员需要检察委员会研究决策的议事或议案，在启动检察委员会议事程序前，必须提前3天报检委办进行会前审查，具体程序由检委办按"承办检察官提请—部门负责人签署—分管检察长审批—办事机构审查—检察长决定"的顺序进行程序审查，实质审查方面则应由专委负责，专委确实履职，充分利用自身深厚的法律功底和实践能力，对提请检察委员会讨论的事项和案件给出专业性意见，对不符合上会的议题严挡在检察委员会门外，双管齐下，严把检察委员会上会事项和案件质量关，从而避免检委会议事议案次数和议题过多、过滥，确保检委会决策的权威性，也可一定程度上减轻基层院工作繁重的负担。

同时，建立会前通报制度。决定上会讨论议题时，检委办须在会前将议题的基本情况书面报送给委员，并至少留给委员半个工作日的准备时间，供委员查阅资料、分析案情、准备材料，提高案件讨论和研判质量。

在检察委员会会上讨论环节，须严格按照检察委员会委员中职位由低到高的顺序进行表决发言，依次为专委、不担任院领导职务的委员、担任院领导职务的委员，检察长最后发言并对讨论议题按少数服从多数的民主集中制原则作出决议。

（五）会前审查和会后监督并举，确保检察委员会决议执行实效

一是形成检察委员会例会制度。基层检察院主要上会讨论刑事案件，以批捕、起诉案件居多，由于基层院人少案件多、时限短，所以召开检察委员会可以一周或两周为一个周期，在一个周期内留有足够时间做好案件的前后期处理，避免随意性和忙乱性。二是严格进行会前程序和实质审查，实践中可由检委办进行程序审查，案件实质方面由专委进行审查，确保提请议题的质量。三是积极探索建立检察委员会决议执行情况督办检查制度，授权办事机构或专职委员，对检察委员会决议的执行办理结果进行跟踪检查，并定期将执行情况向检察长和检察委员会报告。对发现执行不力、不准、不及时的，应提出纠正意见，并对问题的纠正和解决跟踪督办检查。对于问题严重的，要提出处理意见，配合有关部门进行处理，从而保证检察委员会决议的执行效果。

如何进一步加强基层检察院执法规范化建设

——以威宁县检察院执法规范化建设为实证

王光强*

基层检察院是检察机关联系人民群众的桥梁和纽带，是维护社会和谐稳定，促进社会公平正义的前沿阵地。基层检察院执法规范化水平的高低，直接影响到检察工作的社会公信力和群众认知度。本文将立足威宁县检察院开展执法规范化建设实践，对执法规范化建设谈几点粗浅认识和体会。

一、开展规范化建设的主要情况

近年来，威宁县检察院以贵州省基层检察院"4 + 1"工程规范化建设和检察机关规范司法行为专项整治工作为契机，坚持把执法规范化建设作为检察业务建设的核心内容，着力在执法理念、执法方式、执法能力、执法管理等各个方面狠抓落实，执法规范化工作取得了明显成效。

（一）加强思想引领，注重培养规范执法意识

坚持把深化思想认识放在首位，高度重视对干警的思想引导和教育工作，将"严格执法、规范程序、精准办案"作为工作要求，先后认真学习了曹建明检察长《关于人民检察院规范司法行为情况的报告》《规范司法行为是全面推进依法治国必然要求》《重点整治十二个方面司法不规范的突出问题》等讲话精神和理论文章，在干警中牢固树立了执法规范化标准化理念，使执法规范成为了自觉行为。

（二）坚持问题导向，注重提高规范执法水平

2014 年以来，该院各内设机构对 2013 年以来各项工作全面开展三次自查，共查找出如卷宗装订不规范、审查逮捕意见书字号不统一、文书中存在错别字、出庭人员未按规定着装、自侦工作中存在侦查员代签字、控申部门线索

---

* 贵州省威宁县人民检察院检察长。

分流没有按规定填写首办责任通知书、监所工作中办案人员未在调取的书证上签名和司法警察贴身看护不严密等 200 余个问题，分析出学习不够、知识更新不及时、认识不到位、凭经验办事、制度落实不到位等存在问题的原因，制定了具体的整改措施，切实纠正执法不规范情况，有效促进规范化水平的提高。

（三）加强司法协作，注重提高查办案件质量

为贯彻落实好修订的刑法、刑事诉讼法、民事诉讼法等法律，分别召开有公安、法院、司法等部门以及律师代表、人民监督员参加的联席会，出台相关工作意见，加强协作，共同提高案件质量和工作效率。同时，为了让人民群众了解检察机关办案程序及办案要求，将所有业务科室的职能职责及办案流程等制作成彩色宣传手册，到各乡镇发放，既可以方便群众办事，又将检察机关的执法办案活动置于人民群众的监督之下。

（四）健全规章制度，注重规范案件办理流程

各部门结合其业务特点和工作职责，从案件受理、案件流转、执法机制、办案纪律、履职要求等方面入手，对执法办案流程应遵循的原则、范围、方式进行明确规定和细化，由案件管理部门适时进行监督，实现对执法办案的流程管理和动态监督，减少执法办案的随意性，确保办理案件规范有序。

（五）推行阳光检务，注重增强执法办案透明度

为保障人民群众对检察工作的知情权和监督权，建立司法机关专用网络办案平台，推行在线诉讼服务。利用信息网络公开重要案件信息和案件法律文书（涉及国家秘密、个人隐私等案件除外），2016 年以来发布重大信息 21 条，公开法律文书 180 份，公开程序性信息 510 件。同时，在案件管理中心受案大厅设立服务窗口，在案件管理中心受案大厅安装大屏幕及触摸屏，展示该院受理的两刑案件及立案侦查的案件办理流程，向相关人员提供程序信息查询服务。

二、执法规范化建设存在的一些问题

在取得成绩的同时，我们也清醒地认识到，执法规范化建设还存在很多问题和不足。根据规范司法行为专项整治对照检查阶段工作安排，逐条对照重点整治的 12 个方面突出问题和贵州省检察院梳理下发的规范司法负面清单，结合征求到的意见和建议，查找出司法理念方面问题 11 条、司法作风方面问题 13 条、司法行为方面问题 200 条。归纳起来主要包括以下几个方面：

一是执法思想有待提高。如有的干警对规范执法的意义、目的认识不深，认为束缚了手脚，存在厌烦情绪；有的对执法规范化建设的重视程度不够，缺乏积极性和主动性；有的在案件办理过程中只注意收集嫌疑人有罪、罪重的证

据，而忽略无罪、罪轻的证据。

二是执法能力有待加强。随着我国法律体系的不断健全和完善，对检察工作者的执法能力有了新的更高要求。有的干警对法律修改、完善以及新的司法解释了解掌握不及时，在实践中习惯按照老思想、老套路办事，缺乏妥善处理解决疑难复杂问题的办法。

三是考核评价机制有待改善。现有的目标考核体系，过分重视目标数据，而忽视了办案过程，有时为了追求目标，也存在一些打擦边球的行为。

四是执法责任制度规范不完善。在执法办案的各环节、岗位尚存在职责不分、责任不明的情况，对如何正确履职规定不具体，缺乏规范统一的标准。

五是制度落实不到位。不重视对执法规范和制度的学习，执行规范性制度存在随意性，执法活动中对规范性制度断章取义、各取所需，导致执行规章制度出现偏差。

三、进一步加强基层检察院执法规范化建设

执法规范化建设是一项系统工程，规范司法行为专项整治工作的开展，使执法规范化建设取得了丰硕成果，但这并不是检察机关执法规范化建设的结束，而是开启了一段新的征程。

（一）更新执法理念，牢固树立为人民服务的宗旨意识

党的十八届四中全会通过的《中共中央关于全面推进依法治国若干重大问题的决定》指出，"必须完善司法管理体制和司法权力运行机制，规范司法行为，加强对司法活动的监督，努力让人民群众在每一个案件中感受到公平正义"。寥寥数语，为我们指明了为谁执法的问题，人民群众满意不满意才是检验执法好坏的最终标准。贯彻落实全会精神，必须牢固树立与全会精神价值取向相适应的执法理念，牢固树立起全心全意为人民服务的宗旨意识。这就要求我们一是要坚持弘扬理论联系实际的马克思主义学风，自觉用党的最新成果武装头脑，坚定道路自信、理论自信、制度自信，确保在思想上、行动上与党中央保持高度一致。二是要把弘扬政法干警核心价值观作为社会主义法治理念再学习、再教育的重要内容，切实推进政法干警核心价值观教育和法治理念教育。三是要加强检察干警的理论学习和政治学习，通过各种办法拓宽学习渠道，提高学习热情，使干警对为民服务的宗旨通过学习、实践真正领会于心、实践于行。四是要坚决抵制消极被动执法，切实克服"不求有功、但求无过"的错误思想，真正把规范执法贯穿于执法办案每个环节，以规范促公正，努力使办理的每一起案件都经得起法律、历史和人民的检验。

（二）深化检察改革，不断创新执法规范化建设方式

党的十八届五中全会研究制定了国民经济和社会发展第十三个五年规划。十八届五中全会提出，必须把"创新"摆在国家发展全局的核心位置，不断推进理论创新、制度创新、科技创新、文化创新等各方面创新。检察工作在这特殊的历史时期，同样面临着许多新情况、新挑战，我们要以深化检察体制为契机，不断创新执法规范化建设的方式方法。一是要建立健全办案流程管理机制，认真梳理容易发生问题的执法环节和关键部位，细化执法办案流程，形成环环相扣、职责清晰、标准明确、程序规范的案件流程管理规范。二是要着力探索构建科学合理的执法管理体系，建立健全统一进出、全程管理、动态监督、案后评查、综合考评的执法办案管理机制。要充分运用信息化手段提高执法管理水平，进一步完善检察机关统一业务系统，实现执法信息网上录入、执法程序网上流转、执法活动网上监督、执法质量网上考核。三是要充分发挥执法考评的导向作用，推动执法办案数量、质量、效率、效果、安全的有机统一。要注意把业务考评与群众评议很好地结合起来，高度重视人大代表、政协委员的意见和建议，高度重视人民群众对检察机关的认知度和满意度，把群众评价作为考核执法工作的重要依据。四是要进一步深化检务公开，增强检察机关的执法办案的透明度，对执法规范、执法过程、执法结果、执法依据，依法可以公开的都向当事人、其他诉讼参与人和社会公众公开，高度重视、及时回应社会关切。五是要建立健全执法监督制约机制，强化上级院对下级院执法办案活动的监督，强化检察机关各业务部门之间、执法办案各环节之间的监督制约，强化纪检监察机构的监督，强化检务督察，坚持对自身腐败和执法不规范问题的"零容忍"，不断增强自我净化、自我完善、自我革新、自我提高的能力，确保检察权依法正确行使。

（三）加强队伍建设，着力提高规范化执法的水平

积极探索和推进检察人事制度与干部管理体制改革，多渠道引进符合检察工作发展需要的各类高素质专业人才，既要加强案件审查办案队伍建设，又要加强侦查员队伍建设；既要加强业务能手的引进和培养，又要加强专业技术人才、综合管理人才的引进和培养，努力建设一支业务精通、执法规范、结构合理的专业化检察队伍。要建立健全检察骨干的培养、使用、考核机制，充分发挥检察骨干在推动提高执法办案水平上的积极作用。同时，要坚持不懈地组织开展业务技能学习培训、岗位练兵、疑难案例研讨、模拟控辩、观摩庭审，促进检察干警执法办案能力和执法水平不断提升。

对基层检察院理论与实证研究工作的思考

潘　涛[*]

　　基层检察院是检察机关各项工作的前沿阵地，全国 80％ 的干警在基层，80％ 的案件在基层。在新形势下，基层检察院在检察工作中遇到大量新情况、新问题需要解决，而解决问题和困难，需要基层检察院检察人员有发现问题的敏锐性和重视问题的责任感，有针对性地适时开展理论和实务研究，推动检察工作科学发展。因而，基层检察院加强理论和实务研究对检察工作具有重要作用。现笔者结合本院工作的实际情况，谈谈对基层检察院开展理论和实务研究的一点粗浅认识。

一、充分认识基层院理论与实务研究工作的重要性，提高工作主动性和积极性

　　全体检察干警要充分认识理论和实务研究的重要作用：一是服务和促进基层院检察工作的作用。紧紧围绕检察工作重大工作决策部署、司法办案实践及法律适用、检察改革、法律制度建设中遇到的新情况、新问题开展理论和实务研究，目的是解决问题和困难，引导检察工作实践，从而服务检察工作，推动检察工作科学发展。二是为上级检察机关及党委、政府提供决策参考的作用。通过开展理论和实务研究，将基层检察院所遇到的新情况、新问题及困难提出来，分析产生的原因，提出解决办法和建议。总结检察工作中的成功做法及存在的不足，形成报告，为党委、政府和上级检察机关提供参考。三是促进学习，提高检察干警业务水平和综合素质的作用。选择一个课题开展理论与实务研究，对存在的问题进行分析研究，综合判断，既需要收集、整理大量的实证资料，又需要我们掌握充足的法律和理论依据，这就需要加强学习，课题研究过程就是不断学习的过程，在不断学习过程中提高法律知识和理论素养，提高分析判断能力和综合素质。

通过提高对理论和实务研究重要性的认识，增强基层检察院干警工作的主动性和积极性。

二、清醒认识和分析基层院理论与实务研究工作存在的问题和困难，增强工作的针对性

要认真分析，充分认识基层检察院理论和实务工作存在的问题、困难，查找原因，才能有针对性地采取改进和加强工作的措施。

从本院的情况看，2010 年至 2015 年，在岗干警 38 人，本院采用干警所撰写调研文章 105 篇，被《黔东南检察》刊载 13 篇，《贵州检察》刊载 5 篇，经济日报杂志刊载 1 篇。调研文章内容主要是涉及各部门工作的方方面面。

存在的问题和不足主要有：

一是质量不高，成效不明显。全院每年完成 15 篇，未达到年均一人一篇，数量偏少。被上级检察机关内部刊物刊载的调研文章数量较少，采用率偏低，被知名刊物载用数为零，说明我们理论和实务研究工作水平和研究成果质量不高。

事实上，由于部分干警对调研工作的重视程度不够，没有认真将工作中发现的新问题、遇到的新情况加以收集、整理，然后结合相关法律和理论进行分析研究，而是为完成任务而写，工作流于形式，缺乏针对性，未能提出较好的意见和建议，不能很好地服务检察工作。

二是理论与实务研究不能与实际工作有机结合。主要表现为两种形式：有的检察干警针对工作中所遇到的问题、困难进行分析调研，提出相应对策建议，但由于理论水平所限，对一些检察工作的热点、难点问题往往就事论事，泛泛而谈，没有上升到相关法学理论的高度深入综合分析，分析问题不透彻、不深刻，提不出科学、可行的建议和措施，达不到提高业务水平和服务检察工作的目的；有的则相反，所写文章讲空洞的大道理，言之无物，与实际工作脱节。另外，对检察基础理论、刑法学理论等相关理论涉及的很少。

三是成果转化、应用少。开展理论与实务研究的作用是成果能够在检察工作实践中所应用，指导和促进检察工作，但就本院的情况看，能应用于检察工作的成果很少。一是因为理论和实务研究工作水平和所撰写调研文章质量不高，可供转化应用的成果少。表现在所形成的经验材料，得到本院、上级院、党委、政法委等转发推广和在执法办案和工作中借鉴参考的少。对检察工作存在的问题和难点没有提出正确科学和可行的解决措施建议，从而健全完善制度，规范促进检察工作。二是不重视理论和实务研究成果的转化应用。

存在上述问题的主要原因有以下几个方面：

1. 思想认识不足，工作重视不够。对基层检察院的理论和实务研究工作，无论是院领导，还是科室负责人、干警均有在思想上认识不足，实际工作中不重视的情况存在。主要表现为三种情形：一是少数院领导及干警，因办案任务重，业务工作忙，理论和实务研究工作不是硬任务，客观上存在重办案等业务工作，轻理论和实务研究工作，以致不能适应当前基层检察工作需要。二是不能正确认识和处理好理论和实务研究工作与其他检察业务工作的关系，没有认识到其对干警业务能力和综合素质的提升作用。认为是研究室或办公室的事，与办案部门关系不大，一些对检察业务工作中的问题和困难接触最多、感受最深的干警，对检察工作中的问题、困难不引起重视，不去进行进一步的调查思考，深入分析研究，开展理论和实务研究工作的兴趣不浓、积极性不高。三是基层检察院的干警认为自身法学理论和实务研究水平不高，写作能力不足，加上学习研究的渠道、信息不畅，信心不足。

2. 缺乏有效机制，难以形成氛围。长期以来，由于受主、客观原因的影响，基层检察院缺乏有效促进激励理论和实务研究工作的机制。一是理论和实务研究工作管理制度不健全。基层检察院每年都有调研任务，但基本上只是一个量上的标准，比如说，根据上级检察院布置的任务，要求各工作部门完成多少篇调研文章，但质量如何要求，达到什么目的，如何保证质量，没有具体的管理措施和办法。二是考核机制不健全或落实不到位。没有注重把理论和实务研究工作纳入部门和个人业绩考评范围，或者虽然纳入考评范围，但不认真执行，理论和实务研究工作任务不能很好地完成和落实。三是缺乏合理的激励机制。理论和实务研究工作是否开展，质量优劣，对工作绩效考核没有什么影响，与职级晋升、业务能手业务骨干关系不大，也没有经费保障奖惩措施等。

3. 机构职责不全，人员势单力薄。一是在机构设置和人员配置上不适应当前检察理论与实务研究工作的需要。一些基层检察院没有设立专门的机构，其职能一般由办公室代行职责，工作则由具有写作能力的人员兼顾。有的基层检察院虽然设立了专门机构即法律政策研究室，但研究室是个无关紧要的部门，所配备人员力单质弱态势明显，且新一轮机构改革面临去留问题，人员思想波动较大，使研究室难以发挥组织、协调和带动作用。二是职责不明。实际工作中个别领导由于对研究室工作缺乏理性思考，加上基层检察院事多人少，研究室所兼顾的工作较多，一些地方将目标考核、人民监督员办公室、挂村等工作纳入研究室工作范围，使研究室工作繁杂，不能集中精力组织和协调开展理论与实务研究工作。三是基层检察院理论与实务研究人才匮乏。基层检察院既精通检察业务，有丰富的执法办案经验，又热衷于和善于理论与实务研究的人员极少，整体力量单薄。

4. 知识信息闭塞，学习渠道不畅。基层检察院理论与实务研究是一个结合工作实际需要进行大量学习的过程，多数基层检察院远离经济文化相对发达的城市，无法律书刊齐全藏书丰富的图书馆和高等学院支撑，订阅的相关书刊和法学理论杂志很少，没有开通相关法律理论与检察业务学术研究期刊网站，组织相关人员进行系统的专业学习培训少等。客观上造成基层检察院干警学习研究的途径、渠道相对较少，信息闭塞，知识面窄，知识积累不够，以致开展理论与实务研究，撰写调研文章感到很吃力。即使开展理论与实务研究，撰写出一篇调研文章，也是闭门造车，质量不高。

5. 存在畏难情绪，缺乏钻研精神。很多基层检察干警提起开展理论和实务研究、撰写调研文章便觉得头疼。一是因为缺乏知识积累和对工作中问题的深入思考，感觉无题可写，即便有了课题，也无从下手。二是因为完成一个课题、撰写一篇质量较高的调研文章，需要花费大量的时间和精力去收集、整理材料，学习和思考，费时费力、清苦枯燥，且不如其他业务工作易出成绩，因而存在畏难情绪。另外，不能发扬刻苦钻研的精神，对存在的问题不去进行有针对性地学习，查阅资料，认真分析，深入研究，解决问题，而是采取躲避和应付的态度。

三、强化基层检察院理论和实务研究工作措施，推动工作见实效

为了发挥理论和实务研究工作提高检察人员综合素质、服务决策、推动检察工作科学发展的作用，笔者认为应采取以下几个方面的措施，做好新时期基层检察院理论和实务研究工作。

1. 提高认识，转变观念。首先，要提高对基层检察院开展理论和实务研究重要性的认识，提高工作的主动性和自觉性。其次，要转变、更新观念。一是树立理论和实务研究工作就是检察业务工作的观念。要以党的十八大，十届三中、四中、五中全会精神为指导，把检察理论和实务研究工作放在推动检察工作科学发展的高度，作为一项全局性、基础性工作抓实抓好，切实改变干警在工作中重办案轻调查研究的现状。二是树立提高理论和实务研究工作水平就是提高检察工作水平和办案质量的观念。开展理论和实务研究作为提高检察人员业务能力和素质的重要方式和途径，只有业务能力和素质增强，才能提高工作水平和办案质量。三是树立基层检察院也能开展好理论和实务研究工作的信心。随着经济社会的发展，基层检察院在人才、经费、学习平台、信息获取等将会得到不断加强，只要加以重视，把理论和实务研究工作摆到应有的位置，采取有力措施，我们就能把工作提高到一个新的水平。

2. 加强领导，形成合力。理论和实务研究工作作为基层院的一项重要工

作，要多出成果、出好成果，离不开院领导和全体干警的积极参与和共同努力。院领导要高度重视，加强领导，将理论和实务研究工作与检察办案等工作同部署、同检查、同考核，亲自指导、协调业务部门与调研工作，要督促指导建立完善工作机制，创造条件，同时要起带头开展理论和实务研究工作，率先垂范，充分调动基层干警参与调研积极性。从事专职调研人员要加强协调督促，与业务部门共同开展理论和实务研究工作，解决存在的问题、困难，形成各部门、干警人人参与，整体联动、优势互补的理论和实务研究工作格局。

3. 健全机制，激发热情。营造良好的理论和实务研究工作环境，不仅需要院领导高度重视，还需要建立科学、合理的工作机制。一是建立健全理论和实务研究课题管理制度。结合基层检察院工作的实际情况，对理论和实务研究的人员安排、选题立项、工作开展、质量评估提高、任务的完成进行组织协调、督办等跟踪管理，健全管理机制，落实管理措施和办法，以保证理论和实务研究工作按质按量及时完成。二是建立科学的考核机制。把理论和实务研究工作纳入部门和个人绩效考评范围。要制定相应的科学考核评价依据，切实将任务落实到各科室和个人。三是建立合理的激励机制。根据所选课题完成情况和质量的优劣，予以一定的资金保障和鼓励，要把理论和实务研究工作成绩作为职级晋升的条件之一进行考察。总之，通过建立科学的管理、考核、激励机制，打破干与不干一个样，干好干坏一个样的局面，充分激发全体干警参与理论和实务研究工作的热情，促进理论和实务研究工作顺利开展。

4. 搭建平台，创造条件。基层检察院开展理论与实务研究工作的条件不能与市（州）、省级检察机关、法律院校相比。但是我们要结合自身实际情况，为开展理论与实务研究工作搭建平台、创造条件。要大力开展创建学习型检察院活动，加大学习经费的投入，订购相关的书刊、报纸，开通网上学习平台，加强各种方式的培训等，为干警学习和理论与实务研究创造条件。通过完善落实学习制度，学习方案，成立学习调研小组，加强业务及法学理论知识的学习和研讨。

5. 提高素质，建强队伍。开展好理论与实务研究工作必须建立一支素质优良的人才队伍。一是建立健全机构，配齐配强人员。要在争取编制或在现有的基础上，通过内部机制改革加强和充实理论与实务研究力量，选配事业心强、熟悉检察业务、有一定的理论水平和写作能力、有浓厚兴趣爱好的中青年干警专事理论与实务研究工作，使研究室工作不再"老、弱"，而是充满生机与活力。二是注重培养各业务部门的优秀人才，为理论与实务研究工作广纳人才、集聚力量。三是切实加强队伍的能力素质建设。根据基层检察院理论与实务研究力单质弱和当前面临的形势任务，必须加强基层检察院干警理论与实务研究工作的能力素质建设。首先，加强学习培训。主要是采取听讲座、研讨、参加专门业务培训、开展调研竞赛活动等多种方式，提高检察干警的法律素养、理论水平和写作能力。其次，建立研究室与办案检察部门干警岗位交流机制。研究室与办案检察部门干警岗位适时交流，或研究室人员不定期到办案部门执法办案，使干警既有办案实践能力和经验，又有一定的理论素养，还具有发现问题、分析和解决问题的调查研究能力。最后，请省、州检察院领导及专家就法律业务知识，如何进行理论与实务研究，写作方法和技巧进行指导。加强与兄弟院的工作交流，取长补短，共同提高。

6. 组织力量，重点突破。基层检察院有自身的特点、优势，如进入基层检察院工作的法律专业本科生、研究生逐年增多，有一批业务骨干，互联网技术的发展为干警提供了更好的学习平台，以及直接处于检察工作一线遇到的实际问题、新情况多素材丰富等。这些都是我们开展理论与实务研究工作的基础条件和优势。要结合本院调研人才的水平和专长，及本院检察工作的特点、重点、难点及法律应用。研究室与业务部门加强协作，组织力量、集中精力，扬长避短，认真选择合适的课题，进行深入研究，实现理论与实务研究工作质的突破。

检察监督行政强制措施之制度构建

彭 胜[*]

一、检察监督行政强制措施的必要性

行政强制措施，是指行政机关在行政管理过程中，为制止违法行为、防止证据损毁、避免危害发生、控制危险扩大等情形，依法对公民的人身自由实施暂时性限制，或者对公民、法人或者其他组织的财物实施暂时性控制的行为。其种类包含限制人身自由、处置财物、进入住宅及场所等。在行政行为中，行政强制措施调整范围广，针对广大群众切身利益，具有明显的直接性和强制性，若无有效的监督制约机制，极易被滥用，造成侵犯公民人身、财产权益严重后果。当前，对行政强制措施的司法监督，主要集中在行政诉讼领域，但由于诉讼程序的特殊性，使行政诉讼监督具有较大局限。因而，加强检察权对行政强制措施的监督，对于保护公民人身权利以及公民、法人或其他组织的合法权益具有极其重大的意义。

我国《宪法》第129条规定，"中华人民共和国人民检察院是国家的法律监督机关"，明确了检察机关国家法律监督者的地位。党的十八届四中全会通过的《中共中央关于全面推进依法治国若干重大问题的决定》（以下简称《决定》）明确要求："完善对涉及公民人身、财产权益的行政强制措施实行司法监督制度。"这是对合理配置权力，推进检察改革做出的重要部署。中共中央、国务院出台的《法治政府建设实施纲要（2015—2020年）》明确规定："检察机关对在履行职责中发现的行政违法行为进行监督，行政机关应当积极配合。"检察监督行政强制措施，已经具备了基本的政治和法理基础。作为国家法律监督主体的检察机关，完善对行政机关行使行政强制措施的检察监督制度，强化对行政权力的监督和制约，是全面推进依法治国的必然要求。

---

* 贵州省安顺市紫云县人民检察院检察长。

二、检察监督行政强制措施存在的问题

(一) 检察监督行政强制措施缺乏强制性、可操作性法律文件

检察监督行政强制措施并不是一个新生的制度，而是检察机关作为"法律监督机关"应当承担的法律职责。但是，长期以来由于检察机关具体应当如何进行行政强制措施检察监督，监督的手段、监督的程序如何等问题的存在，没能得到有效实施。

目前直接涉及行政执法监督方面的法律规定有：2001 年国务院颁布的《行政执法机关移送涉嫌犯罪案件的规定》，最高人民检察院、公安部等部门先后颁布的《人民检察院办理行政执法机关移送涉嫌犯罪案件的规定》和《关于加强行政执法机关与公安机关、人民检察院工作联系的意见》，2011 年中共中央办公厅、国务院办公厅转发国务院法制办等部门制定的《关于加强行政执法与刑事司法衔接工作的意见》，以及 2015 年 7 月 1 日十二届全国人大常委会第十五次会议作出《关于授权最高人民检察院在部分地区开展公益诉讼试点工作的决定》、最高人民法院下发《检察机关提起公益诉讼试点方案》等。并未直接规定检察机关对涉及公民人身、财产权益的行政强制措施进行监督，其强制力不足，可操作性不强，导致了检察机关对行政强制措施实施监督陷入尴尬境地，检察监督呈疲软状态。

(二) 检察监督行政强制措施具有局限性

检察机关本身的性质决定了检察权具有一定的局限，其主要触及刑事犯罪、行政诉讼与民事诉讼审判监督等领域。此外，现行的政治体制、法律文化等现实条件也严重制约着检察权功能的发挥。检察机关或因业务关系能基本掌握刑事案件情况，进而能有效开展必要的提前介入、侦查活动等监督工作。但行政机关执行搜查、查封、扣押、冻结等行政强制措施，是一种单方审批与执行的行为，具有一定的封闭性，其他个人或机关包括检察机关难以介入其中。而且当前我国民众维权意识不强，这极大地影响了检察机关对行政强制措施的适时监督。

(三) 检察监督行政强制措施缺乏有效手段

目前检察机关对行政强制措施的监督，欠缺具有强制力的监督手段，只要是不涉及职务犯罪等刑事犯罪的情形，检察机关一般对行政机关的行政强制措施的违法行为无法采取强有力的措施。若采用发出纠正违法的检察建议或口头提出纠正意见等方式予以监督纠正，往往也收不到相应的监督效果，因为检察机关的检察建议不具有法定的强制力与威慑力，行政机关对检察建议缺乏足够

的重视，也缺乏后续监督措施，使得监督作用大打折扣。这亦是检察机关监督行政强制的实践中面临的一大难题。

当前检察监督行政强制措施监督乏力的原因是多方面的，要强化检察机关对行政强制措施，特别是涉及公民人身、财产权益的行政措施的监督，实现权力运行的规范化、合法化，切实保障公民合法权益和社会公共利益，必须结合实践中存在的各种问题，有针对性地建立和完善相应的检察监督行政强制措施制度。

三、检察监督行政强制措施的制度框架

（一）明确检察监督行政强制措施的法律支撑

要建立和完善检察监督行政强制措施机制，首先，要保证检察监督行政强制措施具有明确的法律依据。

《决定》明确提出："探索建立检察机关提起公益诉讼制度"，"完善对涉及公民人身、财产权益的行政强制措施实行司法监督制度"。2015 年 5 月 5 日，中央全面深化改革领导小组第十二次会议审议通过了《检察机关提起公益诉讼试点方案》，同年 7 月 1 日，十二届全国人大常委会第十五次会议作出《关于授权最高人民检察院在部分地区开展公益诉讼试点工作的决定》。此后，检察机关提起行政公益诉讼在 13 个省市区试点如火如荼铺开，并收到较好的社会效果及法律效果。为此，与探索建立检察机关提起行政公益诉讼制度同步提出的完善对涉及公民人身、财产权益的行政强制措施实行司法监督制度，可以参照公益诉讼改革试点的模式，由高检院提出《检察机关开展对涉及公民人身、财产权益的行政强制措施进行监督试点方案》，全国人大常委会出台《授权检察机关开展对涉及公民人身、财产权益的行政强制措施进行监督的决定》。明确赋予检察监督行政强制措施的权能，让检察机关先行开展试点工作，在总结试点经验基础上，待条件成熟后，再对人民检察院组织法等法律作出相应修改，完善法律机制，以推进和巩固改革成果。

（二）检察监督行政强制措施的范围

行政权是一种管理型权力，检察权是一种监督型权力，两者相互独立、各司其职又相辅相成，具有不同的特性，在治理国家中发挥不同的作用，但都是国家权力的组成部分。这就要求检察权对行政权进行监督的同时要保持检察监督权的谦抑性，充分尊重行政权的自主性。《决定》要求"完善对涉及公民人身、财产权益的行政强制措施实行司法监督制度"，将行政强制措施的内容限缩为"涉及公民人身、财产权益"，因而应将对行政强制措施实施检察监督的

范围界定为"涉及公民人身、财产权益",避免超出检察机关的能力范围,这既做到约束部分行政权力的行使,又最大限度地尊重行政权力的运行的自主性。

（三）检察监督行政强制措施的途径

1. 建立定期或不定期的检察制度。行政强制措施执行主体多,内容复杂,检察资源有限,不可能对每项行为进行监督,为保证可操作性,可建立对限制公民人身权利、查封扣押公民财产等重大行政行为定期或不定期调研的检察制度,变被动介入为积极主动介入,保证检察监督的主动性。

2. 建立信息共享机制。应建立起检察机关与各行政执法机关之间的信息交流平台,如共建信息交流网站,联络员通讯制度等。通过及时将行政机关执行的行政强制措施案件情况以及检察机关的建议情况共享到统一平台,实现信息共享,拓宽监督渠道。

3. 建立联席会议制度。定期或不定期召开行政执法机关、检察机关联席会议,交流执法经验,互报情况,互提建议,对于关系到行政相对人身权利、财产权利行政强制措施,行政执法机关在作出决定前,可在会上与检察机关沟通协商,听取检察机关的建议,以保证行政强制措施的合法合理性。

（四）检察监督行政强制措施的方式

1. 检察建议。检察机关在履行职责中发现行政机关违法滥用行政强制措施,可以结合实际情况,以检察建议的方式向有关单位发出纠正、改正违法行为或移送案件的建议。并以法律明确规定检察建议接收者的义务以及检察机关的惩戒权,接收者在接到检察建议书后要按照检察建议书中的要求,及时纠正或采取有效措施改正。对于没有正当理由不予纠正或者改进的,检察机关有权向相关单位提出对其进行违法、违纪审查的建议,并依据审查建议决定是否提请惩戒处分,以保证检察建议监督具有实际效果。

2. 支持诉讼。在我国存在一种普遍现象"民告官,难",这是由诉讼双方地位的悬殊所决定的。行政诉讼不同于民事诉讼,双方具有平等的法律地位,行政诉讼中一方为强有力的国家权力机关,另一方是弱小的普通民众,在这种力量的对比下,行政相对人诉讼权利是难以全面保障的。因此在行政相对人遇到法院拒绝接收起诉材料,或者不予答复等诉讼难的情况下,经行政相对人的申请,检察机关可以辅助诉讼的名义进入行政诉讼程序,支持行政相对人诉讼,从而有效监督行政机关,保障公民的诉讼权益。

3. 提出抗诉。行政抗诉是检察机关监督行政强制措施的法定手段。若检察机关认为法院对针对公民人身、财产权益作出的行政强制措施的行政裁判错误的，可以向法院提出抗诉，从而间接对行政强制行为进行监督，将抗诉机制严格落实，使之发挥应有的效能。

四、结语

"权力并不必然导致腐败，而不受监督的权力则必然导致腐败。"检察机关要建立和完善对涉及公民人身、财产权益的行政强制措施的监督机制，应以人大授权或立法先行为基本前提。因为，该项制度涉及"一府两院"关系、行政监督体系的调整和完善，关系重大。坚持立法先行，目的在于以法治思维和法治方式谋划、推进改革，从而逐步巩固改革成果。

基层检察机关实行"捕诉合力"
办案机制的现实意义

——以岑巩县检察院实行"捕诉合力"为视角

李家彬*

随着法治社会不断发展,司法体制面临新一轮变革,"捕诉关系"也将成为当前我国司法体制改革和工作机制改革的重要内容。基层检察院为适应新形式的改革要求,需进一步整合检察资源,强化刑事诉讼监督合力,提高办案效率,实行"捕诉合力"办案机制将成为基层检察机关创新工作的选择之一。本文以基层检察院实行"捕诉合力"办案机制的具体做法和取得成效入手,通过实践成效分析基层检察院实行"捕诉合力"办案机制的现实意义。

"捕诉合力"办案机制是指检察机关侦查监督科和公诉科根据工作实际需要,形成合力,在现行法律框架内依法承担批捕和审查起诉工作,并依法履行法律监督的办案工作机制。

一、岑巩县检察院实行"捕诉合力"办案机制的起源

基层检察院目前面临的突出问题即为事(案)多人少,检力资源不足。就岑巩县院为例,近年来检察事务日趋繁重,人均办案数量逐年递增,加之检察队伍年轻化,检力资源不足的矛盾也越发突出,这给日常工作开展带来很大难题。为适应检察改革需求,岑巩县院结合检察工作实际,决定打破常规,整合检力资源,从 2015 年起组建岑巩县院"三部一室"四个职能部门,其中将公诉科、侦查监督科整合组建刑事检察部。刑检部门成立后,该部门结合侦监、公诉基本职能工作,根据刑事检察实际工作需要,创立新型刑事检察办案制度,既"捕诉合力"办案机制。

---

* 贵州省黔东南州岑巩县人民检察院检察长。

二、岑巩县院实行"捕诉合力"办案机制的实践做法

（一）领导统一管理，合理分配检力资源

公诉、侦监工作是检察机关法律监督职能的重要组成部分，在检察工作中占有重要地位。两者在依法指控犯罪和发挥侦查监督工作过程中有着密切的联系，该院把公诉、侦监工作交由同一副检察长分管，以保证分管领导能准确掌握刑检部门干警的业务水平及履职能力，实现知人善用，人尽其才的用人效果，有力保障了刑事办案"三个效果"的有机统一。同时在其他工作的分配上也能量才而用，当然也更易于分管领导整体掌握刑检工作动态大局，有效推进执法规范化、队伍专业化和管理化科学建设。

（二）建章立制，实现有据可依

为实现规范管理，切实做到用制度"管人、管事、管案件"，该院刑检部门先后制定并全面落实《岑巩县人民检察院刑事检察部门工作制度（试行）》《岑巩县人民检察院刑事检察部分案规则（试行）》《岑巩县人民检察院拟作不起诉听证制度（试行）》《岑巩县人民检察院公诉人出庭考评制度（试行）》《岑巩县人民检察院检察委员会委员办案制度（试行）》《岑巩县人民检察院刑事检察部案件讨论工作制度（试行）》《岑巩县人民检察院 岑巩县公安局关于适时介入侦查工作暂行规定》等制度。各项制度具有以下几方面内容：

1. 合理分案，限时审结，确保案件质量。

该院制定的《刑事检察部分案规则（试行）》采用一般普通刑事案件直接轮流分案为常态；未成年人案件专人办理为原则；重大、复杂、疑难案件由分管领导直接指定为例外的多重分案规则。规则明确提出一般案件审查批捕、审查起诉由同一承办人办理，实行"谁批捕，谁起诉"，这样承办人在审查批捕时会充分考虑到日后的起诉工作，因而对侦查机关的补充侦查提纲会考虑按照审查起诉的标准要求侦查机关及时收集、完善、巩固相应证据，有利于案件质量的保证。例如，承办人涂祖恒办理的杨某某盗窃案，公安机关移送审查起诉后由于熟知案情，在5日内便审结完毕，提起公诉。对重大、疑难、复杂案件（职务犯罪案件、可能判处10年以上有期徒刑刑罚的重大刑事案件、当地影响较大涉众、涉黑、涉恶、重大侵财型犯罪案件）在审查批捕、审查起诉阶段由不同的承办人办理，在保障提高办案效率的同时，也考虑对重大、疑难、复杂案件的严格审查，规避了缺少内部监督的问题。

同时，该规则还对办案期限进行具体细化，规定一般审查逮捕案件3日内审结；重大、复杂案件5日内审结；疑难、特殊案件7日内审结。一般审查起

诉案件 15 日内审结；重大、复杂案件 25 日内审结；疑难、特殊案件经检察长批准可延长办案期限 15 日，有效缩短办案期限。

2. 建立案件讨论机制，严格文书审批程序，强化内部监督。

侦查监督和公诉两个部门分别处于不同的诉讼阶段，两者相互监督、相互制约，传统的"捕诉合一"存在弱化两者的监督问题，该院实行的"捕诉合力"机制建立了《刑事检察部门案件讨论工作制度》。该制度提出刑检干警在每周一的部门会议上，承办人汇报其办理案件进展情况，并按照制度规定，在办理审查逮捕、审查起诉案件时，对案件事实、证据、法律适用等存在疑难的案件提交部门讨论，使案件讨论常态化。同时，严格法律文书审核审批程序：承办人对案件进行全面审查，制作审查报告、批准逮捕决定书、起诉书、不起诉决定书、量刑建议书等法律文书，之后需经过书记员、承办人校对后再报分管领导审批，确保对外文书零错误，保证法律文书的严肃性。

3. 不起诉案件听证制度，增强办案透明度。

为增强检察机关办案工作的透明度，自觉接受社会各界的监督，防止"暗箱操作"，对拟作不起诉案件（涉及国家秘密、商业秘密、个人隐私的除外）一律由承办人提出意见及理由，经部门负责人审核，报请检察长决定是否召开不起诉案件听证会。听证会议邀请侦查人员、人大代表、政协委员、人民监督员、人民调解员、有关专家及其他与案件有关的人参见。承办人在会上对案件审查认定的事实、法律依据及拟作不起诉决定的依据和理由发表意见，并听取参会人员的意见，形成会议记录。听证会意见将作为检察长或检委会决定是否不起诉的重要参考依据。2015 年该院共召开拟不起诉案件听证会 10次，邀请参加听证人员 100 余人，涉及单位 20 余家，不起诉案件 10 件 11 人。例如，该院办理的某房产企业负责人曾某某、龙某某重大劳动安全事故案，结合具体案情，充分考虑众多购房者利益以及企业发展的实际情况，刑检部门主动到县工商联、州安监局等部门听取和征求对该案的处理意见，然后召开听证会进行听证，后该案作相对不起诉处理，办案效果较好。

4. 出庭考评制度，全面提升公诉人素质。

为规范公诉人出庭支持公诉行为，树立国家公诉人良好形象，保障公诉人正确履行出庭支持公诉职责，科学考评和评价公诉人，该院制定公诉人出庭考评制度。制度规定公诉人考评活动由检察委员会办公室组织，由检察长、分管检察长、检察委员会委员、人大代表、政协委员、人民监督员等组成考评小组，对庭审中公诉人的仪表、起诉书制作及宣读、讯问被告人、举证质证、发表公诉意见、法庭辩论等进行全面考评，发现问题、提出问题，不断提升公诉人综合素质，同时主动接受人大代表、政协委员、人民监督员对公诉工作的监督，规范检察权运行，提高司法公信力。

5. 检委会委员办案，备迎司法体制改革。

新的司法体制改革，将迎来主任检察官办案模式，检委会委员必将成为办案一线的主导力量，该院为顺应此改革趋势，制定并实施了检察长和检委会委员办案制度。制度明确规定检察长及检委会委员每年需办案并出庭支持公诉1件以上，分管检察长每年办案并出庭公诉4件以上。同时还规定检察委员会委员办案必须亲自审查卷宗、提讯犯罪嫌疑人、制作相关法律文书、出庭支持公诉，真正发挥检委会委员案件质量把关的作用。2015年该院检察长出庭公诉1件2人（被告人杨某、王某某滥发林木案），分管检察长办案12件14人（如李某某徇私枉法、受贿案，侯某某行贿案等），其他检委会委员均按要求出庭公诉。

6. 严格案件评查制度，切实规范司法行为。

案质量评查是检验案件质量的方式之一。该院刑检部门严格按照制定的案评查办法实行案件评查工作。承办人对其办结的审查逮捕、审查起诉案件及时整理装订，于案件办结后10日内将案件统一移送案件管理办公室进行评查。案管办采用一案一评查表的方式进行评查后，将评查意见反馈刑检部门，承办人对评查问题及时整改，部门内勤对评查存在的问题统一梳理汇总，每月通报一次，以此提醒办案人员避免同一问题重复出现。结合2015年规范司法行为专项整治工作，该院案件质量评查出的问题逐步减少，案件质量稳步提升。

7. 强化监督职能，增强介入指导。

该院刑检部门切实树立以"审判为中心"的工作理念，严把案件质量关，强化侦查活动监督工作，以"诉得出、判得了"为工作目标。实行"捕诉合力"办案机制后，承办人对自己批捕的案件都希望能顺利起诉，因此在批捕阶段承办人会考虑尽管案件已达逮捕的条件，但在起诉时还缺少一定的证据，便会在批捕阶段与侦查人员联系，写出需要补充的证据提纲，引导侦查人员收集并固定证据，并监督落实，这不仅避免了案件在起诉阶段退回补充侦查的问题，也全面提升检察机关对侦查活动的监督职能。2015年该院依法作出存疑不起诉2件2人，建议公安机关撤案2人，依法追诉漏犯2人，向公安机关发出书面纠正违法通知书5份，口头纠正10余次，排除非法证据2份。

同时刑检部门还加强与县公安局的协作，建立了岑巩县人民检察院岑巩县公安局《关于适时介入侦查工作暂行规定》，对于重大、疑难刑事案件，该院刑检部门干警（一般为2人）在侦查阶段适时介入，了解案情，掌握相关证据，把好收集固定证据的程序关，从诉讼角度引导侦查机关取证，促使侦查机关取证的及时性、全面性。2015年提前介入命案3件，在引导取证下，案件均已告破。

8. 多方式学习，增强检察干警综合素质。

该院刑事检察部门采取集中学习和个人学习相结合的方式进行学习，该部门干警参加完每周一全院干警学习例会后，还组织内部集中进行学习。集中学习首先由内勤通报本科室上周审查逮捕、审查起诉案件的受理、审结情况、上级院（含部门）通知要求办理的相关事项、事项完成情况、本周需要办理的事项等内容，对未按照制度规定时限办结的案件，责令案件承办人说明情况并限期办结；其次，由刑事检察部门干警轮流领学相关的法律、法规及司法解释；再次，针对办案中好的做法和不足进行交流、总结、整改；最后，分管检察长就工作作风、办案纪律、业务工作等方面存在的不足和需要解决的问题进行强调和部署。

三、实行"捕诉合力"办案机制取得的成效

（一）整合办案力量，缩短办案期限，提高工作效率

自岑巩县检院侦监与公诉合并成立刑事检察部以来，不仅解决了侦监与公诉忙闲不均的问题，办案力量得到了充实，还缩短了案件审结时限，提高了案件审结率。2015 年，共受理审查逮捕案件 64 件 79 人，受理审查起诉案件 145 件 182 人，在审查逮捕案件和审查起诉案件与去年同期相比大幅增加的情况下，审结期限大幅缩短、案件审结率大幅度提升。审查逮捕案件办结时间最短为 2 天（如洪某某盗窃案、刘某某盗窃案），审查起诉案件最短为 1 天（如夏某某非法持有枪支案），审查逮捕案件平均办案期限为 4.5 天，审查起诉案件平均办案期限为 11 天，大大的提高了办案效率。2015 年受理审查起诉为 145 件 182 人，除退回补充侦查 1 件 1 人外，无未结案件，审结率达 100%。

（二）提前引导取证，避免退侦滞后性

承办人在审查批捕阶段一般会按照审查起诉的证据标准拟写需要补充的证据提纲，引导侦查人员收集并固定证据，避免在起诉阶段退回补充侦查滞后的问题。2015 年，捕后侦查机关移送起诉而退回补充侦查案件 6 件，与 2014 年捕后侦查机关移送起诉而退回补充侦查 15 件相比，捕后退侦率下降了 150%，且 2015 年未出现捕后不诉、捕后撤回起诉的案件。

（三）合理分案，效率与质量并重

该院实行的一般刑事案件"谁批捕，谁起诉"，特殊案件指定承办人办理的分案制度既提高了办案效率，又强化了内部监督。对于一般刑事案件审查批捕、审查起诉由同一承办人承办后，承办人在审查批捕阶段对案件的事实、证

据及相关情况已有了解，在审查起诉阶段便能迅速把握案件的证据及法律的适用，大幅度提高了办案效率。对重大、疑难复杂案件审查逮捕、审查起诉案件不同承办人分别承办，有利于实现逮捕程序的独立性和逮捕权的正确使用，防止错案发生，有效解决了年轻干警经验不足，在办理此类案件过程中对案件情节把握不准，适用法律模糊的问题，进一步提高办案质量，2015年该院全年无错捕和无罪案件发生。

（四）激发干警学习积极性，提升工作能力

刑事检察部门的干警要轮流办理审查逮捕和审查起诉案件，这就要求干警在掌握侦监、公诉业务的同时，还要掌握出庭公诉的各项技巧。每周一的部门学习讨论会上，部门干警集中学习审查逮捕、审查起诉的法律、法规、最新司法解释及典型案件，从理论到实践全面提高干警业务技能，以求干警在办理案件时能全面、细致、深入地把握案件的事实和证据。通过多渠道、多方式的学习既培养了检察工作复合型检察人才，也提高了干警综合素质，2015年下半年该院刑事检察部一名业务骨干顺利通过省检院遴选考试，成为省检院公诉处的一员。这不仅激发干警学习积极性，也为适应检察工作科学发展、健康发展、全面发展的要求提供人才保障。

四、基层检察机关实行"捕诉合力"办案机制的现实意义

从岑巩县院实行"捕诉合力"办案机制该院刑事检察工作取得的成效看，基层检察机关实行"捕诉合力"有一定的现实意义：

（一）有利于整合检力资源，节约司法成本，提高办案效率

事（案）多人少、常规工作繁杂、人员分配不均等是基层检察院普遍存在的问题，特别是公诉、侦监科室既要办理好案件，又要做好日常工作，干警的工作负担重、压力大。从近年岑巩县院办案效率看，该院在未实行"捕诉合力"办案机制之前，公诉案件平均办案时限超过23日，批捕案件平均办案期限超5日。特别是在办理一些案件事实清楚、案情简单的一般刑事案件，承办人常常因为手中案件过多，大部分时间偏向审查重大、疑难、复杂的案件，对于简单案件常常是在接近办案期限时才进行审查，从而对无法体现简单刑事案件应"快办、快结"的司法理念。自该院2015年实行"捕诉合力"办案机制以来，一般案件的审查批捕、审查起诉为同一承办人，承办人在批捕阶段已基本熟悉案情，初步了解证据情况，相关法律文书已经制作，到起诉时对案件审查报告略作修改，即可起诉，避免重复阅卷，有利整合检力资源，节约司法成本，提高诉讼效率，

（二）有利于引导侦查，使侦查监督落到实处

检察机关是法律监督机关，对侦查机关或部门的侦查活动进行监督是刑事检察部门的一项重要职责，也是法律监督的重要内容，原有的批捕与起诉分离办案模式在监督制约方面存在责任不清、任务不明等问题。案件在审查批捕期间，由于办案时间较短，对侦查机关或部门移送审查逮捕的涉嫌罪名、案件事实、证据收集等问题只能进行基本的审查，对符合逮捕条件的犯罪嫌疑人依法批准逮捕，但对于遗漏犯罪嫌疑人或者罪名、证据调取不充分等问题，在审查逮捕的短暂期限内侦查机关或者部门无法补充侦查完毕，即只能通过继续侦查补充侦查提纲等形式要求公安机关继续补充侦查。但在检察机关作出批准逮捕或者不逮捕决定后到侦查终结前的时间内对侦查机关或部门难以进行有效监督，当案件移送起诉后，公诉部门对侦查活动先前的情况不甚了解，无法掌握侦查机关或者部门补充取证的情况，使得法律监督局于形式。实行"捕诉合力"后很好地解决了这些问题，承办人在批捕阶段就引导侦查，对需要收集的相关证据及提出的要求已向侦查机关和部门提出，侦查机关和部门在收集、补充、固定、完善证据上有了明确的标准，弥补了侦查监督上的盲区，使法律监督贯穿于整个侦查活动的全过程，不流于形式，增强了侦查机关或者部门的取证意识和责任心，提高了证据收集质量，为整个案件诉讼质量打下良好的基础。

（三）有利于避免检察机关内部对案件标准掌握不一致的情况

实行"捕诉合力"后，检察机关可以全程引导侦查取证、了解侦查机关整个侦查活动过程。一般刑事案件从审查逮捕到审查起诉阶段都为同一同承办人，承办人在审查逮捕时对案件事实及证据的把握便会从是否符合起诉条件的角度出发，要求公安机关补充侦查取证。案件的整个诉讼过程避免了捕诉分离中的捕后不诉、捕后撤案等问题，提高移送案件质量，降低公诉风险，从而也避免同一机关对同一事实因认识不一致而作出不同决定的尴尬。

（四）有利于增强办案人的责任心，确保案件质量

在实际工作中，捕诉分离造成办案人员责任意识降低，职责不清，错案责任难以明确。一旦出现错案，侦查监督部门和公诉部门便会互相避责、推诿，以致"错案追究制"很难具体落实到人头上。"捕诉合力"办案制度的实行，谁批捕的案件谁负责起诉，使得办案人员在审查事实和证据存在的粗心大意得到了遏制，增强了办案人员的责任心，错案责任分明，客观上保证了案件质量。

（五）有利于保障案件当事人的诉讼权利

从办案实践来看，案件一旦进入刑事诉讼程序后，犯罪嫌疑人、被害人或与案件相关的其他当事人最关心的问题为两点，一点是案件何时审结，何时能起诉，另一点就是能判多长刑期。实行"捕诉合力"办案制度后，能够有效缩短办案期限，减少犯罪嫌疑人不必要的羁押时间，并且通过监督侦查机关的侦查活动，减少非法取证，从而有力的保障了犯罪嫌疑人的合法诉讼权利。

观点争鸣

加强对法院民事诉讼活动监督之我见

张渝军[*]

2016 年全省检察长会议上，袁本朴检察长指出："牢牢把握人民群众对司法保障、司法监督的新期待，努力在强化诉讼监督工作上有新举措……着力强化民事行政检察工作。"对全省检察机关做好民事行政检察工作提出了新的要求。

在学习贯彻袁检讲话精神，研究部署 2016 年度民行检察工作目标的过程中，发现本院民行部门对法院的民商事审判、行政审判和执行活动的法律监督力度不强、监督办法不多，工作相对薄弱。结合笔者在法院工作期间掌握的情况，感觉这个问题应该不只是西秀区院一家存在，可能是全省检察机关都普遍存在的问题。西秀区法院近 3 年每年受理的民商事、行政诉讼和执行案件均在 4000～5000 件，但我院民行部门每年提起抗诉的基本没有，发检察建议的也仅有几起。从西秀区法院每年被改判和发回重审的民商事案件多达百件的情况来看，该院民商事的案件判决存在事实不清、证据不足，适用法律不当、程序不合法等问题的并不少，民行部门开展工作是有潜力可挖的。即使是调解结案的民商事案件，办案法官为片面追求调解率以判压调的现象时有发生，民行部门针对调解结案的民商事案件也可以有所作为。鉴于此，笔者就如何加强对法院民事诉讼活动的监督谈几点想法。

---

[*] 贵州省安顺市西秀区人民检察院检察长。

一、为什么要加强监督

（一） 开展对民事诉讼活动的监督是检察机关的法定职权

对法院民事诉讼活动进行监督，是法律赋予检察机关的权力，也是各级检察机关民事行政检察部门义不容辞的责任。我国宪法明文规定，人民检察院是国家的法律监督机关。宪法条文的表述表明，检察机关不仅要查处职务犯罪，还要承担公诉职能，更重要的是要全面承担对法律的执行与适用进行监督。《民事诉讼法》从第208条到第213条，规定人民检察院有权对人民法院的民事诉讼活动进行法律监督。最高人民检察院颁布实施的《人民检察院民事诉讼监督规则（试行）》也对人民检察院如何对人民法院的民事诉讼活动进行监督作了详细的规定。因此，依法监督法院民事诉讼活动，是法律赋予检察机关的重要职权，是检察工作的重要内容之一。

（二） 实施对民事诉讼活动的监督是维护公平正义的必然要求

对法院民事诉讼活动的实施有效监督，是实践习近平总书记提出的"努力让人民群众在每一起司法案件中都感受到公平正义"指示精神的体现。人民法院是国家的审判机关，是刑事、民商事和行政诉讼案件的裁判者，是执行案件的主体，其裁判结果、调解和执行工作，除了接受人大的监督、社会的舆论监督之外，还必须接受检察机关的法律监督。这是法律赋予检察机关的权力，也是提升司法公信力，让人民群众信法不信访的有效途径。也只有让人民群众在每一起司法案件中都感受到公平和正义，司法机关才有公信力，法律的权威和尊严才能得以保障。但司法机关的公信力并非与生俱来，而是司法个案一件一件公平实现的积累，是司法人员长期公正执法的积累。检察机关唯有充分发挥检察职能作用，切实有效加强对法院的审判活动进行监督，督促法院依法公正裁判，才能维护司法公正和司法权威，维护国家利益和社会公共利益，维护公民、法人和其他组织的合法权益，保障国家法律的统一正确实施。

（三） 加强对民事诉讼活动的监督是人民群众对司法公正的期盼

法院每年受理的案件，绝大多数是民商事案件以及延伸的执行案件。法官的素质参差不齐，品质良莠不齐，必然会导致法官办案的程序和实体不可能百分百地实现公平和正义。错案无法纠正、枉法裁判者不加以惩处，必然导致法官的恣意妄为。随着经济社会发展，广大职工群众在经济交往和社会生活中产生的各种纷争越来越多，通过诉讼方式解决纷争的情形也必然越来越多。人民群众合理的诉求因为诉讼不公得不到解决，势必影响社会的和谐稳定，造成信访不信法的恶性循环。司法公信力一旦遭到损毁，重塑就会很难。《习近平关于全面依法治国论述摘编》一书中说：要懂得"100 - 1 = 0"的道理，1 个错案的负面影响足以摧毁 99 个公正裁判积累起来的良好形象，执法万分之一的失误，对当事人是百分百的伤害。因此，检察机关的监督，就显得举足轻重、不可或缺。

二、进行监督的方式

最高人民检察院副检察长姜建初指出：修订后的《民事诉讼法》完善了检察制度，强化了法律监督，为民事检察的发展打下了坚实的基础。首先是明确了检察监督的范围，具体规定了检察机关对于民事生效判决、裁定、调解、审判人员违法行为和民事执行活动的法律监督；其次是增加了检察监督的方式，检察机关不但可以依法提出抗诉，还可以依法提出检察建议；最后是强化了监督手段，检察机关为了履行法律监督职责，除了进行审查外，还可以调查核实有关情况。《民事诉讼法》第 209 条规定：当事人可以向人民检察院申请检察建议或者抗诉。最高人民检察院《人民检察院民事诉讼监督规则（试行）》第 3 条规定：人民检察院通过抗诉、检察建议等方式，对民事诉讼活动实行法律监督。从该条文来看，抗诉和检察建议是人民检察院对法院民事诉讼活动实施监督的主要方式，但对于该条文中的"等"，虽然高检院没有具体说明，采取其他形式的监督应该也是可以的。笔者个人理解，除通过抗诉和检察建议对民事诉讼活动开展监督之外，我们还可以通过向当地党委、人大汇报工作，寻求党委和人大的理解和支持；或者通过向法院发函的方式进行沟通；或者向上一级检察机关进行汇报，通过上一级检察机关来行使抗诉权或发检察建议，以达到监督同级法院依法裁判的目的。

三、案件的来源问题

没有案件线索和来源，对法院民事诉讼活动开展监督根本无从谈起。当前基层检察院民事诉讼监督工作最大的问题就是案源少、线索少。而根据最高人民检察院制定的《人民检察院民事诉讼监督规则（试行）》第 23 条的规定，民事诉讼监督案件的来源包括："（一）当事人向人民检察院申请监督；（二）当事人以外的公民、法人和其他组织向人民检察院控告、举报；（三）人民检察院依职权发现。"因此，我们在发掘民事诉讼监督案件来源时，必然紧紧围绕上述三项规定，立足实际认真分析和研究，找准着力点和突破口，通过有效的方式和办法，拓展案源渠道，有效解决案源匮乏的现实难题。

针对《人民检察院民事诉讼监督规则（试行）》第 23 条规定中的第 1、2 项，前提必须是人民群众知道检察机关有权对法院的民事诉讼活动进行监督，人民群众才有可能到检察机关来申请监督。因此，要畅通群众申诉、控告和举报这条案源渠道，首先必须努力提高检察院民行部门的群众知晓度，让群众了解民行检察工作。结合当前的工作实际，可以从四个方面去强化宣传：一是将民行科的工作职责印成小册子，采取送法进机关、企业、厂矿、社区的方式进行广泛宣传，在乡镇、农村赶集时人员密集场合发放宣传资料，扩大群众知晓率；二是民行科干警要深入到乡镇、社区，甚至田间地头发放便民联系卡，通过与乡镇、社区召开座谈会、开设法律讲座等形式，让老百姓知道可以通过检察机关行使监督权解决其合理诉求；三是在报刊、电视上开设专栏，通过解释法律条文、以案说法等方式，将当事人可以向检察机关申请监督的情形、受理的部门、应当提交的材料、检察机关不予受理的情形、检察机关的处理方式等进行法治宣传；四是通过微信、微博、手机客户端等新型媒体平台对民行工作进行宣传，让更多的人清楚民行科的职责。

针对《人民检察院民事诉讼监督规则（试行）》第 23 条规定中第 3 项，以及第 41 条明确规定，"具有下列情形之一的民事案件，人民检察院应当依职权进行监督：（一）损害国家利益或者社会公共利益的；（二）审判、执行人员有贪污受贿、徇私舞弊、枉法裁判等行为的；（三）依照有关规定需要人民检察院跟进监督的"。但是这里存在三个问题：一是损害国家利益和社会公共利益的案件，一审是基层法院，终审是中级法院，按规定基层检察院应当层报市院决定是否对中院提出检察建议，但是在市院未作出决定前，是否可以对一审法院提出检察建议；二是审判、执行人员虽涉及贪污、受贿、徇私舞弊行为，但法院的判决结果并无问题的，是否也要提出检察建议；三是审判、执行人员的贪污、受贿、徇私舞弊、枉法裁判行为如何确认。

笔者认为，针对第一个问题，基层检察院在上级检察院未作出决定前，不能向同级法院提出检察建议。理由是：基层检察院已经报上级决定，就应当以上级的决定为准，如单方面提出检察建议，有可能与上级的决定相悖，使检察建议失去严肃性，上级检察院是领导机关，下级必须服从上级。针对第二个问题，如法院的裁判结果并无问题，仅是审判、执行人员的贪腐问题，没有必要向法院提出检察建议，而是应当视情形向同级纪委通报情况，由纪委处理，构成犯罪的直接由自侦部门立案侦查更为适当。针对第三个问题，贪污、受贿、徇私舞弊、枉法裁判，这些行为可能已经触犯刑律，在检察院的自侦部门没有侦查完毕结案前，草率定论并提出检察建议，法院往往不会接受。所以，在发检察建议之前，应当由检察院自侦部门侦结完毕或纪委调查结束，有了贪腐的事实和证据再行提出检察建议，否则难以服人，也会造成和法院的误会。

四、如何就审判、执行活动进行监督

在工作实践中，检察机关介入到法院的审判、执行活动中，法院办案人员从情感角度出发并不太乐于接受。首先，监督民事审判、执行活动仅仅依靠民行部门力度往往是不够的，更需要分管民行工作的副检察长甚至是检察长及时和法院分管民商事审判和执行局的领导和主要领导进行必要沟通，说明这是职责所在，以争取取得理解和配合，以寻求支持；其次，民行部门干警在发现线索后，要及时向分管领导汇报后规范开展相关工作，不能草率而为，更不能盲目提出检察建议或提起抗诉，避免行使职权不当；再次，积极主动参与到法院的庭审、调解过程中，以人对庭的方式，如我院民行科在职 4 人，分别对应法院的民一庭、民二庭、行政庭、执行局，明确每人每月参与庭审和调解的件数，对参与的每件案件都要索取裁判文书或调解书备存，达到及时发现并纠正审判活动中的违法行为；最后，检法两家应建立专门的联系机制，保证每半年展开一次专门针对民事诉讼相关工作的协商座谈会，就工作中存在的问题或误会进行讨论、沟通、协调，以求相互理解，求同存异。

五、民行检察队伍建设

打铁还要自身硬。强化对法院民事诉讼活动的监督，有效提升民行检察工作水平，建设高素质、专业化的民行检察队伍是前提，更是要求。在工作实践中，不同程度存在法院办案人员对民行检察部门开展民事诉讼监督嗤之以鼻的情形，客观分析这有当事法官自认为长期从事民事审判而产生的自负心态问题，也不可否认有检察院民行部门干警专业知识不如长期在审判一线从事审判工作法官的现实问题。因此，基层检察院要把提高民行检察工作团队的能力素质作为重要工作来抓，在人员配置上要真正做到力量均衡，把工作热情高、能力素质强的干警调配到民行部门，保证民行部门必要的人员配备；加大培训方面的投入力度，为民行检察干警创造更多学习交流的机会，打造专业化、高水平的民行检察队伍。民行部门人员要努力提高业务素质，不仅要加强对《民法通则》《民事诉讼法》及其司法解释的学习，加强对相关法律法规的学习，还要加强对最高人民法院关于民法及民事诉讼法相关司法解释、规定、批复的学习，熟练掌握相关法律规范，为依法全面开展监督工作打好基础；积极参与各类业务培训和岗位练兵，努力提升自身的素质和能力，真正达到业务精、水平高的标准，以便于更好地履行监督职能，达到抗诉一起胜诉一起，每发一起检察建议，件件有回复有落实，充分体现监督的权威，有效保障公平和正义，实现法律效果和社会效果的统一。

浅议应将买卖驾驶证记分行为入罪

刘宗凯[*]

近年来，随着经济社会的发展，家庭拥有机动车辆已成为社会的普遍现象，掌握驾驶技术和取得机动车驾驶资格已成为绝大多数人不可或缺的一部分。然而，机动车辆的不断增多，不遵守交通规则的现象也层出不穷，有些驾驶人员违反《中华人民共和国道路交通安全法》的规定，故意遮挡号牌、超速行驶，违章停车，高速公路占用应急车道等导致被处罚的情况频繁发生，由此引发的买卖机动车驾驶证记分的行为十分凸显。而对此行为的处罚至今也无明文规定，造成了追究刑事责任困难重重。因此，应当进一步将买卖驾驶证记分的行为法律规定具体化，在打击此类行为上于法有据。

一、同类性质的案件出现了不同的处理结果

2015 年 3 月，丹寨县人民检察院公诉了一起交通民警与社会闲杂人员共同买卖驾驶证记分、谋取非法利益的案件，该案中仅一起事实买卖分数就高达700 多分，参与人员达 20 余人，交易金额达 10 多万元。该院受理后认为，该案犯罪嫌疑人与车辆交通违法车主经协商达成以机动车驾驶证每分 150 元的价格，帮助车辆交通违法车主处理交通违法记录的口头协议后，就以一定的价格向社会上持有机动车驾驶证的人员（大部分是闲杂人员）收买驾驶证记分，之后到车辆管理部门窗口扣掉驾驶证中的分数和交罚款，开处罚单，为违法车辆消除违法记录。犯罪嫌疑人的行为已涉嫌买卖国家机关公文、证件罪。而该案提起公诉后，县法院有的法官认为有罪，有的法官则认为，该案系买卖驾驶证分数，其行为法律没有明文规定为罪，不能以犯罪论处，该院只好撤回起诉并作了相对不起诉处理。同样在 2016 年，毗邻的都匀市人民检察院和人民法院在同时段对同样性质的案件却认为买卖机动车驾驶证记分的行为应当认定为以记分计价买卖处罚决定书的行为，构成犯罪，最终以买卖国家公文、证件罪

---

* 贵州省黔东南州丹寨县人民检察院检察长。

对 6 名被告人作出了有罪判决。同类性质的案件在不同地区的司法机关认识上的不一致，且作出了不同的处理结果，这完全影响了司法机关的权威。同样的行为在彼地认为构成犯罪，在此地则不认为是犯罪，这完全影响了法律的一致性、严肃性和权威性，进而也影响了司法机关的形象和司法公信力。

二、买卖驾驶证记分的社会危害性

（一）买卖驾驶证记分的现状

近年来，特别是《中华人民共和国道路交通安全法》实施后，车辆交通违章违法后记分处罚的情况频繁，让"黄牛"（专门买卖机动车驾驶证为违法车辆消分的掮客）们看到了商机。在网上，代为办理驾照销分等业务的网站或广告比比皆是，街头巷尾也贴有收购驾驶证分数或代办销分业务的广告，一些停放在停车场的车辆也被贴上相关的广告，"黄牛"们甚至到交通违法处理窗口蹲点，公开兜揽业务。而一些机动车驾驶员由于漠视交通法规，闯红灯、随意超速等，导致车辆违法后记扣分严重，有些车辆仅一年内违法记录被记扣分高达几百分和罚款几万元。而消除车辆违法记录，只能通过用机动车驾驶证去车辆管理部门记扣分和交罚款才能实现。为了消除车辆违法记录，不惜花高价买他人驾驶证的分。部分拥有机动车驾驶证却不开车的"本本族"，或者社会上的一些无业人员也打起卖掉驾驶证上记分的主意，在他们看来，卖掉记分既可以避免年底清零作废，又可以挣钱。在利益的驱使下，便有一些人组成买卖机动车驾驶证记分的团伙，共同从事违法销分的业务，谋取非法利益。

资料显示，各省市买卖机动车驾驶证记分的现象非常严重，贵州省也不例外。2016 年，贵州省公安厅开展专项打击活动，经过调查，此类案件各地州市均普遍存在。就贵州省丹寨县来说，就有多人从事买卖驾驶证里记分为他人消除车辆违章违法记录的行业，参与其中还不乏有交通民警。驾驶证记分的交易价格竟高达每分 100 元至 150 元，不少人从中非法谋取了高额的利益。而违规的车辆大多为公车，大多有买分需求的人是国家机关、企事业单位的公职人员，有些人还用公款买分，这些都给国家造成了经济损失，在社会上造成负面影响。

（二）车辆管理部门管理制度上的漏洞，导致买卖驾驶证记分的行为泛滥

驾驶证买分卖分存在原因之一是大多数机动车辆驾驶员遵守交通法规的意识不强，违法后，除了用自己的驾驶证去扣分处罚外，超出部分就只好使用他人的驾驶证去处罚，这就给了买分卖分的"黄牛"提供了生存空间。二是作

案手段多变，难以核查。根据交通法规的规定：只要机动车驾驶人本人持驾驶证、身份证、行车证到窗口办理即可，但是由于很多道路并没有完全安装高清摄像头，工作人员在受理案件时很难甄别前来接受处罚的人是否就是实际的机动车驾驶人。三是交通违法处理窗口工作人员存在工作把关不严、工作失职、渎职的情况，更有少数民警为了谋取非法利益，利用职务之便参与机动车驾驶证中的买分卖分行为，违法代办销分业务，导致管理工作难上加难。

三、惩治买卖驾驶证记分行为的必要性

刑法修正前后都明确了机动车驾驶证属于国家机关证件。而机动车驾驶证的主要功能：一是本人所持有的，证明持有人驾驶机动车辆资格；二是能证明自己身份；三是驾驶证里每年都有 12 分的记分；四是违法被记扣分的机动车辆，要消除其违法记录，只有通过驾驶证里的 12 分中的部分或全部记扣才能实现。否则，违法机动车辆无法通过年检，是不能继续在道路上行驶的。

由此看出，机动车驾驶证除了是证明自己身份的证件外，它实际价值是证件里的 12 分。买卖驾驶证记分的目的是证件里的 12 分。否则，持有非本人驾驶证，无论数量多少，在任何情况和任何时候下都不会具备驾驶机动车辆的资格，也不能驾驶机动车辆。因此，买卖驾驶证记分的行为应当构成买卖国家机关证件罪。

《中华人民共和国道路交通安全法》第 24 条第 1 款规定：公安机关交通管理部门对机动车驾驶人违反道路安全法律、法规的行为，除依法给予行政处罚外，实行累积记分制度。公安机关交通管理部门对累积记分达到规定分值的机动车驾驶人，扣留机动车驾驶证，对其进行道路交通安全法律、法规教育，重新考试；考试合格的，发给机动车驾驶证。买卖机动车驾驶证记分的行为，影响了公安机关依法办案和交通安全管理秩序。买卖驾驶证记分，使得真正违法的机动车驾驶人没有受到惩罚，应接受教育的得不到教育，将会引发危险驾驶、交通肇事等犯罪的祸根和导致重大人员伤亡的恶性案件。驾驶证是国家证件，代表着国家的权威，法律已经明文规定处理交通违法需要机动车驾驶人持本人驾驶证等相关证件到窗口接受处罚，而通过买卖机动车驾驶证记分代他人违法消分的行为就是对国家管理权威的一种挑战，是对国家机关依法进行社会管理活动的一种破坏，损害了国家对证件的管理活动，也导致国家管理能力和公信力的降低。

四、健全法制，有效打击

《刑法修正案（九）》将第 280 条修改为："伪造、变造、买卖或者盗窃、

抢夺、毁灭国家机关的公文、证件、印章的，处三年以下有期徒刑、拘役、管制或者剥夺政治权利，并处罚金；情节严重的，处三年以上十年以下有期徒刑，并处罚金。伪造公司、企业、事业单位、人民团体的印章的，处三年以下有期徒刑、拘役、管制或者剥夺政治权利，并处罚金。伪造、变造、买卖居民身份证、护照、社会保障卡、驾驶证等依法可以用于证明身份的证件的，处三年以下有期徒刑、拘役、管制或者剥夺政治权利、并处罚金；情节严重的，处三年以上十年以下有期徒刑，并处罚金。"《刑法修正案（九）》第 23 条规定："在刑法第二百八十条后增加一条作为第二百八十条之一：在依照国家规定应当提供身份证明的活动中，使用伪造、变造的或者盗用他人的居民身份证件、护照、社会保障卡、驾驶证等依法可以用于证明身份的证件，情节严重的，处拘役或者管制，并处或者单处罚金。有前款行为，同时构成其他犯罪的，依照处罚较重的规定处罚。"

从以上的法律条文可以看出，《刑法》第 280 条作了进一步的修改和完善，明确规定了伪造、变造、买卖居民身份证、护照、社会保障卡、驾驶证等依法可以用于证明身份的证件的行为系犯罪行为，体现了我国在立法方面与时俱进。从这一规定中可以看出，买卖驾驶证的行为规定仍然较粗略，对于社会高度关注的买卖驾驶证记分的行为是否构成犯罪仍然没有明文规定，买卖驾驶证记分的违法者得不到应有的处罚，因违法成本低，仍将导致买卖驾驶证记分愈演愈烈。在已经形成的产业链中，会继续钻法律的空子，继续损害国家信誉和正常的社会管理秩序。

综上所述，应当将买卖驾驶证中的记分行为明文规定入罪，并明确"买卖机动车驾驶证里记扣分的行为属于买卖国家机关公文、证件罪"，如此，这需要从立法或制定司法解释两个层面来完善。一是通过修改《刑法》第 280 条，将买卖驾驶证分数的行为入罪，以解决法无明文规定不为罪的问题。建议在《刑法修正案（九）》的基础上，在《刑法》第 280 条后再增加一条作为第 280 条之二："买卖驾驶证记分的，处三年以下有期徒刑、拘役、管制或者剥夺政治权利，并处罚金；情节严重的，处三年以上十年以下有期徒刑，并处罚金。"二是通过制定司法解释，明确规定买卖驾驶证记分的行为触犯《刑法》第 280 条之规定，构成买卖国家机关公文、证件罪。

滥伐林木罪的问题探讨

杨洪冰[*]

滥伐林木是多发于边远山区、林区的普通刑事案件，刑法对其犯罪构成的规定极为简略，这给理论留下很大的解释空间，对实务产生一些问题。虽然出台有相关司法解释对实务进行规范，但这仍不足以解决操作中出现的疑问。本文以刑法条文、司法解释等法律文件作为基础，结合刑法理论，就实务中遇到的一些问题进行探讨。

一、滥伐林木的发案机理

《刑法》第 345 条第 2 款规定，违反森林法的规定，滥伐森林或者其他林木，数量较大的，构成本罪。这里的"数量较大"，不仅是作为本罪的法定刑标准，也是区分行政违法行为和犯罪行为的界限。根据最高法解释[①]规定将两种情形视为"滥伐"，一是没有获得林业主管部门许可的无证（采伐证）砍伐，二是获得了许可，持有采伐证，但未按照采伐证规定的地点、采伐方式、采伐数量等要求进行采伐而出现超伐的有证采伐。从直观上可以看出滥伐林木罪有行政犯之特征。所谓行政犯，相对于自然犯而言，是指这一类行为主要是违反行政法规范（这类规范有限地被刑法认可）而构成的犯罪。无证采伐系完全脱离行政管理而成立犯罪，表明了行为对法律规范的直接违反，其行为方式较为简单，没有深入阐述其案发机理的必要。需要说明的是有证采伐的问题。

按照林业部门林业采伐方面的规定[②]，林木采伐基本流程是：（1）采伐申请；（2）采伐调查设计；（3）采伐许可证核发；（4）伐前公示；（5）伐区拨交；（6）实施采伐；（7）青山检尺；（8）伐区验收。第（3）阶段林业部门颁发采伐许可证时，其许可证会将采伐的范围、数量、采伐方式、采伐时间等

---

* 贵州省黔东南州剑河县人民检察院检察长。

① 最高人民法院《关于审理破坏森林资源刑事案件具体应用法律若干问题的解释》。

② 本文参考的是贵州省林业厅《关于天保工程区人工林采伐管理试点有关问题的通知》（黔林资通〔2006〕168 号）。

作出明确的规定，采伐者取得采伐许可证后实施采伐之前，林业部门依职权应安排林木所有者、调查设计者、发证者、采伐者（有时和林木所有者为同一人）到采伐地点指定伐区周界，填写相关文书后，方能开始采伐，此谓伐区拨交。同时规定，林业部门在采伐申请人整个采伐过程中，实施监督，防止滥伐发生。滥伐林木案以结果论罪，考察其案发因素，多发于第（3）阶段采伐许可证核发、第（6）阶段伐区拨交和第（7）阶段实施采伐。主要成因是：采伐者对采伐许可证记载要求不理解或理解错误，伐区拨交时候出现错误或偏差，采伐者在采伐时有过错等。

由此可见，要保证整个林木采伐过程不出现违法乃至犯罪发生，基本上要依仗于行政部门的专业指导和监督。缺少这种专业性的指导和监督，那会加大出现违法犯罪的发生概率。一个滥伐林木案件的发生，可能是采伐者一方的过错，也可能是林业行政部门一方的过错，或是共同过错。对滥伐林木案件进行刑事司法认定，必须建立在对案件发生仔细斟酌基础之上，严格按照刑法的规定，审慎地予以定夺。

二、林业行政管理过错对滥伐林木罪成立的影响

原则上，行政程序错误的纠正和刑事责任的追究是并行不悖的。前文已说明，为了能进行合法采伐林木，需要林业管理部门予以必要的技术指导和采伐监督，例如，行为人甲获得林木采伐许可证后，由于林业技术人员的指导出现错误，采伐者在这一错误指导下采伐林木而导致滥伐结果发生的。依照一般的法律情感，显然不能追究滥伐林木的责任，转而可以考虑追究技术人员的责任（行政的或刑事的）。不能追究刑事责任的刑法法理在于，行为人没有过错，阻却其责任。需要注意的是，行政程序的瑕疵并不完全阻却林木采伐者的责任。因为存在各自过错并存共同导致滥伐结果发生的情况，而且在一些极端的案件里，林木采伐者会在行政程序瑕疵的基础上扩大这一错误，甚至会为了追求经济利益而恶意使用行政程序瑕疵。例如，林业技术人员错误划定 10 个平方米的采伐范围，而林木采伐者却借此疏漏采伐了 100 个立方米的林木。在这种情况下，显然要追究林木采伐者的责任。因此，即便是在行政程序错误的前提下，也需要分析这一错误对滥伐结果作用力的大小，以及林木采伐者自身的过错大小来确定各自的责任。在这一类案件中，原则上不应该课以林木采伐者过多的注意义务和危险结果防范义务，特别是涉及行政管理领域的事项，不能以专业人士的标准去要求林木采伐者注意到林木采伐审批程序中的错误而以此防范危害结果的发生。否则，刑法强人所难，违背基本的法正义。

笔者注意到一种动向，林业部门在近些年来调整了一些林业采伐方面的指

导，在林业采伐的拨交环节，将伐中监督完全转交给林木采伐者，由采伐者自己监督防止超伐产生①。笔者不得不认为，这种做法虽然能减少林业部门的责任，但另外却有行政不作为之嫌。即便林木采伐者因此造成滥伐结果，也不能因此追究其责任。如果以此追究采伐者责任，缺少正当性，考虑刑法的预防犯罪功能，其结果只能是限制了公民采伐林木的自由。

三、区分民事行为和滥伐林木行为应注意的问题

这里主要讨论一种情况：甲、乙、丙三人合伙投资购买某片山林做生意，经协商，甲负责出资，乙负责办理采伐证，丙负责砍伐。结果，由于乙办理采伐证不及时，丙无证组织民工进行砍伐导致滥伐。在实务中，将所有投资的人以本罪追诉的情形并不少见。笔者认为，这种一并追诉的做法暂且抛开事实认定问题，其隐含的危险倾向在于，错误将民事法律行为混同于犯罪行为。民事合伙共同经营的行为只要没有违反法律禁止性规定，就不能成为刑法制裁的依据之一，相反应受到法律的保护。在实施砍伐林木之前的所有行为，刑法并不过问。要进行追诉的事实切入点在于，在采伐进行中行为是否符合本罪规定的滥伐特征，细化而言，要考虑行为人是否办理了采伐证，在采伐证没有办理之前进行采伐，这一危害结果的发生责任如何进行分担等。此外，滥伐林木案件中的雇工采伐问题也值得注意。例如，甲购买某片山林，并取得采伐证后，雇请民工乙进行采伐。但乙未按照甲划定的采伐四抵界限采伐，或疏忽大意未按照范围进行采伐，造成滥伐。实务中基本上都以追究山林所有者为主。在这种案件中，查明案件事实仍是关键，其目的在于要查明导致滥伐结果发生的原因。如果是受雇民工故意超伐，放任超越范围砍伐的，原则上应追究受雇民工的责任。雇主对此持积极追求或放任态度的，一并予以追究。在个别案件中，也出现雇主为了多采伐，故意对受雇民工作出错误指示而导致滥伐的情况，这按照间接正犯原理，直接追究雇主责任即可。

如果讨论民事合伙乃至共同犯罪问题，需要讨论不作为犯的情形。纯正不作为犯的滥伐林木案件极其罕见，常见的是不纯正不作为犯情形。例如，采伐者甲和乙共同出资，共同采伐某片山林，在甲先行进行采伐后，乙到场，发现了甲已经超范围采伐，但为了能更多的获取木材，乙对甲的超伐行为未置可否，任由滥发行为继续。对甲追究责任并无异议，问题在于是否能追究乙的责任。从表面上看，乙并没有积极行为，但滥伐结果的发生，是在甲的积极采伐行为和乙的消极放任行为共同作用下产生的，行为人在行使民事权利的过程

---

① 国家林业局《关于改革和完善集体林采伐管理的意见》（林资发〔2009〕166号）。

中，有义务防止侵害法益的行为发生，将行政法律课以的义务作为滥伐林木不纯正不作为犯之先行义务来源，在刑法上具有一定正当性。当然，关于滥伐林木的不纯正不作为犯问题，需要一定的限制，特别在非共同犯罪案件中慎重适用，易导致扩大刑法的制裁范围，违反罪刑法定。

四、滥伐林木罪的违法性认识问题

滥伐林木案件中出现相当多的"法盲犯罪"，很多行为人根本不知道未经办理采伐许可证砍伐树木触犯刑法，特别是行为人采伐自己所有的林木时，这种行为合法的观念便有一种天然的正当性。但实务似乎对此类情形从没有无罪化的先例，在相关法律判词中也少有进行缜密的论证，基本上采取回避的态度。

这里涉及滥伐林木的违法性认识问题。所谓违法性认识，是指行为人对自己的行为在法律上被禁止的认识或意识。在大陆刑法上，违法性认识是影响到行为人刑事责任的一个至关重要的因素，因为行为人仅仅有故意或过失，还不足以对其进行责任非难，还需要考虑行为能够实施合法行为却决意实施违法行为的场合，才能进行责任的非难。按照这一思路，行为人是否认识法律就成为需要考虑的问题。理论上对违法性认识存在争议，但还是有立法却将违法性认识作为影响行为人刑事责任的一个必要条件，[①] 行为人缺乏违法性认识的，阻却或减小刑事责任。

无证采伐的法盲犯罪仍以滥伐林木罪定罪处罚，其基本出发点是"国民不许不知法律而免责"，传统的刑法理论也认为法律认识错误并不免责。这给统一处理类似案件以及满足刑事政策的需求带来一定的便利，但这种"不能以不知法而免责"的观点正当性并非不言自明，诚如批评所指出的那样，"国民知法，只不过是拟制……强调处罚的必要性，显示权威刑法的恶劣弊端，违反责任主义原则"。[②] 涉嫌滥伐林木的多为文化层次较低的农民群体，对于行为的违法性没有认识的情形并不少见，一概以罪论处，损害刑法预防功能。即便是我国作为违法性认识不要说的理论通说，一方面认为行为人不知法的抗辩不能成立，另一方面又承认在某些特殊情况下，查明行为人确实不知行为违法的，以无罪论处。[③] 这不能不说是一种前后矛盾的理论，似乎是在追求刑法制裁广泛性和个案正义之间作艰难的平衡。

前文说过，滥伐林木具有行政犯的特征，不同于传统的故意杀人、盗窃等

---

① 立法情况，见日本刑法。

② 马克昌：《比较刑法原理》，武汉大学出版社 2002 年版，第 436 页。

③ 引用通说理论观点。

自然犯罪，对行为在法律上被禁止的性质，并非源于一种朴素的正义观念。行政犯的立法初衷在于保证某种行政目的的实现，刑法上予以确认为罪，会大量引用行政法律条款，要指望全体公民能对国家行政法规熟悉并不现实，滥伐林木这类罪名援用的行政法条款则更为冷僻，故原则上对于这类无证采伐的法盲犯罪，查明行为人确不知法的，原则上不以罪论处。① 或许会认为，如果无证采伐这类法盲犯罪无罪化，会引起犯罪增加，导致刑法的松弛。笔者认为，首先，刑法的威慑力并非是控制犯罪数量的一个根本因素，某种犯罪数量的增减源于深层次的社会经济因素，刑法制裁对滥伐林木案件增减作用并不明确，② 缺乏实证的证据；其次，坚持违法性认识缺乏无责任，源于刑法的责任主义原理以及刑法正义原则的要求，控制犯罪数量以及实现行政管理目的的任务，不能全部依靠于刑法；最后，违法性认识缺乏无责任，并不意味着对于此类行为放任不理，一方面取决于行政司法部门的法律普及，另一方面可以采取行政处罚的措施进行控制，动辄追究刑事责任，并非自由主义刑法的追求。

五、滥伐林木罪犯意的认定

按照《刑法》第 15 条的规定，滥伐林木罪的犯意只能由故意构成，过失不构成此罪。由于滥伐林木罪的行政犯特征，准确地揭示本罪的犯罪故意，在理论上有很大的难度。而且，在实务中大量的滥伐林木案件，出现形形色色的"过失犯罪"。所以，讨论滥伐林木罪的犯罪故意就具有一定的意义。

故意的定义和犯罪构成上的定位，一直是大陆法系刑法理论上争论不休的问题。但基本上肯定故意包括认识因素和意志因素。我国刑法所称的故意，是对行为人本人行为引起的一种社会危害结果的认识因素和意志因素的组合。由此可以肯定，原则上，间接故意并不排除于滥伐林木罪之外，这一点与共同犯罪的不纯正不作为犯有所契合。

刑法总论对故意认识因素的规定适用刑法分则，主要内容有：实行行为、因果关系、结果犯中的危害结果、行为主体、行为对象等。但"具体犯罪的故意所要求的认识内容是不相同的"。③ 结合前文关于滥伐林木罪的发案机理

---

① 这一结论实务恐难以接受，但司法解释对非法采伐国家重点保护植物一类案件，却要求行为人对"重点保护植物"必须明知。在笔者看来，这里的明知和滥伐林木罪的采伐许可证必需之认识，在刑法上是同一个问题。

② 笔者对所在辖区 3 年来的滥伐林木刑事案件作统计显示，平均每年追诉此类案件不在少数，但滥伐林木案仍为所有受案数量之首。

③ 张明楷：《外国刑法纲要》，清华大学出版社 2008 年版，第 212 页。

论述，本文认为，该罪故意的认识因素主要包括：无证采伐行为和有证采伐行为的认识；林木采伐许可证对采伐范围、树种、采伐方式、数量等内容的认识；滥伐结果发生的认识；滥伐行为和危害结果因果关系的认识。在对上述客观事实认识之后，行为人对行为导致的后果的决意，成为滥伐林木罪故意的意志因素。由于本罪仅处罚故意，故行为人对构成要件的认识错误可能导致阻却故意（或成立过失），从而不构成犯罪。

在此立场之上，讨论几种情形：例 1，林木采伐者误认为采伐自己的林木不需要采伐证的无证采伐，因而构成犯罪的。在暂不讨论违法性认识的条件下，可以认为行为人对上述采伐行为这种客观事实认识没有错误，而只是发生法律认识错误（误认为无证采伐合法），不影响故意成立，构成犯罪。例 2，林木采伐者由于对采伐许可证规定的采伐数量、采伐范围等内容，基于正当合理理由（如林业部门过错）认识错误，从而导致滥伐结果发生的，阻却故意，不构成犯罪。例 3，雇工采伐指示错误的情形，如果这种指示明显错误导致滥伐，行为人在排除过失的情况下，应认定故意而追究其形式责任。

综观滥伐林木罪故意问题，关键在于林木采伐需要林业部门的指导和监督，理论上如果在林业部门的指导和监督下实施采伐，其滥伐结果的发生时微乎其微的。但在事实上滥伐林木案层出不穷，究其成因，总能在林业主管部门和林木采伐者任何一方上找到。依照过错情形对滥伐林木者定罪与否，其难处倒不在于刑法适用，而是在证据上如何能证明行为人的故意。

六、结语：抑制滥伐林木案，刑法最有效吗

李斯特曾说，最好的刑法便是最好的刑事政策。刑罚作为打击和预防犯罪的手段，在一个社会中尽管是必需的，但不是最好的。滥伐林木犯罪案件，不同于故意杀人、抢劫、放火等"本质恶"的自然犯，而是国家基于某种行政管理目的需要被刑法予以禁止，这里的行政规范和刑法规范在某种程度上是统一的，即便将违法采伐犯罪化的终结目的在于保护有限的资源，但丝毫不影响类似罪名的正当化变得不证自明。在某些边远落后山区，林木作为村民唯一的经济来源时，所谓的法盲犯罪就不可避免发生了，从很多情况来看，刑法制裁的法律宣传效果远远达不到司法部门所设想得那样完美。刑法对不可避免的法盲犯罪加以制裁，使得在行政刑法这一领域，刑法的正义价值突然变得可疑起来，展现出专横的面孔。从刑法中剔除次类犯罪当然不可取，但减少这类犯罪，更寄希望于行政程序的完善和行政执法的细致，以及在有条件的情况下，寻找一种可替代的资源。

侦防一体化常设性机构设置对提升
职务犯罪惩防工作水平可行性的探讨

——兼论《人民检察院组织法》修改

陈恩志 *

一、现行组织架构下检察机关预防机构的设置及其缺陷

现行《人民检察院组织法》（以下简称《组织法》）对内部组织机构设置仅作了原则性的规定，即第 20 条："最高人民检察院根据需要，设立若干检察厅和其他业务机构。地方各级人民检察院可以分别设立相应的检察处、科和其他业务机构。"最高人民检察院《关于地方各级人民检察院机构改革意见的实施意见》，虽对机构设置予以进一步细化明确，但仍有诸多模糊之处，如职务犯罪预防机构是独立设置，还是与职务犯罪侦查部门合为一体，等等。在立法不完善的情况下，各地检察机关普遍采用了"侦防分立"的机构设置方式，近年来，不少检察机关还将职务犯罪预防机构"撤科（处）设局"，这种设置虽有利于体现预防工作的重要性和独立性，但也带来了侦防分离乃至侦防脱节的现象。实践中，预防部门由于与侦查部门存在区隔，无法及时了解具体职务犯罪案件的情况，以致错过介入时机的现象时有发生，不仅缩小了预防工作开展的空间，也弱化了侦查工作的效果，造成侦防一体化建设存在"浮在面上"的现象，显然与检察机关"侦防分立"机构设置的初衷相违背，不利于反腐败斗争的开展。

二、侦防机构设置分立面临的现实困境

2010 年，高检院下发《关于建立侦防一体化工作机制的通知》，要求各地把侦查和预防放在同等地位来部署，同步开展。在此背景下，各地职务犯罪预防工作呈现新的发展局面，但在侦查与预防机构分立的情况下，侦防一体化建

设也面临一些突出问题：

一是侦查与预防机构设置分立，弱化了职务犯罪预防的作用。受诸多法律沿革、传统执法理念等因素的影响，衡量检察机关打击腐败力度的重要指标之一，就是对国家工作人员职务犯罪的立案数和查办率，很大程度上导致一些检察机关重视打击腐败的显性作用，忽视职务犯罪预防的隐形作用，过于注重查办案件这个"硬指标"，而把职务犯罪预防工作仅仅作为一种"软任务"，由于侦防机构分立，加之多数检察机关侦查与预防部门分属不同领导分管，侦防互动或侦防一体化建设显得"刚性"不足，侦查部门不愿意或不重视与预防部门进行工作上的沟通和联系，形成侦查强、预防弱，侦防不能同步推进、齐头并进的局面。侦防机构分立，是造成"重打轻防"、侦防一体化建设不能深入推进的重要原因。

二是职务犯罪预防职能定位模糊，为预防机构设置带来一定障碍。《宪法》第 129 条规定："中华人民共和国人民检察院是国家的法律监督机关。"检察机关的职权范围是由《宪法》赋予，《组织法》具体规定而形成。《宪法》对法律监督职能的界定较为粗略，《组织法》已有 30 多年未作修改，对近年来检察机关通过打击职务犯罪而衍生的一些预防职能，是否属于法律监督职能均无定论。职务犯罪预防职能的法律定位缺失，给预防机构设置带来了重重障碍，不少地方机构编制部门对设立检察机关设立职务犯罪预防机构的必要性充满疑问，认为检察机关是借此为解决人员编制、干警职级待遇找"借口"，因而不少老、少、边穷地区编制管理部门不批准检察机关设立预防机构的现象偶有发生。

三是"重打击轻预防"的人员配置模式，使侦防一体化建设流于形式。预防工作内容多、任务重，涉及预防调查、犯罪分析、检察建议、警示教育、行贿犯罪档案查询、预防咨询六大项工作，同时还要完成理论调研、各种材料的撰写等任务。同时，预防工作要紧跟案件查办才有生机与活力，然而目前，大多数基层检察院均把精兵强将安排到侦查部门，难以保证预防部门的专业化、专门化建设，工作量和人员配置比例失调，有的预防部门甚至是"一人科室"，在人员少、任务重的情况下，很难有足够的工作时间和精力介入自侦案件的侦查、讯问和向侦查部门提供案件信息等，其结果造成对案件情况掌握得不全面、不透彻，与侦查部门的配合协作也是被动应付，个案预防工作难以搞好，侦防一体化工作出现了形式化、表面化的倾向。

四是机构分设造成考评分离，不利于对侦防一体化建设的科学评价。目前，上级检察机关对下级检察机关年度考核，往往是先以部门为单位，自上而下对工作绩效进行单独考评，最后对总的工作予以综合评定。然而实践中，上级院对侦防一体化建设的考核通常都没有具体的衡量指标，缺乏针对性、系统性、连续性，对反贪、反渎、侦监、公诉等部门的考核分值设置较高，对同属检察业务工作的预防职务犯罪分值设置少，这不但影响了预防部门干警对预防工作的热情，也会使其他检察人员产生"预防工作不重要，搞不搞都一样"的思想，办案部门尤其是自侦部门在职务犯罪发案原因调查、行业系统预防、检察建议工作的配合、协调方面自然不积极不主动。同时，对预防工作的考核侧重于书面材料，客观上导致了"材料出成绩，数字化预防"局面的出现，使预防成为一项"务需"工作。

可见，以上因素已成为制约检察机关深入推进侦防一体化建设的"瓶颈"，要从根本上解决这一问题，一个有效途径是：设立侦防机常设性机构，整合侦防资源，从而真正实现打击与预防信息共享、人员共用、考核同步。

三、设置侦防一体化常设性机构的必要性

一是侦防一体化常设性机构的设置，是《宪法》赋予检察机关法律监督权的应有之义。《宪法》赋予了检察机关法律监督机关的地位，其职权由《组织法》具体体现。反腐败是检察机关法律监督职能的重要组成部分，从本源上讲，职务犯罪惩治与预防是检察机关反腐败工作的两个方面，缺一不可，两者共同构成检察机关对国家工作人员职务廉洁性的法律监督权，符合《组织法》关于检察机关任务的规定。本文认为，从法律属性来说，设置侦防一体化常设性机构，符合宪法的人民主权原则，符合建设法治中国的现实需要，也是检察一体化的具体体现。通过设置侦防一体化常设性机构，更能实现职务犯罪惩治和预防的有机统一，更有助于检察机关履行好《宪法》赋予的神圣使命。

二是侦防一体化常设性机构的设置，是当前反腐败形势的迫切需要。党的十八大以来，新一届党中央领导集体认识到腐败问题"亡党亡国"的潜在后果，加快了建设法治中国的步伐，坚持"老虎"、"苍蝇"一起打，以把权力关进制度的"笼子"来谋划反腐败建设。职务犯罪案件呈现出的隐蔽性、高智能性和专业性的特点，要求检察机关不仅要在惩治上下功夫，更要在预防上费心力。综观现今工作模式，虽然存在侦防一体化的工作机制，但毕竟预防部门不具备侦查的职权，对很多重大、复杂案件不能进行深层次的发案原因剖析，仅凭联系协调制度和及时介入审讯，不能深入了解发案单位权力运行模式、体制机制漏洞等制度上的问题，造成侦防一体工作失衡。因此，侦防一体化常设性机构的设置具有重要的现实意义。

三是侦防一体化常设性机构的设置，是检察机关内部资源的重新优化和整

合。内设机构的设置，必须以符合检察权的科学分解为设置标准，才能够保障检察职能的充分发挥和行使效果。党的十八大要求惩治和预防腐败要深入研究并实施体制、机制、制度创新，侦防一体化从机制建设对社会管理创新提供有力的司法保障。因此，侦防一体化常设性机构的设置，在检察机关内设机构改革中具有重要的现实意义。它不单单是司法体系内部法律监督权的整合，更是打开了检察机关与国家制度相联系的一扇大门，让预防工作在惩治工作的支撑下"说得起话、做得成事"。检察机关应将一批会办案、会研究的高素质检察人才整合在一起，在发挥检察机关侦查职能的同时，让检察机关在参与社会管理创新的过程中行使话语权，为相关制度建设出谋划策。

四、侦防一体化常设性机构的设置构想和需要解决的问题

（一）设置精干、高效的侦防一体化工作平台

在机构设置上，应坚持高瞻远瞩、精简机构、提升规格，用联系和发展的观点，将职务犯罪的侦查工作和预防工作视为一个分子式中的两个元素来看待，设立一个涵盖侦查与预防职能的综合机构，才能将职务犯罪的侦查工作与预防工作有机地结合起来，从根本上解决制约惩治与预防职务犯罪的难点与弱点，真正推动侦防一体化建设，有效地遏制和减少职务犯罪行为的发生。具体而言，可效仿国务院"大部制"改革，将职务犯罪侦查与预防工作归类合并，设立职务犯罪侦查预防局，下设反贪污贿赂侦查部门、反渎职侵权侦查部门、职务犯罪预防部门、综合管理部门，对外统一行使查办和预防职务犯罪职责。通过归类合并，使检察机关侦防人力资源得到合理配置，不仅便于组织和调配，也较好地解决了机构臃肿、人浮于事、忙闲不均、职能交叉、机构重叠、律出多门等问题，可以大大提高侦防一体化工作效率。

（二）机构设置需要明确的几个问题

1. 完善《组织法》，为机构设置提供立法保障。坚持立足国情，结合检察机关在新时期、新形势下应发挥的作用，修改完善《组织法》。进一步规范和明确检察机关具体职权，改变现有组织法对职权的概括性描述带来的不确定性，将职务犯罪预防的具体职权纳入检察院组织法中来。要明确检察机关行使职权的具体程序和方式，特别要切实转变现行组织法与相关部门法之间存在冲突的局面，将检察机关行使法律监督的程序及手段纳入修改的检察院组织法中来，扭转职务犯罪预防工作"空有力气而无利器"的现实格局。优化整合检察机关内设机构，合理配置检察人员，改变部分内设机构职能重叠，部分机构"力不从心"的局面。

2. 优化内部管理模式，切实发挥机构综合效能。坚持检察一体化的原则，注重优化职务犯罪预防侦查局的内部管理模式。要加强职务犯罪预防侦查局内部的制度建设，如信息交流、预防介入、对外沟通协作、联合调研等制度，做到分工合理、统筹有序、及时高效，强调在制度框架内的各项业务提升。在职务犯罪预防侦查局的整体运作上，将反贪污贿赂工作、反渎职侵权工作、职务犯罪预防工作同步部署与谋划，齐抓共管，推动侦防工作齐头并进。做到在人员、设备、信息资源的统一整合，提升效率，及时纠偏，侦防工作"你中有我，我中有你"，侦查人员可以是预防能手，预防人员同样是办案精英。通过科学、高效的内部管理，发挥职务犯罪预防侦查局的最大效能，有效预防和遏制腐败问题。

（三）提高人员待遇，避免部门整合出现"后遗症"

在各地检察机关在内设机构设置的探索实践中，因未处理好检察人员相关待遇，而导致创新宣告"破产"的事例屡见不鲜。因此，设置职务犯罪预防侦查局，必须充分考虑如何解决检察人员政治、经济待遇的现实问题。本文认为可通过两个途径解决：一是采取提升检察机关级别的方式，职务犯罪侦查局的级别得到相应提升。同样在检察长的领导下，职务犯罪侦查局设局长一名，副局长三名，局长由常务副检察长担任，副局长同未整合前三部门级别相同。二是采取职务犯罪预防侦查局机构高配的模式，提高职务犯罪预防侦查局人员的政治、经济待遇。利用这两种方式，减轻因部门整合造成的职位减少、检察人员待遇无法解决而产生的不利工作的问题。

（四）健全完善考核机制，增强侦防一体化工作实效

为改变侦防一体化建设考评"浮在面上"的现实困境，本文建议对职务犯罪侦查和预防实行综合考核，并在实践中完善两个方面的工作：一是提高对基层检察院预防考核分值的设定。适当提高考核分值，以此唤起基层检察院领导和干警对预防工作重要性和必要性的认同，从而更多更好地支持预防工作，形成检察机关内部齐抓共管的预防格局，推动侦防一体化工作机制的长足发展。二是调整考核内容。要顺应侦防一体化工作机制的要求，注重工作实效和业绩的考核，降低调研材料等考核力度，加大对检察建议采用率、案件线索处理结案率、个案预防率、专项预防效果等收获明显、实效作用大的工作考核力度，既可把预防干警从"材料堆"中解放出来，把主要精力放在个案预防、检察建议等工作上，又能调动预防干警扎实工作、求真务实的工作积极性，促使预防和侦查部门干警自觉主动地在侦防一体化工作中互相配合，协调发展，取得查办和预防职务犯罪的更好成果。

检察机关提起、参与民事公益
诉讼方式与应注意的问题

朱启松[*]

随着我国经济结构调整、城镇化进程加速，国有资产流失、环境污染、垄断经营严重等违反法律的行为严重侵害了社会公共利益，受害者不能、不愿意、不敢通过诉讼途径保护自己的利益或者法院以各种理由对此类案件不予受理、驳回起诉或判决原告败诉，造成社会公共利益得不到有效保护，检察机关参与社会公共利益保护也成为一种历史必然。

无论是从理论上看，还是从实践中的可操作性看，都决定了检察机关是提起、参与民事公益诉讼的最佳主体。自 1997 年河南省方城县第一起民事公益诉讼成功以后，包括贵州等地的检察机关相继进行了公益诉讼，至今检察机关提起和参与的公益诉讼达百起，包括国有资产流失、垄断、消费者权利、教育权及平等权案件等。尽管对于检察机关提起、参与公益诉讼，存在支持、质疑、提出建议等各种声音。但不可否认，检察机关提起、参与公益诉讼的大胆探索尝试，为我国建立公益诉讼制度提供了宝贵的司法实践资料。

一、检察机关开展民事公益诉讼活动的方式

（一）支持起诉

检察机关开展支持起诉是以《民事诉讼法》第 15 条 "机关、社会团体、企事业单位对损害国家，集体或者个人民事权益的行为，可以支持受损害的单位或者个人向人民法院起诉" 为法律依据的。支持起诉是由检察机关帮助原告提起诉讼的方式，支持起诉中，检察机关只是协助原告完成诉讼活动，对当事人的诉讼后果不承担责任，支持起诉中，所有民事实体性权利义务以及重要的诉讼权利义务均由实体原告承担。在当前检察机关提起公益诉讼法律依据不充分的情况下，支持起诉是检察机关参与公益诉讼的比较常见的方式。如借款

---

* 贵州省黔南州贵定县人民检察院检察长。

人在农村信用合作社借款逾期不履行还款义务，导致国有资产流失的案件中，可以由检察机关要求并支持其主管部门提起公益诉讼。支持起诉具有民事诉讼法的依据，因此能为我国法院接受，在许多地方被广泛采用。检察机关开展支持起诉是民事诉讼法规定的一个原则，支持起诉除了国资保护领域外，还主要适用于弱势群体诉讼、诉讼主体缺位的公害案件等。但支持起诉具有严重的缺陷。首先，检察机关在诉讼中的地位不明确，既不是原告也不是被告，因此，导致其在诉讼中的作用不确定。其次，检察机关不是诉讼的一方当事人，不直接参与诉讼，在维护国家利益、社会利益方面缺乏力度。

（二）督促起诉

督促起诉是指检察机关发现损害或威胁公益的违法、违约，负有公产管理、社会管理、市场监管、公共服务等公法义务的组织不履行或怠于履行职责，足以导致公益造成损失的，检察机关督促其通过民事诉讼维护公益的做法和制度，是 2003 年才开始探索的维护民事公益的方式。其是以《宪法》第 12 条"社会主义的公共财产圣神不可侵犯，国家保护社会主义的公共财产"，第 129 条"人民检察院是国家的法律监督机关"，《人民检察院组织法》第 1 条"中华人民共和国人民检察院是国家的法律监督机关"为法律依据的。督促起诉的范围应限于有关机关、企事业单位有义务提起诉讼，而不愿、怠于提起诉讼的情况。督促起诉中检察机关充当的是法律监督者的角色，符合我国检察权的职能定位。但同样，督促起诉也存在一定的问题。督促起诉虽然具有一定的公法性，但其强制性较弱，因其效力本质上看，属于一种检察建议，是一种"软约束"，没有法律的强制执行效力。由于没有检察处分权、制裁权，被督促对象常常拖延甚至拒绝监督，责任主体如果又没有达到情节严重的程度，就无法追究其刑事责任。

（三）共同起诉、单独起诉

在共同起诉和单独起诉中，由于检察机关它不请求法院保护自己的合法权益，而是要求保护它所要求保护的权利人的权利；它对诉讼标的不享有实体上的权利和义务；采用此两种方式参与明显缺乏法律依据，导致在 2004 年最高人民法院规定，人民法院不再受理检察机关提起的公益诉讼案件。自此，检察机关公益诉讼权受限，只能以支持起诉、督促起诉方式参与公益诉讼。

（四）检察机关刑事附带民事诉讼

法律有明确规定，如果被告人的犯罪行为导致国家财产、集体财产遭受损失的，人民检察院在提起公诉的时候，可以提起附带民事诉讼，人们也更多赞同"对导致国家财产、集体财产遭受损失的刑事案件，提起附带民事诉讼，是人民检察院法定的检察权"的观点，但在实践中，被害人提起的附带民事诉讼屡见不鲜，而检察机关提起的附带民事诉讼却极为罕见。检察机关提起附带民事诉讼的职能长期被人们包括检察机关自己所忽视。

综上，导致在司法实践中，检察机关主要以支持起诉、督促起诉两种方式参与公益诉讼。

二、检察机关提起、参与民事公益诉讼应有的方式

借鉴国外检察机关参与民事诉讼的做法，结合我国检察机关开展的参与民事公益诉讼的探索实践以及保护公共利益的现实需要，笔者认为，我国检察机关在参与民事公益诉讼时，应区分不同情形，并结合特定的诉讼阶段，灵活采取单独起诉、作为从当事人参诉、共同提起诉讼、支持起诉、督促起诉、刑事附带民事诉讼、抗诉、执行监督、审判监督的方式，更大限度地保护公共利益，在此论述如下：

（一）单独提起民事公益诉讼

对于双方当事人恶意串通，损害国家利益、社会公共利益和在公民、企业、社会组织等单方直接侵害公共利益的案件，由于各种原因而无人或无法提起诉讼时，检察机关基于法律监督权有权以国家公益代表人名义作为原告直接提起民事公益诉讼。

（二）作为从当事人参与诉讼

在这种诉讼中，有明确的起诉原告，检察机关仅作为从当事人。这一做法在河南有许多实例。如在国有资产流失案件中，国有资产管理局或直接受损害的企事业单位作为一方当事人，检察机关作为从当事人，造成国有资产损失的责任人与受益人为另一方当事人。应当说，无论是国有资产流失案件，还是环境污染和自然资源、历史文化资源破坏案件，在有具体的可以提起诉讼的原告当事人情况下，只要原告当事人有能力提起诉讼，就应当鼓励当事人作为主当事人提起诉讼。其一，这是尊重当事人诉讼权利的表现；其二，由涉案当事人直接提起诉以诉讼手段维护国家利益和社会公众利益的积极性和能力。同时，按照这一方式，检察院作为从当事人，不仅有利于从法律知识和证据调查上提供支持，有利于监督主当事人在诉讼和案件处理中因不正当交易损害国家利益和社会公益的事件发生，而且还可以减轻检察机关的诉讼负担，节省司法资源。

（三）共同提起

所谓共同提起是指检察机关与其他当事人以共同原告的身份一同提起诉

讼。当不法行为已侵害或即将侵害到不特定多数人的利益时，不特定多数人中的单个人或部分人为了维护自己的利益已提起或准备提起公益诉讼。此时，为了完整地维护已受损害或将要受损害的公共利益，也为了平衡诉讼双方的力量对比，检察机关应当提起公益诉讼和其他受害者的诉讼形成共同诉讼。

（四）支持起诉

我国《民事诉讼法》明确规定："机关、社会团体、企事业单位对损害国家，集体或者个人民事权益的行为，可以支持受损害的单位或者个人向人民法院起诉。"在这种情况下，由与案件有利害关系的受损害单位或个人向法院提起诉讼，检察机关以法律监督机关的身份支持原告的起诉。这种方式检察机关不直接以原告身份出席法庭，而只是作为支持起诉机关参与诉讼，这种方式的主要意义在于，检察机关可依法定手段收集证据，而其他行政主管部门、组织和个人不具有这一法定职权。在目前法律尚未赋予检察机关提起民事公益诉讼的权力时，检察机关以支持者的身份参与民事公益诉讼，符合我国民事诉讼法的规定，不失为一种维护国家利益和社会公共利益的切实有效的办法。

（五）督促起诉

所谓督促起诉，是指当国家利益和社会公共利益受到不法侵害时，享有诉权的主体却怠于行使诉权，检察机关可督促特定主体行使诉权，从而维护国家和社会公共利益的行为。严格意义上来说，督促起诉并不算作检察机关参与民事公益诉讼，因为还没有诉讼的存在，但其是维护公益的一种方式，故在此一并予以论述。在目前我国法律无明确赋予检察机关提起公益诉讼权力的情况下，针对直接提起诉讼而言，"督促起诉"符合现有法律规定，也更符合检察机关"法律监督机关"的职能定位。督促起诉的结果可导致检察机关参与到民事诉讼中来。针对我国目前的立法现状，采用这种参与诉讼的方式，可以有效地维护国家利益和社会公共利益。

（六）抗诉、执行、审判监督

我国民事诉讼法规定，检察机关对已发生效力的错误的民事裁判进行抗诉，对法院的审判和执行活动进行监督，损害公共利益的行为可能发生在诉讼环节中，也可能发生在诉讼环节之外，所以诉讼监督和事后监督都很重要，检察机关充分利用这一明确的法律监督权来维护民事公益。

（七）刑事附带民事诉讼

"如果被告人的犯罪行为导致国家财产、集体财产遭受损失的，检察机关可以提起附带民事诉讼，切实有效地维护国家和社会利益。"这是有法律依据的，但笔者认为，在以刑事附带民事诉讼方式参与保护民事公益时，如果立法能够明确增加检察机关可因公共利益受损提起附带民事诉讼的相关规定（因为国家利益不能等同于公共利益，更不能涵盖公共利益）；扩大可提起附带民事诉讼的"物质损失"种类（将犯罪分子非法占有、处置财物而遭受的物质损失纳入检察机关可提起附带民事诉讼范围）；完善受损单位提起诉讼的有关规定（将受损失单位提起附带民事诉讼的时限提前到检察机关审查起诉期限届满以前）；明确检察机关提起附带民事诉讼的"损失程度"条件（建议以"如果是国家财产或社会公共利益遭受较大损失的"作为检察机关提起附带民事诉讼的条件之一），这样就更能使检察机关有效保护民事公益。

三、检察机关提起、参与公益诉讼时应重点注意的问题

（一）严格把握公共利益的外延和内涵

笔者认为，确立民事公益诉讼的可诉范围，首先要确定公共利益的外延。公共利益包括国家利益和社会利益。公共利益有特定的主体和内容，其主体是社会不特定的多数人，即公众。其内容是国家和社会整体的普遍性利益。笔者认为界定公共利益必须遵循两个标准：（1）侵害行为的客体为公共利益，即国家和社会公众所享有的普遍性利益。（2）侵害行为是民事行为，即排除国家机关履行职责的行为。综上，我国民事公益诉讼的可诉范围可界定为公民、法人和其他组织实施的危害或可能危害国家利益、社会利益的民事行为。检察机关提起、参与公益诉讼的范围应作严格的限制，检察机关应严格把握公共利益的外延和内涵，否则在实践中将无法控制检察权的滥用，极易产生司法腐败。

（二）检察机关谨慎参与

并不是所有的公共利益受损案件都要检察机关提起和参与，其中当事人可以自行诉讼的检察机关应尽量减少参与，以免检察权干涉私权。本文认为以下几种公益诉讼案件应当由检察机关提起、参与：（1）无法确认受害方或受害方无法履行的公益诉讼案件。（2）受害方不愿、不敢提起公益诉讼的案件。在公益诉讼司法实践中，有相当一部分案件的当事人由于种种原因不愿、不敢提起、参与进来，使得诉讼无法正常开展。（3）受害方已经提起或参与进公益诉讼，但由于实际情况的制约，比如取证困难，受被告方制约等情况，使诉讼无法继续进行的案件。除了上面几种情形之外，检察机关应秉着极其谨慎的态度提起、参与公益诉讼。所以检察机关提起公益诉讼限于当事人起诉机制受阻下的公民、法人和其他组织实施的危害或可能危害国家利益、社会利益的民事行为。

（三）明确检察机关在民事公益诉讼环节中的法律地位

笔者认为，检察机关在民事诉讼中的地位应该属于原告。首先，检察机关起诉时符合程序当事人的几个要件，即以自己名义起诉应诉、有诉讼请求、在诉状中明确表示出来，在提起诉讼后，检察机关和一般原告一样享有要求法官回避、依法传唤证人等诉讼权利、并且也承担原告人的诉讼义务，其作为程序意义上的原告是没有问题的。其次，按照当事人适格理论，与具体案件有实体上的法律利害关系的当事人，是实质上的正当当事人，为保护他人利益而拥有诉讼实施权的当事人是形式上的正当当事人。虽然检察机关在提起民事公益诉讼中不是实体意义上当事人，但如果以法律规定使其拥有法定的诉讼担当，检察机关就可以以原告身份进行诉讼，"在现代诉讼中，诉权概念已不再完全受诉讼主体与民事权利人同一性内容的限制和约束，诉权可以与民事权利分离，在特殊情况下，非利害关系人也可以成为诉权的主体"，当事人的概念已经从实体当事人向程序当事人变迁。在民事诉讼中规定检察机关代表国家起诉或被诉，这也是外国很多国家的做法。最后，在公益诉讼中，机关存在主体不敢诉和怠于诉的个别现象，更多的尴尬是无法找到实体权利的直接享有者，在这种情形下，否认检察机关在公益诉讼中当事人的地位而另行追加原告无疑是不现实的，也不可避免会造成诉讼当事人的缺位，甚至影响公益诉讼程序的顺利进行。所以检察机关在民事诉讼中的地位应该合理定位为原告。检察机关在提起、参与过程中，只有清楚自己在诉讼中的法律地位，将自己定位为"原告"，才能不怠于、不过分，才能更好地保护民事公益、减少过分干预对其他权利的侵害。

从严治检

自觉践行"三严三实" 从严打造
"忠诚、干净、担当"的检察队伍

张雪松*

　　2014 年 3 月，习近平总书记在参加十二届全国人大二次会议安徽代表团审议时，强调"作风建设永远在路上"，并指出"各级领导干部都要树立和发扬好的作风，既严以修身、严以用权、严以律己，又谋事要实、创业要实、做人要实"。之后，习近平总书记又多次在不同场合强调"三严三实"，在全党、全社会引起高度共鸣，形成了广泛共识。这短短的 24 个字，指出了共产党人最基本的政治品格和做人准则，是新的历史条件下领导干部做人做事为官的警世箴言。检察机关作为国家法律监督机关，在全面推进依法治国的进程中，担负着主力军的神圣职责，只有坚持从严要求，向实处着力，自觉践行"三严三实"，以"抓铁有痕，踏石留印"的信心和决心，从严打造一支"忠诚、干净、担当"的检察队伍，才能确保全面推动检察工作科学发展。

一、讲党性重修养，不断深化对践行"三严三实"的认识

　　（一）对践行"三严三实"的重要意义要有全面认识

　　"三严三实"，以严字当头，严是基础，是懂规矩、守底线、拒腐蚀，永不沾等严明的纪律要求；以实字托底，即实事求是，忠诚老实，认真踏实的处事态度。如果用一句话来概括"三严三实"的核心思想，那就是 12 个字：对

---

* 贵州省贵阳市息烽县人民检察院检察长。

党忠诚、为人干净、敢于担当。"三严三实"是新形势下我们党对党员领导干部政治品格和做人操守作出的最基本的规范,为新形势下加强党的思想政治建设和作风建设提供了重要依循。这 12 字彰显了我们党一鼓作气抓作风、驰而不息改作风的坚定决心和恒心,是党员领导干部的修身之本、为政之道、成事之要。作为一名检察人员,要站在时代和全局的高度,不断深化对"三严三实"的认识,增强思想自觉和行动自觉,讲党性,重修养,把中央和省委的部署要求落实好。

"三严三实"言简意赅而又意义重大,涵盖了修身用权律己、谋事创业做人等多个方面,与习近平总书记提出的"信念坚定、为民服务、勤政务实、敢于担当、清正廉洁"的好干部标准一脉相承,为我们提供了自我对照的镜子,也为群众提供了评价干部、衡量优劣的尺子。开展"三严三实"专题教育,是党的群众路线教育实践活动的延展深化,是严肃党的政治纪律和政治规矩的重要抓手,是深化作风建设的现实要求。

(二)对践行"三严三实"的科学内涵要有深刻认识

"严以修身"即是要加强党性修养,坚定理想信念,提升道德境界,追求高尚情操,自觉远离低级趣味,自觉抵制歪风邪气。要始终在党性修养锤炼上下功夫,把崇尚信仰作为安身立命的根本,敬畏权力、敬畏人民、敬畏法律,从而形成思想上、行动上的自觉。要始终在道德修养、忠诚履职、廉洁实干上当表率,修身正己,修身养德,砌好信仰的基石;"严以用权"即是要坚持用权为民,按规则、按制度行使权力,把权力关进制度的笼子里,任何时候都不搞特权、不以权谋私。要做到心中高悬法律的明镜、手中紧握法律的戒尺,在法治之下想问题、作决策、办事情。认真开展好规范司法行为和党风廉政建设突出问题这两个专项整治工作,切实做到把权力关进制度的笼子里,让权力之手规矩起来;"严以律己"即是要心存敬畏、手握戒尺,慎独慎微、勤于自省,遵守党纪国法,做到为政清廉。要始终保持对党纪国法的敬畏之心,做一个刚直不阿、清正廉洁,在各种诱惑面前经得起考验的人,真正做到自重而慎微、自省而慎思、自警而慎权、自励而慎行;"谋事要实"即是要从实际出发谋划事业和工作,使点子、政策、方案符合实际情况、符合客观规律、符合科学精神,不好高骛远,不脱离实际。要坚持脚踏实地,敦本务实,着力解决工作飘浮、脱离实际、形式主义、摆花架子,甚至弄虚作假、胡乱作为的问题。要鼓励广大检察人员讲真话、干实事、重实效,把心思用在干事业上,把精力投入到抓落实中,使检察工作的思路、方法和举措符合检察工作和检察队伍实际情况、符合司法工作规律、符合时代发展要求、符合群众利益、符合科学精神,更好地服务经济社会改革发展稳定大局;"创业要实"即是要脚踏实地、真抓实干，敢于担当责任，勇于直面矛盾，善于解决问题，努力创造经得起实践、人民、历史检验的实绩。要舍得付出，舍得吃苦，舍得自我牺牲，主动扛起推动工作发展的责任担当，在实干中破解难题，在实干中抢抓机遇，在实干中推动工作，做"想干事、敢干事、善干事、干成事"的模范，努力创造出"让党满意，让人民满意"的实绩；"做人要实"即是要对党、对组织、对人民、对同志忠诚老实，做老实人、说老实话、干老实事，襟怀坦白，公道正派。要坚持知德守正，自觉严守党的政治纪律和政治规矩，在思想上与党组织同心，在行动上与党组织同步，对群众真情实感，对同志真心实意，不搞当面一套、背后一套，做到言行一致、表里如一。

二、讲根源求实效，深入查摆检察队伍中"不严不实"的问题

自开展党的群众路线教育实践活动以来，检察机关通过广泛征求意见、互相交心谈心、敢于揭短亮丑的基础上，大力整治了"庸懒散慢浮"、"不干事、不担事"以及"形式主义、官僚主义、享乐主义和奢靡主义"等方面存在的突出问题。应该说，检察干警都呈现出积极向上、作风转变的好气象，也赢得了广大人民群众的一致认可。但必须清醒地看到，"四风"问题树倒根存，"不严不实"的现象不同程度存在。表现在有的同志理想信念弱化，工作缺乏动力；有的同志党性修养不够，思想境界不高；有的同志宗旨意识不牢固，为民服务的观念淡薄；有的同志担当意识不够，谋事创新方法不多；有的同志制度执行不严，纪律意识松懈。

以上林林总总反映检察队伍中个别党员干部对工作不负责不用心，不想干事不敢干事干不成事，心思没有放在认真履职和干事创业上。出现这些问题的原因是多方面的，既有个人放纵、自我要求不严的问题，也有权力运行中体制机制方面存在的漏洞，还有外在约束力不强等，但深究其根源，还是自己没有真正解决好世界观、人生观、价值观这个"总开关"的问题。所有"不严不实"的问题，如果不高度重视，回避遮掩，危害极大。对个人而言，自我放松，容易思想滑坡、行为堕落，一旦"刹不住车"，多年的努力奋斗、自我约束一夜清零，甚至失去人身自由，失去人格尊严。对党而言，党员领导干部出问题，败坏党风政风，破坏党群干群关系，久而久之会削弱党的公信力，危害党的执政基础。对检察事业而言，"不严不实"是干事创业的天敌，直接影响工作部署的落实，影响检察工作的科学发展。

三、讲规矩守底线，从严打造"忠诚、干净、担当"的检察队伍

"三严三实"深刻阐明了党员领导干部的修身之本、为政之道、成事之

要，丰富了管党治党的思想理念，对加强党员领导干部党性修养、深入推进新形势下党的建设和作风建设具有重要而深远的意义。作为检察干警，特别是检察机关党员领导干部，关键要在严和实上下功夫。做到"三严"，才能炼就我们思想上的金钟罩，增强抵御各种"病毒"的免疫力；做到"三实"，才能创造出无愧于岗位责任、无愧于党和人民的业绩。践行好"三严三实"的要求，就是要继续坚持"立检为公，执法为民"，把"忠诚、干净、担当"的理念体现在我们的每一项工作中，体现干事创业的每一个细节中。

（一）始终坚持对党忠诚，坚定理想信念

对党忠诚是对检察干警最根本的政治要求，检察机关作为党和人民的"刀把子"，要带头坚定理想信念，始终在思想上、政治上、行动上与党中央保持高度一致，始终把党的事业放在心中最高的位置，毫不动摇地坚持党对检察工作的绝对领导，自觉把检察工作置于全党大局中谋划和发展。习近平总书记指出，要增强中国特色社会主义的道路自信、理论自信、制度自信。检察队伍要加强理论武装，充分认识中国特色社会主义检察制度的优越性，坚定信心决心。理想信念是引路之光，人生之帆，固本之石，坚定理想信念，才会对党绝对忠诚。只有自己相信中国特色社会主义道路，我们才会在这条路上义无反顾地走下去。我们要以"峡谷中求生存、峭壁上谋发展"的勇气和决心、以"等不是办法、只有干才是出路"的闯劲，一心一意，始终如一，找到工作的着力点和突破口，助推检察工作向前发展。

（二）始终坚持为人干净，严守纪律底线

检察干警作为法律法规的执行者和维护者，干净做人做事，是一条必须坚守的底线。如果不能做到自身正、自身硬、自身净，监督别人就会软弱无力。首先是要自觉遵守党章。每一名检察干警都要认真履行好党章赋予的各项职责，严格按照党的原则办事。其次是要守纪律讲规矩。守纪律讲规矩是一种责任，更是一种担当。要自觉遵守国家法律、党内法规以及检察人员纪律规定等，把守纪律，讲规矩放在更加重要的位置，以更强的党性原则，政治觉悟，组织观念要求自己。不闯红线、不触底线、不越雷线。再次是要守住做人、做官的底线。习近平总书记指出，领导干部手中掌握着权力，"各种诱惑、算计都冲着你来，各种讨好、捧杀都对着你去，往往会成为'围猎'的对象"。守住底线，就是要牢记"温水煮青蛙"的道理，守住行为细节，管住生活小节，抵得住诱惑，耐得住寂寞。要严守办案纪律，时刻保持警醒，丝毫不能放松。最后是要做到有戒不妄为。就是不能乱作为，无所顾忌，不受约束。要常怀严以律己之心、敬畏法纪之心，秉公用权，清清白白做人、干干净净做事。

（三）始终坚持责任担当，敢于务实碰硬

"强化法律监督，维护公平正义"体现的就是检察干警的坚持原则、敢于担当。担当是检察干警必须具备的政治品格，要以严和实的更高标准，教育引导检察干警讲责任、讲担当。习近平总书记指出，担当大小体现着干部的胸怀、勇气、格调，有多大的担当才能干多大的事业。如何具体落实到检察工作中？首先，要履行好使命责任，就是习近平总书记指出的努力让人民群众在每一个司法案件中感受到公平正义，这是我们每一位检察干警的共同责任。其次，要履行好担当责任。就是要在大是大非面前敢于亮剑、矛盾面前敢于迎难而上、危机面前敢于挺身而出、失误面前敢于承担责任、歪风邪气敢于坚决斗争，荣誉面前不争功，困难面前不透过，以"水滴石穿、铁杵磨针"的精神，迎难而上，奋勇前行。就当前而言，营造公平正义的法治环境，切实提升人民群众的安全感和满意度，是我们检察工作的第一要务。这就要求我们要把担当精神体现在履行好法律监督中，敢于监督，善于监督，依法监督，规范监督，高点定位、高标准要求，确保工作出新亮点、上新台阶。

"三严三实"的提出是对我党作风建设的进一步升华，为新时期的检察队伍建设提供了基本遵循。我们要把"三严三实"内化于心，外化于行，在落细、落小、落实上下功夫，自觉从严从实加强党性修养、提升思想境界、树立法纪观念、严格秉公用权，强化规矩意识、坚守职业良知。从严打造一支忠于党、忠于国家、忠于人民、忠于法律，做人无愧于己，做事无愧于民，做领导无愧于党的检察队伍。

从严律己　真抓实干
推动检察工作创新发展

向传奎[*]

近期，笔者参加了"三严三实"专题党课，认真自学了上级院和县委关于开展"三严三实"专题教育的相关文件、学习资料，进一步了解了"三严三实"的重大意义和深刻内涵。在学习过程中，笔者结合锦屏县检察工作实际，思考着如何紧密结合自身检察工作实际抓好落实，下面笔者谈两点个人的认识。

一、严以律己，树检察新风

"欲明人者先自明，欲正人者先正己。"领导干部能否严以律己，关乎人心向背，也影响着政治生态与发展大局。"严以律己，就是要心存敬畏、手握戒尺，慎独慎微、勤于自省，遵守党纪国法，做到为政清廉"，习近平总书记的话发人深省，在我们探索锦屏县检察改革关键时期，具有十分重要的意义。这就要求我们领导干部应从自身做起，自觉做遵纪守法的模范，常怀对规矩的敬畏之心，在思想上政治上行动上始终同党中央保持高度一致，才能做人不"妄为"、有权不"任性"，才能树立检察机关"忠诚、公正、清廉、文明"的新风，才能赢得群众信任与支持。严以律己，贵在防微杜渐。党的十八大以来查处的一系列严重违纪违法案件警示我们，不守纪律不讲规矩，往往是一切腐败现象的源头。习近平总书记再三强调，"打铁还需自身硬"。这就需要领导干部从小事做起，从点滴抓起。慎初、慎微、慎行，方可确保忠诚、干净、担当；常怀律己之心、常思贪欲之害、常修为政之德，才能筑牢思想防线，恪守法纪底线。

二、真抓实干，推动检察工作创新发展

真抓实干就是要谋事要实、创业要实、做人要实，就是要检察机关必须在

---

* 贵州省黔东南州锦屏县人民检察院检察长。

转化落实上出实招，不断推动检察工作创新发展。

一是要认真履行检察职能。要坚决维护国家政治安全和政权安全。全力维护社会公共安全，加大对群众反映强烈的多发性暴力犯罪的惩治力度，做好检察环节社会治安综合治理工作。要始终保持惩治腐败的高压态势不放松，提高查办职务犯罪的法治化水平，坚持运用法治思维和法治方式反腐败。要紧紧抓住人民群众反映强烈的执法不严、司法不公的突出问题，真正做到敢于监督、善于监督、依法监督和规范监督，努力让人民群众在每一个司法案件中都能感受到公平正义。

二是要不断提升司法公信力。要将"三严三实"的要求贯穿到规范司法行为专项整治活动中，紧紧围绕重点内容和关键岗位，把执法突出问题和薄弱环节查实、找准，推动专项整治工作扎实开展。要重点加强对领导干部和重点执法办案岗位的管理，强化对检察业务的过程控制、实时监管和事后评价，适时开展专项督察活动，确保检察权运行到哪里，自身监督制约就跟踪到哪里。要深化检务公开，坚持能公开的尽量公开，更好地保障人民群众对检察工作的知情权、参与权、表达权和监督权。

三是要积极推进检察改革。要深刻理解中央的要求，把握好检察改革的正确方向，坚决不犯方向性的错误。对已经部署开展的改革任务，在深化上下功夫，加强督察指导，确保施行见效。对于由检察机关承担的部分改革试点工作，敢于担当、大胆探索，确保按照时间节点，完成试点任务。对一些没有启动的改革措施，适时组织调研论证，为下一步实施提供决策参考。要加强对改革的正面宣传和监督引导，及时回答社会和检察人员的重大思想认识问题，为改革营造环境、凝聚人心、增强合力。

四是要加强检察队伍建设。要注重运用科学理论武装检察人员头脑，把弘扬社会主义核心价值观与培育检察干警的职业道德、职业信念、职业行为紧密结合起来，夯实干警的思想基础和职业信仰。要创新教育培训体系，加强任职资格、岗位技能和专项业务培训，强化对检察业务专家、业务尖子和办案能手的培养使用。要持续不断地加强纪律教育，抓好司法作风突出问题。对违反制度规定要求的，坚决发现一起，查处一起，确保政令畅通。

作为检察机关领导干部，学习永远是进行时，作风建设也永远在路上。检察干警一定要将"三严三实"的深刻内涵融入到思想中，落实到工作中，以"严"和"实"的过硬作风，推动检察工作迈上新台阶，努力为建设"美丽锦屏"、"法治锦屏"作出新的更大的贡献！

浅析基层检察院检察长
如何扛起"两个责任"

刘安黔[*]

党的十八届三中全会强调:"落实党风廉政建设责任制,党委负主体责任,纪委负监督责任。"习近平总书记在中央纪委三次全会上对"两个责任"作了系统阐述,提出了具体要求。这是以习近平为总书记的新一届中央领导集体科学研判当前反腐败斗争形势作出的重大决策,是适应新时期党建工作与党风廉政建设发展的全新理念,是适应全面深化改革的新需要,是对惩治和预防腐败规律的深刻认识和战略思考,是加强党风廉政建设的重要制度性安排,为检察机关深入推进党风廉政建设和自身反腐败工作提供了根本指引。数量占全国检察院88%的基层检察院,处在执法办案一线,也是落实"两个责任"的中坚力量。集党组书记、检察长两个角色于一身的"一把手",是落实主体责任的第一责任人,对党风廉政建设负有不可推卸的政治责任,既是领导者、组织者,又是落实者、推动者。从这一角度出发,笔者尝试结合谈一谈基层检察院检察长在落实"两个责任"中应注意的一些问题。

一、基层检察院现状

(一)管辖范围大小不均,少数民族聚居

相较于省市(州)级检察院和其他地区县级检察院,西部老少边穷地区基层院普遍存在,所辖地域范围广、人口少、多种少数民族聚居。现有中层干部中大多数为本地少数民族,风俗、民俗习惯制约严重,人情交错、熟人社会特征明显,人情关系对执法办案干扰较多。这就要求在充分尊重干警少数民族的风俗人情的前提下,把干警生活圈、社交圈列为重点监督范围,对容易发生执法不严、司法不公问题的重点领域和关键岗位,要进一步完善、落实监督制约机制,预防检察干警办理人情案、关系案的现象发生。

---

* 贵州省黔东南州从江县人民检察院检察长。

（二）人员编制、机构设置不科学，检力不足

一是由于历史原因，部分基层检察院编制配比不科学，普遍偏低，导致办案力量紧缺，除主要业务部门外，大部分科室均为一人科，甚至一人多岗，严重影响办案质量和效果。如从江县总面积为 3244 平方公里，辖 21 个乡镇，36 万人口，而对应的从江县检察院编制仅为 37 人，为黔东南州人员编制较少的基层检察院之一，干警主要精力往往放在应付日常工作，"两手抓、两手硬"落实不力。二是虽然落实了中央"八项规定"，但县城内事关全局性的会议仍然必须派员参加。检察干警被抽调参与驻村帮扶、大型维稳等中心工作，也占用了一定数量的检力。这就造成了少数基层院干警疲于应付日常工作，思想上不重视、工作中忽视"一岗双责"的落实。

（三）组织结构简单，编制增长缓慢

1979 年检察机关重建以来，全国检察机关人员编制虽然得到了大幅扩增，但相较于公安、法院，检察干警人员编制数量增长缓慢。以我院（从江县检察院）为例，在 2000 年的编制数为 32 人，15 年后，现有编制也仅有 37 人。在这样的集体中，检察长作为第一责任人，个人的言传身教对检察干警的影响显得尤为重要。因此，检察长在党风廉政建设中，须更加注重、充分发挥个人的引领、示范作用。

（四）纪检监察机构及人员配备良莠不齐

基层检察院中虽都设立了监察室，但由于人员短缺，配备专职工作人员的却寥寥无几，大部分基层院配备的纪检监察人员多为兼职，有的只有纪检组长一人具体负责纪检工作，普遍存在纪检监察机构不全、人员配备不到位的问题。这就要求基层院检察长要懂得科学整合、调配纪检监察、案件管理、检务公开等内外部监督资源，提升监督合力和实效。

（五）存在"重业务轻双责，重形式轻内容"的传统

长期以来，基层院在落实党风廉政建设责任制中，存在重视不够、举措不多、责任不清、落实不力的问题，工作常停留在发一次文、开一次会、签一份责任状、学几份文件等流于形式的动作上，成效不大。由于好人主义、怕出丑担责，追究检察干警违纪违法行为上也失之以宽软。要扭转这种不良习气，需要检察长转变理念，带头抓部署、抓落实，亲自做执行和推动工作，既挂帅又出征，使党风廉政建设责任制真正落地生根。

二、检察人员所面临的四种风险

一是经常与消极因素接触带来的工作风险。检察机关不是"世外桃源"，

检察人员不是生活在真空里,并不具有天然的免疫力。由于工作原因,许多检察人员经常同犯罪分子打交道,经常接触社会阴暗面,长期面对消极因素的侵蚀,面临的腐败风险和考验比普通公职人员更大、更严峻。

二是检察职责带来的权力风险。查办职务犯罪的力度越大、法治化程度越高,检察机关的权力和社会影响就越大。权力是把"双刃剑",用之得当,造福人民;用之不当,害人害己。权力越大,责任越大,受到侵蚀、走向腐败的危险就越大。

三是公开、透明、信息化社会环境带来的执法风险。执法办案活动时刻处在公众的视野里、媒体的聚光灯下,社会监督无处不在,公正执法难度增大,检察人员言行稍有不慎就可能成为舆论热点。

四是监督者身份带来的职业风险。检察官的称号很光荣,但责任也很重。检察官是公平正义的化身,是监督者,公众的期望值更高,要求更严,容忍度更低。检察机关不是"保险箱",检察官身份不是"护身符",自觉接受监督,严格规范执法行为,才能降低执法风险。

三、守土有责、守土尽责,切实抓好五个方面工作

当前,基层检察院在"四风"方面和执法司法中存在一些突出问题,发生了极少部分检察干警违纪违法案件,严重影响了检察机关在人民群众心中和社会舆论中的整体形象和声誉。为此,基层院检察长一定要树立"抓好党风廉政建设是本职,不抓党风廉政建设是失职,抓不好党风廉政建设是不称职"的理念,切实扛起"两个责任":

(一)扛起领导责任,推动责任落实

当前,人民群众和社会舆论对检察机关给予了很大的关注,对检察机关严格执法、公正司法的期望和要求更高。要提升检察机关执法司法公信力,树立法律监督者的权威,作为与广大人民群众联系最密切的基层院,在落实"两个责任"上就显得尤为重要。"火车快不快,全靠车头带",只有检察长重视党风廉政建设责任制的落实,把落实"两个责任"作为全局性、经常性工作来抓,与检察业务工作同部署、同落实、同检查、同考核,并切实做到重点工作亲自部署、重大问题亲自过问、重点环节亲自协调、重要案件亲自督办,"两个责任"才能见内容、见成效。

(二)扛起公开责任,接受社会监督

基层检察院落实好"两个责任"还要敢于接受社会各界的监督,而落实公开的关键就在于基层检察长。一是要与"三严三实"专题教育、检察机关

规范司法行为专项整治相结合，自觉贯彻落实中央和最高检的各项规定、禁令、要求，基层检察院"一把手"面对司法不规范和"不严不实"问题敢于带头亮短揭丑，敢于接受社会各界监督，做到知无不言、言无不尽。二是要以身作则，抓好全院检务公开工作，引导教育全院干警树立"以公开促公正，以透明促廉洁"的理念，亲自主持"深入推进检务公开，主动接受社会监督"为主题的"检察开放日"活动，主动邀请人大代表、政协委员、人民监督员和群众代表视察指导工作，针对提出的意见和建议有则改之，无则加勉。

（三）扛起管理责任，落实各项制度

要健全各项廉政制度，注重预防，深化检察体制和工作机制改革，建立健全行之有效的规章制度，全面提升干部队伍综合素质。一是要紧紧抓住落实中央"八项规定"精神不放松，严格执行上级有关规定、禁令，坚决纠正不以为然、打折扣、搞变通行为，坚持不懈抓到底，打好攻坚战、持久战，坚决把不正之风刹住、把纪律松弛管住。二是要健全各项廉政制度，注重预防，坚持用制度管权、管事、管人，深化检察体制和工作机制改革，合理分解、科学配置权力，建立健全行之有效的规章制度，重点加强对权力的制约、资金的监控和干部任用的监督，切实把权力关进制度的笼子里。

（四）扛起教育责任，坚持源头预防

一方面是要经常性地组织、督促院党组学习贯彻中央、省、市（州）、区（县）委及上级检察院关于党风廉政建设工作的重大决策部署，及时向全体干警传达相关文件精神，每年至少讲一次党课，结合反面典型警示教育检察人员廉洁自律，对法纪心存敬畏，不存侥幸。另一方面是要建立多层次的谈话制度，真正从爱护干部出发，对不公正、不廉洁问题早发现、早纠正，警醒检察人员特别是领导干部管住自己的生活圈、交往圈，敢于顶住来自内外部权力、金钱、人情、关系的干扰，防止小错铸成大错。

（五）扛起指导责任，大力支持纪检监察部门监督、执纪、问责

加大对院纪检监察部门"转职能、转方式、转作风"工作的指导和支持，进一步突出主责主业，强化执纪监督，经常听取纪检监察工作汇报，分析和研判反腐败斗争形势，积极支持纪检监察部门执纪执法工作，对腐败问题敢于亮丑、敢于亮剑，切实做到发现一起、查处一起，绝不姑息迁就。对发生腐败案件或"四风"、执法作风问题长期得不到有效治理的部门，实行"一案双查"，既追究当事人责任，又倒查相关人员的领导责任和监管责任。唯有如此，才能形成震慑力，促使全体检察人员守住做人、处事、办案、用权、交友的底线。

充分发挥检察职能 护航"三变"改革大局

肖 力*

"无工不富,无农不稳"。近年来,六盘水市牢守发展和生态底线,坚持以结构调整为主线,以农民增收为核心,以深化改革为动力,积极在全国率先探索农村"资源变资产、资金变股金、农民变股东"的"三变"发展新模式,有效破解"三农"发展难题,大力推进精准扶贫工作,打造出在全国都有重大影响的普古乡舍烹村、淤泥乡岩博村、石桥镇妥乐村等一批基层创新实践亮点典型,为全国推进农村改革探索出一条可推广、可复制的成功之路。目前,"三变"改革工作已在贵州省9个地州市88个县区全面推开试点。作为国家法律监督机关的检察机关,把服从发展大局、服务"三变"改革作为新时期的主要任务是历史使命的必然要求,也是检察机关职能作用的必然要求。

一、提高认识、坚定信念,树立服务"三变"改革信心

"三变"改革以统领中国农村改革,促进经济社会跨越发展为总体目标,旨在让沉睡的资源活起来、让分散的资金聚起来、让增收的渠道多起来,有效激活农村发展新动力、找到精准扶贫新路径、构建共同发展新机制、创造绿色发展新办法、夯实农村治理新基础,是一项利国利民的有效创新,得到各级领导的高度赞扬。习近平总书记在2015年11月27日中央扶贫开发工作会议上明确提出"要通过改革创新让贫困地区的土地、劳动力、资产、自然风光等要素活起来,让资源变资产、资金变股金、农民变股东,让绿水青山变金山银山,带动贫困群众增收"。国务院副总理汪洋对"三变"改革工作高度肯定,在中央农村工作会议等多次会议上提出高度肯定三次亲笔提出具体要求,对国务院扶贫办、国家财政部、农业部到盘县调研作出具体安排。贵州省委书记陈敏尔亲临六盘水市调研和指导并多次亲笔批示,为"三变"改革提供了无限的鼓励与支持。"党中央突出强调力度不减、节奏不变,继续保持遏制腐败的

---

* 贵州省六盘水市盘县人民检察院检察长。

高压态势"重要部署，省委、省政府"在民生领域开展整治铸廉行动"重要安排，也为我们检察机关服务好"三变"改革提供了政策、组织等方面的依据。"立检为公、执法为民"的检察工作宗旨也就是党的"全心全意为人民服务"的根本宗旨也指明了检察机关服务"三变"改革的必然性，为检察机关开展该项工作树立了信心和勇气。盘县人民检察院在六盘水市检察系统率先制定出台了《盘县人民检察院服务"三变"改革实施方案》，从服务措施、组织领导、工作要求等方面做出详细安排，为切实服务好"三变"改革做出了有效探索。

二、立足职能、惩防结合，维护"三变"改革稳定环境

大局稳定是科学发展的基石。检察机关服务"三变"改革要把维护环境稳定放在首位。一是严厉查处职务犯罪案件，突出查办涉及"三变"改革的贪污贿赂案件、渎职侵权案件，不断加大对改革过程中执法不公等背后的职务犯罪的查处力度，大力肃清影响改革顺利推进的不和谐因素。二是积极开展"三变"改革职务犯罪预防宣传教育，主动提供预防咨询和法律服务，及时向相关部门提出预防对策建议，对改革中重大项目开发、资金使用等内容制定专项预防方案，完善监督制约机制，适时开展专项调查分析，为促进源头治理提供依据。三是大力开展精准扶贫，找准工作着力点，认真开展"民生资金保护专项工作"、"环境保护专项行动"等工作，不断加强民生监督，努力惩防民生领域职务犯罪，确保国家各项惠民政策及惠民资金落实到位。四是严打各类影响"三变"改革的违法犯罪活动，坚持提前介入引导侦查制度，实行重大案情通报和沟通协调机制，依法快捕快诉，确保打击力度和效果，形成有效的威慑效应。

三、检民联动、强化普法，化解"三变"改革矛盾纠纷

"三变"改革矛盾纠纷涉及方方面面，有历史渊源也有现实发展的渊源，解决涉及改革的矛盾纠纷必须要加强与农民群众的沟通，加强普法力度，提升农民群众法律意识，立足调节、和解等多元化的矛盾解决机制，才能进一步促进改革科学发展。一是深入农村，利用实地走访、"12309"网上网下一体化平台、接访处访、热线受理等平台畅通检民沟通渠道，加强检民沟通力度，加深对农民的了解，提升农民群众对检察机关的认可度和公信力，切实筑牢工作基础。二是发挥普法教育职能，着力提升农民群众法律水平。"三变"改革问题的关键是人，有效化解改革中的矛盾纠纷首先要着力增强农民群众的自我保护意识和提升法律知识水平，切实提高其维权意识和维权效果，只有将他们的

行为和思想引导到法治的轨道上来，才能使工作效果最大化。三是发挥服务协调职能，为解决涉农矛盾纠纷提供法律支持，积极引导和支持农民群众通过合法途径维权，理性表达诉求，认真开展检调对接、刑事和解等工作，有效解决涉法涉诉问题，切实维护人民群众合法权益。

四、打造队伍、转变作风，提高服务"三变"执行能力

服务"三变"改革，重在执行，关键在队伍建设。我们要牢固树立"立检为公、执法为民"的司法观念，将检察工作与群众工作紧密结合，在提高执行力上下功夫。一是认真分析服务"三变"改革中遇到的困难和问题，进一步加强干警的思想政治、业务素质、职业道德教育，着力打造一支铁一般忠诚、铁一般法纪、铁一般担当的检察队伍，努力使人民群众对检察机关办理的每一个案件、处理的每一件事情都感受到公平正义。二是深入贯彻群众工作路线，切实转变工作意识和服务意识，有效利用"守纪律、讲规矩、转作风、树形象"等活动契机，不断加强责任意识、公仆意识、服务意识教育，保持同人民群众的血肉联系，切实实现好、维护好、发展好农民群众的合法利益。三是坚持从农民群众满意的地方做起，从农民群众不满意的地方改起，从农民群众容易误解的地方沟通起，立足本职岗位，切实把关注民生和保障民生作为检察工作的立足点，把农民群众的满意度作为检查工作的落脚点。

"三变"改革是农村改革的有效尝试，也是全面深化改革的重点和难点，检察机关服务改革创新，既要坚持底线思维，坚决维护法律正确实施和维护社会公平正义不动摇，又要坚持问题导向，适时认真分析改革过程中出现的新情况和新问题，创新工作模式，使工作方式方法适合新形势的需要，才能更好地发挥服务作用。这是一个需要形成新常态的课题，还需要我们进一步努力。

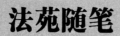

法苑随笔

"去贪之道"史料点评三则

龙晨明[*]

习近平总书记指出：深入推进党风廉政建设和反腐败斗争，需要坚持发扬我们党在反腐倡廉建设长期实践中积累的成功经验，需要积极借鉴世界各国反腐倡廉的有益做法，也需要积极借鉴我国历史上反腐倡廉的宝贵遗产。研究我国反腐倡廉历史，了解我国古代廉政文化，考察我国历史上反腐倡廉的成败得失，可以给人以深刻启迪，有利于我们运用历史智慧推进反腐倡廉建设。本文尝试以"子注合本"的方式，对三则关于"去贪之道"的史料进行简要注释和点评。

一、白居易：厚其禄、均其俸

臣闻为国者（主持国政的人），皆患（担忧）吏之贪而不知去贪之道也，皆欲吏之清而不知致清之由也。臣以为，去贪致清者，在乎厚其禄、均其俸而已。夫衣食阙（通"缺"，缺乏）于家，虽严父慈母不能制（节制）其子，况君长能捡（同"检"，约束）其臣吏乎？冻馁切于身，虽巢由夷齐（巢父、许由，相传为尧时隐士，尧欲让位于二人，皆不受；伯夷、叔齐，商孤竹君之子，武王灭商，耻食周粟，饿死于首阳山）不能固（固守）其节，况凡人能守其清白乎？臣伏见今之官吏，所以未尽贞廉者，由禄不均而俸不足也。不均者，由所在课料（通过考评发给俸禄或津贴）重轻不齐也；不足者，由所在官长侵刻（侵占、剥夺）不已也。其甚者，则有官秩等（官阶品级相等）而

贵州省六盘水市人民检察院检察长。

禄殊，郡县同（郡县等级相同。唐以户口、出产、形势等条件分州为上、中、下三等，县为赤、畿、望、紧、上、中、下七等）而俸异，或削夺以过半，或停给（停发俸禄）而弥年（整年），至使衣食不充、冻馁并至。如此，则必冒白刃、蹈水火而求私利也，况可使抚人字物（抚爱民众）、断狱均财（公平处理纠纷）者乎？夫上行则下从，身穷则心滥。今官长日侵其吏，而望吏之不日侵于人，不可得也。盖所谓渴马守水，饿犬护肉，则虽日用刑罚，不能惩贪而劝清（警戒贪贿、激励清廉）必矣。陛下今欲革时之弊，去吏之贪，则莫先于均天下课料重轻，禁天下官长侵刻，使天下之吏温饱充于内，清廉形于外，然后示之以耻，纠之以刑，如此则纵或为非者百无一二也。①

白居易为《策林》七十五篇，在唐宪宗元和元年（公元 806 年）。其时，白居易 35 岁。《策林序》曰："元和初，予罢校书郎，与元微之将应制举，退居于上都华阳观，闭户累月，揣摩当代之事，构成策目七十五门。及微之首登科，予次焉。凡所应对者，百不用其一二，其余自以精力所致，不能弃捐，次而集之，分为四卷，命曰《策林》云耳。"（《白居易集》卷六十二）如此，则《策林》创作乃是为"应制举"而作的学术准备，相当于如今为参加公务员考试而做的一个"申论习题集"。《策林》以"退居于上都华阳观，闭户累月"而成，听起来有点儿"闭门造车"的味道，但因为"揣摩"的都是"当代之事"，而"精力所致"的"揣摩"过程本身就是一个系统研究时事与历史的过程，并未脱离"文章合为时而著，歌诗合为事而作"（《与元九书》）的主旨，因而《策林》实际上就成为白居易明确系统阐述自己政治观点的一部论文集。因为准备充分，元和元年四月的这一次应试（所应为"才识兼茂明于体用"科）很成功，元稹（微之，即"元九"）获得第一名，白居易第二名，授盩厔（今陕西周至）尉，明年十一月以盩厔尉充翰林学士，三年四月改授左拾遗，五年五月除京兆府户曹参军，仕途一路畅通，也很得宪宗赏识，一些重要意见被采纳。《使官吏清廉》为《策林》第 39 篇。对于怎么样才能够"去贪"的问题，白居易的答案就是 6 个字："厚其禄，均其俸。"官吏们之所以要"贪"（"未尽贞廉"），原因就是"禄不均俸不足"，而"禄不均俸不足"的根由则是"所在课料重轻不齐"和"所在官长侵刻不已"。怎样才能克服"课料不齐"与"官长侵刻"的问题呢？那就是"均天下课料重轻，禁天下官长侵刻"。这里，"课料不齐"无论，"官长侵刻"难道不是"贪"吗？"禁天下官长侵刻"难道不就是要"去贪"吗？于是，"去贪之道"的最后答案：去贪！这在逻辑上可能多少有些问题。

---

① （唐）白居易：《策林·使官吏清廉》，《白居易集》（卷六十四）。

当然，这并不是说白居易的分析论证是错误的，或者说《使官吏清廉》研讨的问题无关紧要。这里有几个问题需要阐述：（1）"课料"的大概意思就是通过考评发给俸禄或俸禄之外的补贴，相当于今之所谓"绩效工资"。因此，"课"的权力无论掌握在谁的手里，寻租空间都很大，不言而喻。（2）"侵刻"很可能和"课"有很大关联。主持"课"事的"官长"不管是中央巡视官员还是地方首长，在考评过程中，凡在考评范围内，无论"官"或"吏"，只要他不待见，你都得自认倒霉。由此导致"官秩等而禄殊，郡县同而俸异，或削夺以过半，或停给而弥年，至使衣食不充、冻馁并至"。实在没有办法，当然只好"冒白刃、蹈水火而求私利"。由此，"不能惩贪而劝清必矣"！所以，"陛下今欲革时之弊，去吏之贪，则莫先于均天下课料重轻，禁天下官长侵刻，使天下之吏温饱充于内，清廉形于外，然后示之以耻，纠之以刑，如此则纵或为非者百无一二也"。这才是白居易立论的基础。这些问题，实际上至今仍然是问题。（3）主张高薪养廉，并且重点照顾收入较低的公务员群体，白居易不是首创，当然更不是绝响。西汉时期，宣帝于神爵三年（公元前 59 年）就曾下诏："吏不廉平则治道衰。今小吏皆勤事而俸禄薄，欲其毋侵渔百姓难矣。其益吏百石已下俸十五。"（《汉书·宣帝纪》）东汉建武二十六年（公元 50 年），光武帝"诏有司增百官俸，其千石已上减于西京旧制，六百石已下增于旧秩。"（《后汉书·光武帝纪》）唐玄宗天宝十四载（公元 755 年），制曰："衣食既足，廉耻乃知。至如资用靡充，或贪求不已，败名冒法，实此之由。辇毂之下，尤难取给。其在西京文武九品已上正员官，今后每月给俸食、杂用、防阁、庶仆等宜十分率加二分；其同正员官加一分。仍为常式。"（《册府元龟》卷五〇六）及至清之顾炎武，仍坚持认为："今日贪取之风，所以胶固于人心而不可去者，以俸给之薄而无以赡其家也。"（《日知录》卷十二）高薪能不能养廉，至今见仁见智。但薪俸是否合理与廉政建设确有重要关联乃是不争的事实，需要高层在制度设计方面予以认真考虑和安排，毕竟不能要求每个公务员都是海瑞。（4）需要补充说明的是，尽管白居易此文以"俸不足"立论，但事实上，在白居易的时代，公务员的工资水平一直是比较高的，公务员们因此都很有自豪感，这在白居易的作品中有很充分的体现。创作《策林》之前，白居易的职务只是"秘书省校书郎"，但生活上已经完全是衣食无忧："茅屋四五间，一马二仆夫。俸钱万六千，月给亦有馀。"（《常乐里闲居偶题十六韵》）为盩厔尉，"吏禄三百石，岁晏有馀粮"（《观刈麦》），所以能够安心构思杰作《长恨歌》。担任京兆府户曹参军，"俸钱四五万，月可奉晨昏。廪禄二百石，岁可盈仓囷。"（《初除户曹喜而言志》）及至后来因为"越职言事"被贬江州司马，仍然能够在享受"岁廪数百石，月俸六七万"(《江州司马厅记》)的优厚待遇之际,闲适安逸,用心消遣,一不小心弄出一篇千古传诵的《琵琶行》。顾炎武经过周密考证,认定"今之制,禄不过唐人十二三"(《日知录》卷十二),的确让人羡慕。

二、包拯:禁锢贪官

臣闻廉者,民之表(表率)也;贪者,民之贼(祸害)也。今天下郡县至广,官吏至众,而赃污擿(tī)发(检举揭发)无日无之。洎(jì,等到)具案既上(定罪材料呈报上来),或横贷(突破法律规定宽免罪责)以全其生,或推恩(推行恩惠,谓随意给予特殊待遇)以除其衅(免除其罪过):虽有重律,只同空文;贪猥之徒(贪婪卑鄙之人),殊无畏惮(毫不畏惧)。昔两汉以赃私致罪者,皆禁锢(禁止封闭,勒令不准做官)子孙,矧(shěn,何况)自犯之乎!太宗(赵匡义,公元976~997年在位)朝尝有臣僚数辈犯罪,并配(全部发配)少府监隶役(服劳役),及该赦宥(yòu,赦免),谓近臣曰:"此辈既犯赃滥,只可放令逐便(公职人员犯有过失被削职为平民,释放之后令其自便),不可复以官爵。"其责贪残(责罚贪污和残害百姓的人)、慎名器(慎重对待官爵礼制)如此。皆先朝令典(宪章法令),固可遵行。欲乞今后应臣僚犯赃抵罪,不从轻贷(轻易宽恕)并依条施行,纵遇大赦,更不录用;或所犯若轻者,只得授副使上佐(属官或辅佐人员)。如此,则廉吏知所劝,贪夫知所惧矣。①

《择官》一组奏议共24章,主要阐述政府选人用人的一些基本原则和具体问题。《乞不用赃吏》的主旨就是要坚决废锢贪赃枉法的腐败分子,对"臣僚犯赃抵罪,不从轻贷并依条施行,纵遇大赦,更不录用";即使是那些"所犯若轻者",也"只得授副使上佐"之类的职务,不能授予正职。同样的观点,再见于《正刑·请赃吏该恩未得叙用》之章(《包孝肃奏议集》卷四)。这多少有点类似于如今对"裸官"任职限制的某些规定。《乞不用赃吏》盖作于宋仁宗庆历四年(公元1044年),这是一个很有名气的年份,如果有人问这一年发生了什么"大事",我的第一反应就是"滕子京谪守巴陵郡"。《岳阳楼记》的确是很有"价值"的文章。当年,滕子京以涉嫌"费公钱十六万贯"被贬,"同年"好友范仲淹(滕范俱为真宗大中祥符八年进士)"政通人和、百废俱兴"八个大字一出,朝廷既不问巴陵郡GDP增长多少,也不管"重修岳阳楼"巨额经费从何而来,一纸调令就把滕子京提拔到素有"小汴京"之称的徽州去任知府,安享清福。及至一千多年之后的2013年癸巳春节,岳阳

---

① (宋)包拯:《择官·乞不用赃吏》,《包孝肃奏议集》(卷三)。

楼景区管理当局乃推出新政，游客凡能背诵《岳阳楼记》者免 80 元门票直接登楼，足见斯文至今仍然很值钱。微斯文，孰可免费！《岳阳楼记》的这些事儿似乎还说明，《乞不用赃吏》和《请赃吏该恩未得叙用》奏议并没有得到很好地采纳和推行，但这丝毫不影响其历史价值及对后世反腐倡廉的借鉴意义。包拯生活在一个名臣辈出的时代，富弼、文彦博、晏殊、范仲淹、欧阳修等无不声名显赫，但唯有包拯能享受"朝廷士大夫、达于远方学者，皆不以其官称而呼之为'公'"（《包拯墓志铭》）的特殊待遇，"包公"成为古往今来知名度最高的公务员。《宋史·包拯传》提到的欧阳修批评包拯一事，耐人寻味：嘉佑四年（公元 1059 年）三月，京师有一位酒坊老板因积欠官府一批小麦等物资，一时偿还不起，遂廉价变卖部分房产抵债，"三司使"（国家发改委主任兼财政部长）张方平趁机买进了这些房产。包拯认为，朝廷大臣贱买辖下豪民邸舍，"无廉耻，不可处大位"，上奏弹劾，张方平被贬陈州。仁宗皇帝任命宋祁接替，再遭包拯弹劾，理由是宋祁的哥哥宋庠（亦曾为包拯所参）为"枢密使"（国防部长），掌管着军权，弟弟再掌管财权，不合适。此外还有一些鸡毛蒜皮的事情，诸如在成都任职期间"宴饮过度"之类，宋祁又由此罢职改知郑州。宋祁是大才子，以诗词名于世，并与欧阳修同撰《新唐书》，在文学界、社会科学界享有盛誉，以包拯一纸奏章而罢职外放，同僚们已颇有微词。孰料仁宗却突然下一个文件，干脆就任命包拯为"三司使"，而包拯居然也准备接受这个任命！"并逐二臣"自己来干，中外于是哗然。欧阳修立即递呈《论包拯除三司使上书》，认为包拯弹奏宋祁过失本属"蹊田夺牛"，已经过分；而接受任命更是瓜田李下"整冠纳履"，完全不惜名节。包拯什么官都可以做，"其不可为者惟三司使尔"。措词中充满着"拯性好刚，天姿峭直，然素少学问，朝廷事体或有不思"，"况如拯者，少有孝行闻于乡里，晚有直节著在朝廷，但其学问不深，思虑不熟"之类的话语，夹枪带棒、冷嘲热讽，而持论则不可谓不公允。面对此种情形，包拯只得"因居家避命，久之乃出"，但最终还是接受了"三司使"职务并且政绩卓著，一地鸡毛的情况并没有发生。由此可见，当时的北宋君臣还是比较自信的，仁宗、包拯、欧阳修都很可爱，空气质量也比较好。君子道长，小人道消，"正能量"很重要。包拯死后，国家给他的评价（谥）是"孝肃"。在"孝"方面，《包拯传》记载，包拯于仁宗天圣五年（1027 年）"举进士，除大理评事，出知建昌县"。28 岁即可进入正县级，"同中第者虽下流庸人犹数日月以望贵仕"（《包孝肃奏议集题辞》），巴不得早一天去履职，而包拯"以父母皆老，辞不就"。组织上照顾，调整到离家乡较近的和州去当税务局长，"父母又不欲行，拯即解官归养"，一耽搁就是 10 年，直至景佑四年（1037 年）才又出任天长县令,从头干起,由此导致其干部履历总是差人家一大截。就"肃"而言,"拯立朝刚毅,贵戚宦官为之敛手,闻者皆惮之,人以包拯笑比黄河清",连表情都不是一般的严肃。在京师汴京,"童稚妇女亦知其名,呼曰'包待制',京师为之语曰:'关节不到,有阎罗包老'",声望远非一般官吏可比。

其实,我以为无论是"孝"还是"肃",其根本乃在于一个"廉"字。史家评论包拯:"性峭直耿介,与人不苟合,不一毫妄取;平居无私书,故人亲党干谒一切绝之;然恶吏苛刻,务敦厚,于人未尝不恕。其饮食服用喜俭朴,虽贵,如布衣时。"(《纲鉴易知录》卷六九)他还给后人立下一个规矩:"后世子孙仕宦,有犯赃滥者不得放归本家,不得葬于大茔中。不从吾志,非吾子孙。"这实际上和废锢贪官主张不过"公私各表"而已。公生明,廉生威,没有"廉"这个基础,"包公"他不能那么高大。

三、陈廷敬:用制度管人

贪廉者治理之大关(关键),奢俭者贪廉之根柢(基础)。欲教以廉,先使之俭。古者衣冠舆马、服饰器用之具,婚丧之礼,贱不得逾(超越)贵,小不得加(超过)大。今或等威(职级规格和待遇)未辨,奢侈之风未除。机丝所织花草虫鱼,时新时异。贫者循旧(遵循旧式)而见嗤(被人耻笑),富者即新(追求时髦)而无厌(没有止境)。转相慕效,积以成风。由是富者黩货(贪财)无已,贫者耻其不如。冒利触禁,其始由于不俭,其继至于不廉。好尚(追求时尚)之中于人心,犹水之失堤防而莫知所止。乞敕下匄廷臣,博考旧章:官员士庶冠服衣裳饰用之制、婚丧之礼,有宜更定者,斟酌损益,务合于中,制度既定,罔敢凌越,则节俭之风庶(差不多)可渐致。[①]

陈廷敬此奏,不外乎三层意思:其一,官吏是否廉洁,是吏治乃至整个国家治理的关键所在,而官吏之贪廉与其生活追求之奢俭有一定的因果关系。因此,要整顿吏治,"欲教以廉"必须"先使之俭"。这是大道理,自古而然,至今犹然。其二,揭示当时奢靡社会风气对廉政建设的严重影响。经济繁荣,"机丝所织花草虫鱼,时新时异"。社会上追求时髦和奢侈的风气愈演愈烈,以致"贫者循旧而见嗤,富者即新而无厌";"富者黩货无已,贫者耻其不如"。正如电影《大腕》中李成儒的台词:"周围都是奔驰宝马,开一个日本车,你都不好意思跟人家打招呼!"腐败分子之所以会冒杀头的风险触犯刑律,"其始由于不俭,其继至于不廉"。而底线一旦被突破,道生一,一生二,最终欲罢不能,"犹水之失堤防而莫知所止",这正是贪官污吏走向毁灭的一

① 蔡冠洛:《清代七百名人传》,引陈廷敬奏折。

般心路历程。其三，提出解决问题的办法，那就是制定规章制度，对"官员士庶冠服衣裳饰用之制、婚丧之礼"作出严格规定，用制度来管人。"冠服衣裳饰用"当然主要是指社交场合的旗袍马褂、西装革履、名牌提包及手表皮带之属，至于朝服，顶戴花翎，国家另有制度，不在此例。此奏作于康熙二十四年（1685 年）正月。康熙帝对陈廷敬的观点很赞同，他说："若夫为官者俭，则可以养廉。居官居乡，只缘不俭：宅舍欲美、妻妾欲奉、仆隶欲多、交流欲广，不贪何从给之？与其寡廉，孰若寡欲。语云'俭以成廉，侈以成贪'，此乃理之必然者。"（《康熙政要·论俭约》）因此，收到奏折之后，立即交给有关部门研究处理。及至三月中旬，"议政王、大臣等议覆：左都御史陈廷敬疏言官员士庶冠服衣裳饰用之制、婚丧之礼，祈敕下廷臣博考旧章，斟酌损益，务合于中。查顺治九年已定婚丧之制，康熙九年复定服饰之例，见在遵行，毋庸更议。得上旨：'如议。凡服饰等项，久经禁饬。近见习俗奢靡，服用僭滥者甚多，皆因该管各官视为具文，并未实行稽察，以致不遵定例。嗣后必须著实奉行，时加申饬，务期返朴还淳，恪守法制，以副朕敦本务实、崇尚节俭至意'"。（《圣祖仁皇帝实录》卷一百二十）一个"重要批示"之后，此事遂不了了之。实际上，陈廷敬所奏之事，乃是一个老生常谈的话题。早在康熙元年（1662 年）六月，广东道御史朱裴就曾上奏："都下以靡丽相竞，四方以奢侈为尚。一鞍一骑不惜百金之费，一衣一帽可破中人之产，婚嫁葬祭漫无等级，满汉效尤莫可底止。甚至奴隶胥役、优伶贱工，毫无顾忌。请敕下该部将一切贵贱典礼详加考较，昭示中外，不得逾闲干分。"（《圣祖仁皇帝实录》卷六）其时，四大臣辅政，鳌拜擅权，朱裴之奏在"下部议"之后便没有下文。康熙六年（1667 年）六月，弘文院侍读熊赐履向康熙帝上了一个很长的折子，其中也论述到社会奢靡风气引诱腐败的问题："今日风俗，奢侈凌越不可殚述，一裘而费中人之产，一宴而靡终岁之需，舆隶披贵介之衣，倡优拟命妇之饰"，强烈要求政府对"王公以及士庶，凡宫室、车马、衣服、仆从，一切器用之属俱立定经制，限以成数，颁示天下，俾恪为遵守，不许少有逾越。"（《圣祖仁皇帝实录》卷二十二）当时，少年天子正在紧张筹划亲政并翦除鳌拜势力，形势十分复杂，根本没有工夫料理。康熙十六年（1677 年），给事中徐旭龄上奏，陈词更为痛切："大家臣族，婚娶则多用锦绣金珠，死丧则烧毁珍宝车马，嫁一女可破中人数十家之产，送一死可罄生人数十年之用，暴殄天物，莫可计算。至若汉官谒选则揭债京师，莅任有馈遗督抚；鲜衣骏马毕侈相高，舞女歌儿奢淫相尚；未到地方即先筹利数，以充官用：固成必贪之势。试观今日之池馆园亭、歌舞宴会，视顺治初年不止数倍。此等财务何从得来？非舞弄国法而多纳赃私、即酷虐小民而巧通贿赂。一家之锦衣玉食，一路之卖男鬻女也。虽征贪贿罪在不赦，而彼通于费用，走死地如鹜矣。近者会议官员服饰，奉有禁止太过之旨：在皇上宽于用法，无非使人易遵之意，实则奢侈已论于骨髓，僭越反视为故常。若非严立法程，谁肯改弦易辙！伏祈敕下诸王大臣再加酌议：凡官员房舍有逾制者严以没入之条，服饰僭拟者处以降革之例，一切婚葬皆严限等级，不许过度。如此，则官省一分之费用，民即省一分之诛求，朝廷即存一分之法度矣。"（《康熙政要·论俭约》）因为当时正在对吴三桂用兵，前线吃紧，此奏大概就"淹"了。康熙帝是杰出的政治家。他自己比较节俭，自谓"虽贵为天子，衣服不过适体；富有四海，而每日常膳，除赏赐外，所用肴馔从不兼味"（《康熙政要·论俭约》）。"户部帑金，非用师赈饥，未敢妄费，谓此皆小民脂膏故也。所有巡狩行宫，不施采绩，每处年费不过一二万金，较之河工岁费三百余万尚不及百分之一"（《圣祖仁皇帝实录》卷二百七十四）。反腐倡廉方面总体上也做得比较好。他执政期间，多次组织对全国在职官员进行届中考察，康熙二十二年（1683年）二月，"大计天下各官，卓异五十三员，贪酷一百四员，不谨五十三员，罢软四十五员，年老一百十七员，有疾五十三员，才力不及八十九员，浮躁四十三员，升赏处分如例。又从逆官二百四十员，亦照不谨例革职"（《圣祖仁皇帝实录》卷一百七）。重点不在GDP，而在官员的能力和操守，这样的考察对官员的警示作用不言而喻。他一贯主张对贪官严惩不贷："治天下以惩贪奖廉为要。廉洁者奖一以劝众，贪婪者惩一以儆百"；"非用重典、何以示惩"（《圣祖仁皇帝实录》卷一百二十三）。但在具体案件的处理上，尤其是在考虑对贪官判处死刑时，往往比较宽容，表现出他"仁皇帝"的一些特质。就在陈廷敬上奏的这年十月，有关部门会议秋决人犯名单，康熙帝事先打招呼："凡别项人犯尚可宽恕，贪官之罪断不可宽。此等人藐视法纪，贪污而不悛者，只以缓决故耳。今若法不加严，不肖之徒何以知警。"但名单报上来之后，他的态度又有所缓和："今年所拟秋决贪官甚多，若尽行处决，朕心不忍。若不行处决，贪劣之徒何以知警？且或有赃犯虽多而情有可矜者，或赃犯虽少而情有可恶者，若一律议罪，殊属未便。尔等将贪官所犯之情罪分别轻重，朕当酌量定罪"（《圣祖仁皇帝实录》卷一百二十二），不少人可能因此就保住了脑袋。陈廷敬上奏的相关情节，至少还给我们两点启示：第一，宣传很重要。康熙二十四年，CCTV还没有成立，六部九卿大概也还没有建立起自己的政府网站和个人微博，信息发布和传播是要慢一些。但是，康熙九年就制定的服饰之例，博雅并始终在中央工作如陈廷敬而不知道有这么一个文件，宣传是不是太不到位？第二，要抓落实。任何规章制度，任凭它多么完美无缺，如果贯彻落实这一环抓不好，都只不过一纸空文！

品格修炼与制度执行

吴世鑫[*]

最近听了国家人力资源和社会保障部高级公务员培训中心副研究员、清华大学特聘教授魏志勇老师关于《做人的品格》的讲课，他强调要科学考核一个员工，必须把他个人品格与工作业绩紧密结合。笔者认为，这种考核方法是全面而科学的。当前，全国上下正在进行和谐社会建设，什么是和谐，不同的人有不同的理解，但如果作为社会主体的人，特别是公务人员，缺乏品格修炼，素质不高，就很难以达到魏老师所讲的那样的品绩目标。魏老师说："目前经济形势的发展越来越进入到理性化的进程，但是由于种种原因，经济发展过程中出现了许多与发展不协调的问题。而这些问题实际上都是与人的品格相关。"经济发展了，物质丰富了，许多新的矛盾随之出现，并没有增加人们的幸福愉快感，在我们生活中总会遇到这样或那样与我们期望不相符的事情。笔者认为其中原因之一就是近几十年来对国民个人品格塑造的缺失。下面，笔者单就品格与制度执行谈点个人的感受。

注重人的品格修炼是重要的，没有多数人的好品格制度就难以执行。如对反腐制度的评价，每当有腐败分子落马，便有人总结说，大要案频发是制度缺失的结果。其实，我国的反腐败历史经过了清官反腐、重典反腐、运动反腐到权力反腐的漫长历程，应该说，在反腐败方面的规章制度并不少，但很多缺乏执行力。有专家研究认为，当今中国缺少的不是制度，而是遵守制度的精神。很多腐败分子落马便是从理想信念的丧失开始的。河北省国税局原局长李真在忏悔材料中这样写道，与其将来江山异手，万事皆空，不如权力在握时早做经济准备。这些人说他们不懂法律政策，真说不过去。实际他们都自以为懂得运作之道，可以瞒天过海，抛弃对党、对人民的责任和信心，践踏法律，中饱私囊，最终必然被历史唾弃。

制度是人制定的，更要靠人执行。苏格拉底在讨论政治秩序时认为，守法

---

* 贵州省黔东南州黄平县人民检察院检察长。

精神比法律本身重要得多。若没有守法精神一以贯之地支配人的行为，指望通过不停地制定和修改法律来解决社会弊端，这就如同神话故事中砍"九头蛇"的脑袋——斩去一个又会生出两个来。

这守法的精神从何而来，就是从我们每个人的品格而来。反腐败制度的日益增加与腐败现象依然存在说明，不仅"制度是重要的"，制度与制度环境、制度与制度、制度与其实施机制之间的适应性更是重中之重。因为被自上而下强制执行，以人们有意识建立起来的并以正式形式加以确定的各种制度安排，包括宪法、法律、规章、契约等，必须以人的价值观、伦理秩序、道德规范、风俗习惯和意识形态等形成的内在制度来消化实现，所以思想意识形态对制度执行的影响尤为深刻，对制度执行起促进或阻碍作用。几千年来，由于儒家思想成为中国政治文化的主流意识形态，在人性善的假定下，把掌握权力的官员设想成为道德情操高尚的君子，从而导致反腐败制度的设计寄希望于只有他人利益、没有个人利益的道德人。但是，官员的道德水准无论在历史上还是在现实中都没有达到先哲们所期望的高度，在当今的社会氛围中，官员对物欲的渴望已远远超过坚守道德形象的吸引力。不合理的人性导致预防腐败的制度意识长期滞后，以致权力腐败问题严重；关系网盛行的现状与重视人伦关系的传统。对人伦的重视则是中国社会宗族力量强大的反映；宗族关系是中国人最为注重的社会关系，宗法精神贯穿于中国古今的社会结构中；裙带关系、任人唯亲的官场作风都是人情、人伦关系的极致表现。这些在很大程度上影响个人品格的塑造。

价值观、伦理秩序、道德规范、风俗习惯和意识形态可视为影响个人品格形成的非正式制度，非正式制度是一些利益相同的人在办事过程中自觉形成的一套规则，它或许比法律规定等硬性规定的正式制度更为有效。利益是非正式制度得以产生和维系的根本。非正式制度是一套隐藏的办事规则，它伴随正式制度而生，更具适应性，能针对正式制度的改变迅速调整。因此，它也能使每一项制度创新失效，"上有政策，下有对策"，就是这种情形。如财产申报制度是世界各国公认的重要反腐败"阳光法案"，我国也在 1995 年 5 月 25 日由中共中央办公厅、国务院办公厅联合发布实施。10 多年来，没有哪一位腐败官员是在收入申报这一环节被查处的，究其原因，除了制度本身存在局限外，重要的是我国收入申报制度缺乏配套的实施机制，于是制度在执行过程中打了折扣。违纪、违法者得不到及时、严肃的惩处，制度、法规得不到严格的执行，"有法不依、违法不究、执法不严"，使我们的制度、纪律失去了严肃性、权威性，丧失了约束力。

根据以上分析，从品格的角度考察可以得出：

一是制度问题不一定是法弊，它可能是时弊的表现。技术性的制度局限是容易解决的，但与人心及社会风气直接相关的时弊却不是靠制度设计能够改变的。如礼义崩溃、世风贪鄙，再精致的设计也会由于人的问题而出现问题。对制度的限制，古人已有清醒的论述："法能刑人而不能使人廉，能杀人而不能使人仁。"当前呈现的同一岗位的前"腐"后继、窝案串案，很多好的制度成为摆设等现象的出现，则暴露了单纯依靠制度来进行社会管理的弊端。所以，在完善制度的同时，不要忽视对人心、人性的熏染和美德塑造。

二是一个成熟理性的以人为本的社会，应该尽量避免道德英雄遭遇个人悲剧的事件。防止犯罪远比惩治犯罪要艰难、复杂得多，意义也更为重大。"不教而杀谓之虐，不戒视成谓之暴"。先教育，重预防，这同样是人本、和谐社会的选择。惩防并举，注重预防。预防靠教育，教育是基础。理想信念等价值观念的教育是教育的目的所在。

三是任何一项宏伟的事业背后必有一种卓越的精神力量；没有哪个成熟的大国没有坚定的意识形态教育。这种精神力量，这种意识形态无一不是奠定于一个民族的传统文化。西方发达国家为了保证其官员做到廉洁从政，不仅靠外在的民主制度，更有其文化、宗教的内在熏陶作用，有其意识形态的功能。李光耀在新加坡提倡"心治"教育：用儒家思想来治心，用法律制度来治世，首先强调公务员的人生信仰、道德操守然后才是外在法纪约束功能。

中国古代士、民、官、商的操守自律其实已相当严格，并且蔚然成风，仁义礼智信是标准，是主流，是正统。传统的科举选拔制度，绝对是以道德操守为主要的考察指标。以道德的学习和表现为基础建立一种用人制度，客观上使道德、学问、事功彼此沟通融洽，精神生活、日常生活、官员评价标准互相认同，利于官员自我期许和约束。不管这些制度后来流弊如何，我们无法否定这些价值观念支持了一种制度长达两千多年，形成了一种超稳定的社会结构这一客观事实。从制度设置的初衷来看，先"内圣"，后"外王"，"以德驭才"的理念很大程度上值得借鉴。

中国共产党在发展初期，如履薄冰，如临深渊，出生入死，何曾有人想过贪污腐败？当时哪有什么完善的财务或审计制度？有的只是信念和忠诚。邓小平说过："有了共同的理想，也就有了铁的纪律。"

法的背后是一种哲学、一种精神，更是一种信仰，所以我们务必加强和谐社会的理论建设，加快和谐社会的实体建设，用马克思主义中国化的理论成果武装全党，构筑牢固的信仰支柱。

人文日新　学知取舍
与时俱进　持之以恒

贾兆玉[*]

"人文"二字出自《周易》:"文明以止,人文也……观乎人文以化成天下。"这里可以看出,"人文"泛指人类一切文化创造。人文日新,就是指文化的创造、传承与涵养要日新月异、不断进步,对每一个人来说,就是使人文精神不断发扬、不断提升。党的十八大以来,习近平总书记多次提出要与时俱进,用学习克服"本领恐慌",既强调学习对党员干部个人本领提升的意义及必要性,又强调学习对社会发展、民族振兴的紧迫性和现实性。他还指出:好学才能上进,好学才有本领。他对学习的要求是:"要强化活到老、学到老的思想,主动来一场'学习的革命',切实把外在的要求转化为内在的自觉,坚持学习、学习、再学习,坚持实践、实践、再实践,让学习成为自己的一种兴趣、一种习惯、一种精神需要、一种生活方式。"曹建明检察长指出:事有所成,必是学有所成;学有所成,必是读有所得。笔者认为检察改革的核心是创新,但创新更需打好基础。新形势下检察机关要紧紧围绕"五位一体"总体布局和"四个全面"战略布局,切实增强政治意识、大局意识、看齐意识、忧患意识、责任意识,切实加强检察干警的学习教育,提高检察官的整体素质,积极适应形势新变化和经济发展新常态,全面提升检察工作能力水平,全面深化司法体制改革和检察改革,为"十三五"时期经济社会发展提供强有力司法保障。为此,笔者仅就检察干警加强学习的必要性谈点感悟和认识。

一、学海无涯,知无止境

"我们国家历来讲究读书修身、从政立德。传统文化中,读书、修身、立德,不仅是立身之本,更是从政之基。古人讲,治天下者先治己,治己者先治心。治心养性,一个直接、有效的方法就是读书。"当前,和平与发展的时代主题没有变,我国经济发展进入新常态,发展既面临大有作为的重大战略机遇

＊　贵州省贵阳市修文县人民检察院检察长。

期，也面临诸多矛盾相互叠加的严峻挑战。我们要准确把握战略机遇期内涵的深刻变化，更加有效地应对各种风险和挑战，在改革开放以来打下的坚实基础上，坚定信心，锐意进取，奋发有为，继续集中力量把自己的工作干好，不断开拓发展新境界。

"十三五"时期是全面建成小康社会的决定性阶段，中国发展的环境、条件、任务、要求等都发生了新的变化。认识新常态、适应新常态、引领新常态，保持经济社会持续健康发展，必须有新理念、新思路、新举措。"在新的时代条件下，领导干部要不断提高自己、完善自己，要认真总结经验、深入分析问题，把发展理念梳理好、讲清楚，以发展理念转变引领发展方式转变，以发展方式转变推动发展质量和效益提升，经受住各种考验，就要坚持在读书学习中坚定理想信念、提高政治素养、锤炼道德操守、提升思想境界，坚持在读书学习中把握人生道理、领悟人生真谛、体会人生价值、实践人生追求，努力使自己成为一个高尚的人，一个纯粹的人，一个有道德的人，一个脱离了低级趣味的人，一个有益于人民的人。"

新的形势、新的任务、新的目标迎面而来，必将使我们感受到越来越大的竞争压力。一次受教育终身受益的时代已一去不复返了。在全面推进依法治国的新形势下，作为一名检察官，我们必须自觉树立终身学习的理念，通过多种途径和形式不断更新知识，"常充电"、"勤洗脑"，使自己成为"多面手"、"智多星"，以使我们的思想、工作和生活适应客观情况的变化，适应不断变化着的外部环境。

二、世道必进，后胜于今

党的十八大召开以来，我国改革开放、社会主义市场经济体制建设和依法治国的进程进一步加快，特别是党的十八届四中全会对全面推进依法治国作出明确部署，依法治国的全面确立对中国的经济、文化和社会生活产生深远影响，同时还将引起法律的重新构建。因此，检察工作面临新的挑战和机遇，对检察机关的执法活动和队伍建设也提出了更高、更新、更多的要求。如何改变我们传统的思维方式，转变我们的执法方式，提高检察队伍整体素质，成为新形势下检察机关面临的重要课题。

21 世纪是知识经济社会，是电子化、网络化、信息化、数字化社会，其知识更新、知识折旧日益加快，无纸化办公成为现代化高效率办公的必然要求。特别是随着检察机关统一业务应用系统、检察专网分级保护、办公自动化、电子政务、两微一端、贵州移动企业通信助手等改变了过去传统单一的工作方式，办公、办案节奏加快，工作效率提高，处理日常事务和综合协调都必须通过这些新媒体。纵观世界历史发展潮流，从古至今，它都是不随任何人的意志而转移和偏向。正所谓，"世道必进，后胜于今"。因而，要适应和跟上现代社会的发展，唯一的办法就是与时俱进，不断学习，不断进步，只有熟练运用现代化的信息交流工具，才能使电脑、网络等一切信息化产品成为自己驾驭全局、科学决策、办案管理的基本工作手段。否则，势必无法面对大数据时代与信息革命的挑战。

三、物竞天择，适者生存

面对丰富多彩且变化万端的世界，如何能够在这个变幻的世界中保持自我且不被抛弃，是故步自封，遵循传统？还是顺应潮流，紧跟时代？我们需要做到的便是，让自己成为这个世界的一分子，积极顺应世界的选择与变化，让自己的工作和生活变得更加多姿多彩。

当今时代，文化创造、知识更新、技术创新日新月异，新知识新事物层出不穷。面对新形势、新时代的检察官如果不加强读书学习，不加强知识武装，知识就会老化，思想就会僵化，能力就会退化，就可能跟不上形势的发展而落伍。爱学习、勤读书，通过读书学习来增长知识、增加智慧、增强本领，这是新形势下做一名称职的检察官履行职责的内在要求和必经之路。古人云："温故而知新。"所以，我们既要"温故知新"，又要"学新知新"，这样我们的本领才能不断增强，我们的认识和知识才能更新，我们的思想才能保持活力与时俱进，我们才能更好地胜任所肩负的检察工作。

当代新的科学理论、新的科学技术不断涌现，高新技术发展普及迅速，如何在信息化浪潮中求得栖身之地，唯有通过学习，学习可以帮助我们提高认识水平，不断自我超越；可以使我们能够跟上时代的步伐；而且在忙碌的日常工作之后读书思考、学习充电，还可以使我们的心灵得到洗礼、安慰、浸润和升华。通过走进文化、加强学习、提升素养，我们想问题、办事情，就会更有底气、更有信心。主动学习，熟练掌握新法规、新科技、新知识，以技能提升应对信息化对检察业务提出的新要求，给每一名新时代检察官上了生动的一课，但也说明了一个相同的道理："物竞天择，适者生存。"所以，我们必须具有及时吸收新知识的反应能力和不断掌握新知识的应变能力，以及创造性解决实际问题的综合能力。

四、自强不息，厚德载物

学如逆水行舟，不进则退。如果不重视学习，在业务上是"门外汉"、是"半桶水"，那么在工作中就会感到"有心无力"，就会误事。因循守旧，故步自封，安于现状，不思进取，必将为与时俱进的时代和不断发展变化的社会环境所淘汰。

"自强不息"要求新时期检察官具有奋发图强，勇往直前，争创一流的品格；"厚德载物"要求新时代检察官具有团结协作，严以律己，无私奉献的精神。作为新时代的检察官，要德才兼修，在坚定自己的理想信念和提高理论素养的基础上，还需认真学习专业知识，尤其是要结合自己从事的具体工作，按照"干什么学什么、缺什么补什么"的原则，主动地加强相关领域的理论、知识、技能的学习，理性思考并找到解决问题的新办法、新途径，科学认识新常态，积极适应新常态。

"海纳百川，有容乃大。"读书学习客观上是一个去粗取精、去伪存真的过程，必须联系实际，做到知行合一。作为新时期的检察官，必须通过加强学习，切实增强改造主观世界的意识和能力，牢固树立马克思主义世界观、人生观、价值观和正确的权力观、地位观、利益观，切实解决好理想信念、思想作风、道德情操、清正廉洁等问题，不断增进与人民群众的感情，始终保持共产党人的本色，努力做一个坚强果敢的人、一个嫉恶如仇的人、一个伸张正义的人、一个积极向上的人、一个持之以恒不断学习的人。

五、与时俱进，持之以恒

"无识不知取舍。"当今世界，科学技术日新月异，知识经济方兴未艾，知识总量呈几何级数增长，知识更新速度大大加快，近五十年来人类社会所创造的知识比过去三千年的总和还要多。联合国教科文组织的埃德加·富尔先生预言："未来的文盲，不再是不识字的人，而是没有学会怎样学习的人。"我们每一名检察官都应该自觉形成受教育越多，就越多地要求受更多教育的观念。在各自的工作岗位上绝不能消极、被动的去等待应付接受教育；而是应该结合检察工作实际和自身实际，积极主动地去寻找、争取和创造各种方式的再学习机会，自觉接受教育学习，进行知识更新。努力去做一名会学习、懂学习、能学习的学习型检察官，使我们能真正具备合格的政治素质、科学的思想素质、良好的道德素质、健康的身心素质和全面的科学文化素质及较强的工作能力素质，并谨记以此作为我们的立身之本和从检必修之道，持之以恒、坚持不懈地为自己所从事的检察事业而奋斗终生。

学习，贵在与时俱进、重在持之以恒！我们一定要在日常工作和生活中牢固树立终身学习的理念，把学习当作"一日三餐"来坚持、来实践，坚持当日学、当日毕，努力做到无时不学、无处不学，让学习在我们日常生活工作中成为常态、进入状态。只有不断通过学习接受新理论、新观点、新知识、新事物，促使自身的思维方式、思想观念、心理意识、行为能力等方面发生质的变化，才能使我们不断收获今天、创造明天，才能为人民检察事业作出更多、更大的贡献。

图书在版编目（CIP）数据

检察调研指导. 2016 年. 第 1 辑/贵州省人民检察院编. —北京：中国检察出版社，2016.8

ISBN 978 - 7 - 5102 - 1713 - 5

Ⅰ. ①检… Ⅱ. ①贵… Ⅲ. ①检察学 - 中国 - 文集 Ⅳ. ①D926.3 - 53

中国版本图书馆 CIP 数据核字（2016）第 188658 号

检察调研指导（2016 年第 1 辑）

贵州省人民检察院　编

出版发行：中国检察出版社

社　　址：北京市石景山区香山南路 111 号（100144）

网　　址：中国检察出版社（www.zgjccbs.com）

编辑电话：(010) 88960622

发行电话：(010) 88954291　88953175　68686531

经　　销：新华书店

印　　刷：保定市中画美凯印刷有限公司

开　　本：710 mm×960 mm　16 开

印　　张：13.25

字　　数：240 千字

版　　次：2016 年 8 月第一版　　2016 年 8 月第一次印刷

书　　号：ISBN 978 - 7 - 5102 - 1713 - 5

定　　价：38.00 元